El Árbol del Paraíso

Jean Libis

El mito del andrógino

Traducción de
María Tabuyo y Agustín López

Ediciones Siruela

Todos los derechos reservados. Ninguna parte de esta publicación puede ser reproducida, almacenada o transmitida en manera alguna ni por ningún medio, ya sea eléctrico, químico, mecánico, óptico, de grabación o de fotocopia, sin permiso previo del editor.

Título original: *Le mythe de l'androgyne*
Diseño gráfico: G. Gauger & J. Siruela
© Berg International éditeurs, París 1980
© De la traducción, María Tabuyo y Agustín López
© Ediciones Siruela, S. A., 2001
Plaza de Manuel Becerra, 15. «El Pabellón»
28028 Madrid. Tels.: 91 355 57 20 / 91 355 22 02
Fax: 91 355 22 01
siruela@siruela.com   www.siruela.com
Printed and made in Spain

Índice

El mito del andrógino

Introducción   13

Primera parte. La androginia y lo divino   23

1. Animismo y politeísmo   29

2. La Gran Diosa   37

3. El Dios Padre   43
a) Yahwé   43
b) La Trinidad cristiana   48
c) Gnosticismo y teosofía   58

4. El cosmos andrógino   65

Segunda parte. El Hombre primordial   73

1. Los antepasados míticos   77

2. El andrógino en la encrucijada del mito y la metabiología   87

Tercera parte. La androginia: estado privilegiado y paradigmático   99

1. La potencia andrógina   103
a) Los antepasados esféricos   103

b) Las hazañas del andrógino — 105
c) Androginia y taumaturgia — 108
d) Androginia y saber — 113

2. La androginia promotora de la vida — 119
a) Salud y longevidad — 119
b) Androginia e hipersexualidad — 123
c) Androginia e inmortalidad — 126

3. La felicidad andrógina — 133
a) Las dichas edénicas — 133
b) Las escatologías androgínicas — 139
c) El angelismo estético — 145
d) Las ensoñaciones euforizantes — 149

Cuarta parte. La androginia como transgresión — 157

1. El andrógino repudiado: el anatema legal — 161

2. Las fantasmagorías de lo monstruoso — 169

3. Las transgresiones rituales — 181

4. Hacia los gemelos y el incesto — 191
a) El incesto — 191
b) La gemelidad — 196

Quinta parte. Hacia una metafísica de la sexualidad 201

1. El mito del andrógino: un «negativo» de la sexualidad 205

2. La recurrencia del deseo 215

3. La guerra de los sexos 229

4. Eros y Tánato 241

Conclusión 251

Notas 257

Bibliografía 279

El mito del andrógino

Introducción

El hombre genérico del que nos habla la tradición filosófica occidental parece encontrarse atrofiado en no pocos aspectos. Su dimensión sexual está, por regla general, oculta o, en el mejor de los casos, marginada, como si se tratara de un aspecto inesencial o vergonzoso, y quizá las dos cosas a la vez. Por otra parte, la historia de ese «silencio» está todavía por escribir.

Resulta significativo constatar que los autores que, de una u otra forma, se han esforzado por colmar esta carencia no siempre tienen una buena reputación a los ojos de la ortodoxia filosófica. Tal es el caso de Montaigne, cuya sana desenvoltura sacude oportunamente nuestros extraños pudores: «¿Qué ha hecho a los hombres la acción genital, tan natural, tan necesaria y tan justa, para que no nos atrevamos a hablar de ella sin vergüenza y la excluyamos de las conversaciones serias y decentes? ¿Es que hablamos menos de ella cuanto más la tenemos en el pensamiento?»[1].

Pero es sin duda a Schopenhauer, el iconoclasta, a quien corresponde claramente el mérito de haber denunciado, como filósofo, esta importante laguna de la filosofía. Schopenhauer se sorprende abiertamente de esa situación y, hablando de la pasión amorosa que él vincula explícitamente con el instinto sexual, escribe: «No se puede dudar ni de la realidad ni de la importancia de esta pasión y, en consecuencia, en lugar de mostrarse sorprendido de que un filósofo también haga suyo por una vez este tema constante en todos los poetas, habría que sorprenderse más bien de que un tema que desempeña generalmente un papel tan notable en la vida humana nunca hasta ahora haya sido tomado en consideración, por decirlo así, por los filósofos»[2].

Sin duda, esta afirmación ha perdido su agudeza después de la memorable revolución llevada a cabo por Freud. Pero no del todo, pues si bien es cierto que la estela freudiana ha producido la inflación verbal de un verdadero vértigo «sexocentrista», la actitud de los filósofos sigue siendo en su conjunto sorprendentemente reservada. Después de un período de franca hostilidad, de cuyos síntomas sería fácil hacer un inventario, se ha establecido una actitud hecha a la vez de recuperación y condescendencia que hace pensar que la filosofía se ha sentido expoliada en sus prerrogativas por un discurso que la descentraba, al situar en el proscenio lo que precisamente ella había callado[3].

Schopenhauer, sin embargo, reconoció un precursor de talla en la persona de Platón, lo que no le impide ser severo con la erótica platónica: «Quien más se ocupó de ello fue Platón, especialmente en *El banquete* y en *Fedro*; sin embargo, lo que Platón expone a este respecto corresponde al ámbito de los mitos, las fábulas y la burla, y no atañe en lo esencial más que al amor homosexual griego»[4]. Texto injusto, pero no totalmente, hay que reconocerlo, pues en las dos obras citadas Platón enlaza su teoría del amor con una ontología de la Idea y una metafísica de la reminiscencia que, ciertamente, ocultan en alguna medida la dimensión del *eros* ligada a la diferencia de los sexos.

Texto injusto, sin embargo, ¡que habla entre otras cosas de «burla»! Además, Schopenhauer parece desconocer que un texto como *El banquete* ocupa un lugar completamente aparte, en la obra de Platón en particular y en la historia de la filosofía en general. Aparte, en primer lugar, y de forma evidente, por el tema tratado. Desde el principio, Platón nos indica por boca de Fedro que hay una injusticia que reparar respecto del Amor: «¿No es extraño que muchos otros dioses hayan sido celebrados por los poetas en himnos y peanes y que ni uno, entre tantos poetas como hemos tenido, haya compuesto jamás un elogio en honor de Eros, un dios tan venerable y poderoso?... ¿No es extraño que se ponga tanta dedicación en semejantes bagatelas y que ni un solo hombre se haya propuesto hasta hoy celebrar a Eros como se merece? ¡Cómo se ha ignorado a tan importante dios!»[5]. El asombro de Fedro tiene aquí algo de premonitorio y, en efecto, la negligencia que deplora va a perdurar singularmente, si no entre los poetas, al menos entre los filósofos (apareciendo la literatura occidental, en muchos aspectos, como un refugio para lo no-dicho, o lo rechazado, en el campo de la filosofía).

Pero *El banquete* es un texto excepcional por su constitución y por los diversos elementos desconcertantes que encierra: la yuxtaposición agonal de los discursos, el estilo indirecto, en segundo grado, del relato, el mantenimiento en segundo plano de Sócrates, el lugar preferente concedido al elogio de Aristófanes, la intervención sorprendente y poco comentada de la feminidad en la revelación del «misterio» de Eros, las connotaciones abiertamente homosexuales de la mesa filosófica y, por qué no, el planteamiento lúdico de la embriaguez por parte de Sócrates y Agatón. Se diría que en todo esto se urde alguna verdad inconveniente y paradójica: una verdad que requiere una forma insólita, algo que ya no es completamente del orden del Logos.

Ahora bien, si la intervención de Diotima invita oportunamente a los convidados a la sobriedad del discurso, recordando que el dios Eros procede en la misma medida de la indigencia y la generosidad, si la dialéctica ascendente a la que nos invita nos arrastra precisamente más allá de los artificios seductores de la sola sensualidad del cuerpo, en cambio la fábula relatada por Aristófanes constituye ya un momento esencial del conjunto del relato. Hay que decir que la seducción que dicha fábula ejerce sobre el lector tiene una especie de virtud hipnótica[6], hasta el punto de que a veces la intervención del poeta cómico aparece como el centro de gravedad del libro, a espaldas sin duda de la intención específica de Platón. Aunque el lector no confunda esta fábula con una «explicación» del amor-pasión, no deja de tener sin embargo la impresión de que el mito del andrógino ilumina, de forma tal vez metafórica pero insustituible, el viejo misterio del amor. Se perfila aquí un simbolismo cuya clave, podríamos llegar a pensar, se perdió al término de peripecias olvidadas. Una especie de evidencia va unida a este texto justamente célebre: parece que su contenido se hubiera presentado desde hace tiempo, sin que hubiera habido clara conciencia de ello. Y es necesaria una cierta sobriedad «positivista» para no sucumbir, *stricto sensu*, a su valor explicativo.

Semejante tentación parece afectar a Freud cuando, al reflexionar con la prudencia epistemológica que le es habitual sobre el problema fundamental del origen de la sexualidad, observa la aguda insuficiencia del saber «positivo» en relación a este tema: «Lo que la ciencia nos enseña con respecto al nacimiento de la sexualidad representa tan poco que este problema se puede comparar con las tinieblas a las que ninguna hipótesis ha logrado todavía atravesar con su rayo de luz». Y Freud continúa, no sin vacilación, apelando, en ayuda de la cientificidad errante, al discurso mítico, en este caso el mito del andrógino tomado de Platón. De ahí la pregunta, que dejará sin embargo sin respuesta: «¿Debemos seguir la invitación del filósofo-poeta y aventurar la hipótesis de que la substancia viva, una e indivisible antes de haber recibido el principio de la vida, se dividirá, una vez animada, en una multitud de pequeñas partículas que, desde ese momento, tratarán de reunirse de nuevo bajo el impulso de las tendencias sexuales?»[7].

Ése es, evidentemente, el lenguaje del científico, pero es significativo que el hombre de ciencia se deje fascinar por el mito. Con su abracadabrante puesta en escena, la fábula de Aristófanes nos habla de cuestiones esenciales, demasiado a menudo ocultadas por el discurso teórico. ¿Qué es lo que fundamenta la fuerza subversiva del deseo erótico?[8] ¿Dónde tiene su origen? ¿Cómo se articula sobre la génesis de la pasión? ¿Qué tipo de separación está en juego en la diferencia de los sexos? Al responder, aunque sea de forma alegórica, a estas preguntas, el mito del andrógino introducido por Platón en *El banquete* inquieta de forma persistente. La imagen del antepasado esférico, cuya constitución binaria es de entrada equívoca (¿se trata de yuxtaposición?, ¿coalescencia?, ¿tensión bipolar?, ¿o incluso de un grado cero de la sexualidad?), reúne los ensueños más tenaces de la humanidad sobre sus orígenes.

Sería por lo demás reduccionista no ver en esta fabulación más que un mito de connotación sexual. En cierto sentido, la intervención de Aristófanes prepara la de Diotima; entre los dos puntos de vista hay menos oposición que complementariedad[9]. En uno y otro caso, el deseo se origina sobre un fondo de *separación*, de plenitud dislocada o caída. El problema fundamental, desde el punto de vista filosófico, de la unidad perdida se encuentra en un segundo plano respecto de la cuestión sexual. Si se admite que la tesis de Diotima completa la de Aristófanes rompiendo el círculo del solo narcisismo, vemos que la erótica platónica desemboca en una estética y a la vez en una gnosis; pero esta apertura es también tragedia del deseo, pues el sentido último parece tener que sustraerse siempre[10]. Esta tragedia es, en otros términos, la de la desaparecida Edad de Oro. Los hombres, según Aristófanes, pagan muy cara una falta original: son víctimas de la inquietud de la búsqueda amorosa sin comprender sus fundamentos. Así, la condición sexual de la especie humana, lejos de ser una simple determinación que se podría tratar en términos de «naturaleza» y que una ética de la espiritualidad podría relegar al rango de la «animalidad» insana, aparece en la encrucijada de una dramaturgia fundamental que se desarrolla entre los hombres, los dioses y el cosmos (los andróginos son «lunares», participando a la vez de la tierra y el sol).

Si nos atuviéramos solamente a los discursos filosóficos, estaríamos tentados de pensar que el mito del andrógino es una figura perfectamente insólita, hábilmente adaptada por Platón con fines pedagógicos, pero, en definitiva, aberrante. Es únicamente en las preocupaciones parafilosóficas –gnósticas, teosóficas, literarias– donde resurge la figura del andrógino. En cambio, la exploración del campo mítico-religioso hace surgir una cosecha pletórica de referencias androgínicas, con frecuencia diversamente maquilladas. Resulta entonces tentador sostener que el contenido del relato de Aristófanes no es en absoluto accidental, que Platón lo tomó de una tradición anterior[11], órfico-babilónica, o incluso védica. Más sencillamente se puede suponer que el discurso de Aristófanes es la intrusión, sin duda excepcional en el lenguaje filosófico, de un tema por otra parte fundamental en el seno de la mitología universal.

Ahora bien, ese carácter fundamental, por tanto recurrente en principio a través del tiempo y las culturas, está, de facto, atestiguado por un cierto número de investigaciones antropológicas. Así por ejemplo, Mircea Eliade afirma claramente que «el andrógino constituye un arquetipo universalmente extendido»[12]. La referencia a ese concepto esencialmente junguiano exige algunas aclaraciones de orden metodológico, pero es prometedora de un desarrollo fecundo, pues el camino que sugiere es en principio heurístico: partiendo de la emoción suscitada por el relato de Aristófanes, resulta tentador señalar las analogías, las variaciones, las versiones mutiladas o abortadas y las eventuales excrecencias en el seno de esa inmensa reserva de imágenes que constituyen la mitología, la historia de las religiones, la tradición hermética y también, por extensión, la literatura y las artes; y por consecuencia, no es menos tentador investigar los significados, en términos filosóficos esta vez, de esa secreta fascinación que empuja al espíritu humano –aunque sea sobre todo en sus tendencias inconscientes– a hipostasiar un esquema arquetípico y a cristalizar en torno a él una pluralidad de construcciones lingüísticas que oscilan sin cesar entre el concepto y la imagen. Esta oscilación o ambigüedad, por perniciosa que parezca al filósofo[13], no es menos inevitable si se admite que el dinamismo del discurso mítico no deja de invadir el terreno de las construcciones de la teología, la teosofía y las tradiciones herméticas. ¿Está la filosofía al abrigo de esa circunstancia? A decir verdad, no se ve qué podría preservarla radicalmente de ello. La posición de Bachelard que se acaba de evocar es pertinente o, en otras palabras, es epistemológicamente sana, pero el derecho no ataja el hecho, a saber, el eclecticismo congénito que reina entre el concepto y la imagen. Suponer que se pueda construir un sistema conceptual que esté purificado de todo ingrediente afectivo, de toda intuición previa y de toda imaginería subyacente, parece constituir una de las ilusiones más tenaces de un cierto racionalismo filosófico exacerbado. Como dice justamente Gilbert Durand, comentando la terminología junguiana: «Lo que vendría dado *ante rem* en la idea sería su molde afectivo-representativo, su motivo arquetípico; esto es lo que explica igualmente que los racionalismos y los caminos pragmáticos no se liberen nunca por completo del halo imaginario, y que todo racionalismo, todo sistema de razones, lleve en sí mismo sus propios fantasmas»[14].

El mito del andrógino, en sus múltiples variantes, parece desarrollarse íntegramente alrededor de un «centro de gravedad», de una pulsión arquetípica que lo habita. Esta afirmación es menos una hipótesis académica o un presupuesto ideológico que un instrumento de trabajo corroborado sin cesar por el camino que nos ha conducido a través de las formas proliferantes del mito. En tanto que instrumento epistemológico, la noción de «arquetipo» no merece las críticas que se le han hecho en las polémicas a menudo teñidas de ideología, incluso si el instrumento en cuestión puede sufrir, es cierto, una forma de utilización algo equívoca, pues ¿de qué se trata exactamente?

No es posible dejar de sorprenderse por la semejanza existente entre elementos míticos pertenecientes a áreas histórico-culturales radicalmente diferentes; en ocasiones, esta semejanza parece apuntar a contenidos determinados (por ejemplo, la existencia de una raza de gigantes primitivos); otras veces se refiere más bien a aspectos formales, es decir, a relaciones de contenido (por ejemplo, el esquema transgresión-castigo-redención que se encuentra a la vez en la Biblia y en el discurso de Aristófanes[15]). Fue acumulando tales constataciones como Carl Gustav Jung llegó a formular la hipótesis —que rápidamente se convirtió para él en tesis— de las representaciones colectivas inconscientes que denomina «arquetipos»[16]. Esta dimensión del pensamiento de Jung es muy seductora. En efecto, desempeña, en primer lugar, un papel unificador y permite establecer un nexo entre culturas y mitologías diferentes. En segundo lugar, hace más inteligible el funcionamiento de la psique y la aparición de las imágenes, dando a éstas un basamento relativamente estructurado y, por añadidura, universal. Por último, proyecta una luz sobre ciertos comportamientos insólitos, individuales o colectivos, frente a los cuales la sola razón se siente singularmente desarmada.

Sin embargo, la noción de «arquetipo» está muy lejos de ser perfectamente clara. El vocabulario de que se sirve Jung para precisarla adolece de una cierta elasticidad. Dice, por ejemplo: «Se los puede considerar como imágenes, esquemas, o potencialidades funcionales»; y un poco más adelante: «La actividad de la mente permanece ligada a posibilidades preformadas»[17]. O también: «El arquetipo es una forma simbólica»[18]. Y en otro lugar: «Son imágenes innatas del instinto y no de la inteligencia»[19]. Los arquetipos estarían, pues, en estrecha relación con el fondo biológico del ser humano, lo que nos proporciona esta otra definición: «[El arquetipo es] la organización biológica de nuestro funcionamiento psíquico, de la misma manera que nuestras funciones biológicas y fisiológicas siguen un modelo»[20]. O también, esa acumulación de equivalencias terminológicas, a la que Jung recurre para hablar de los fantasmas de los neuróticos, que compara con fragmentos de mitos: «En esos productos de la mente, no se trata nunca (o al menos muy rara vez) de mitos constituidos, sino más bien de elementos de mitos que se pueden designar, habida cuenta su carácter típico, con los nombres de "temas" *(Motive)*, "imágenes primordiales" *(Urbilder)*, "tipos" *(Typen)* y "arquetipos" *(Archetypen)*, tal como yo los he llamado»[21].

El término «imagen», que aparece varias veces en esos extractos eclécticamente unidos, es embarazoso. Lleva a pensar que el arquetipo debería ser comprendido como un sustantivo, un depósito del inconsciente colectivo; sería pues un objeto simbólico, atestiguado de forma repetida por los discursos míticos, aunque por otra parte susceptible de una cierta polisemia. De entrada, tal perspectiva no es satisfactoria: ¿cómo podría ser el arquetipo una especie de embrión hundido en el inconsciente colectivo y, al mismo tiempo, un tipo simbólico que emerge en la cultura y en consecuencia susceptible de ser situado en el orden humano del discurso? ¿No sería igualmente temerario suponer que el inconsciente colectivo «contiene» «núcleos» preformados análogos a una especie de «átomos psíquicos»? Finalmente, ¿no sería tal concepción una invitación a trazar una cartografía transcendental del inconsciente colectivo, concebido desde ese momento como un más acá, irreductible, de las culturas y por tanto del lenguaje?

El propio Jung fue consciente de estas dificultades y no fue casual el hecho de que terminara por abandonar la expresión «imagen primordial»[22]. Prefirió cada vez más los términos dinamizados a los términos sustantivados. El arquetipo aparece entonces menos como un tipo simbólico que como un proceso dinámico, enraizado en los basamentos psicobiológicos de la humanidad, y que emerge en forma de imágenes variables pero que giran siempre en torno al esquema generador inicial. El término «esquema», utilizado a propósito, implica a la vez la idea de una trayectoria, de un circuito energético, y, aquí, de un vínculo posible entre el inconsciente y el consciente. Como dice de forma precisa Gilbert Durand: «El esquema es una generalización dinámica y afectiva de la imagen; constituye la factividad y la no sustantividad general del imaginario»[23].

Jung afirma explícitamente esta dinámica del arquetipo: «Los arquetipos son al mismo tiempo dinámicos... La mitología es la expresión de una serie de imágenes que manifiestan la vida de los arquetipos»[24]. En otras palabras, los arquetipos son tendencias, potencialidades. A este respecto, Jung respondió muy claramente a sus detractores en este pasaje particularmente revelador: «Se cree a menudo que el término "arquetipo" designa imágenes o motivos mitológicos definidos. Pero éstos no son nada más que representaciones conscientes, y es absurdo suponer que representaciones tan variables puedan ser transmitidas en herencia. El arquetipo reside en la tendencia a representarnos tales motivos, representación que puede variar considerablemente en los detalles sin perder su esquema fundamental»[25].

De ello resultan tres consecuencias importantes: 1) El arraigo del esquema dinámico en el inconsciente hace imposible su explicitación completa y, aunque sea una fuerte tentación para el antropólogo y el filólogo, no se debe tratar de dar un sentido definitivo al arquetipo[26]. De todas formas, el arquetipo se origina en la noche de los tiempos y, si bien refleja las experiencias primordiales por las que el deseo humano se ha enfrentado con la realidad del mundo, no se puede hacer un balance exhaustivo de tales experiencias. 2) La relativa pluralidad de las imágenes míticas agrupadas en torno a un mismo esquema, o, si se quiere, la polisemia del simbolismo arquetípico, tiene una dimensión cultural. Jung afirma que esta refracción cultural explica el predominio de uno u otro arquetipo en una u otra etnia[27]. Diferentes matices están unidos no sólo a la dimensión radicalmente convencional del hecho cultural, sino también, quizá, a la

presión ejercida por ciertos trastornos o traumatismos históricos. Más aún: una imagen arquetípica particular obtiene su significado de otras imágenes a las que está unida. «La forma en la que [el arquetipo] aparece varía sin cesar, pues depende de la constelación en que se manifiesta.»[28]
3) Las imágenes no son más que efectos de superficie. Pero esas imágenes pueden superponerse unas a otras y mezclarse entre sí, de manera que algunos elementos míticos observables pueden ser considerados como complejos arquetípicos, en el sentido de que proceden de fuentes arquetípicas distintas. Su sobredeterminación simbólica es entonces particularmente sugerente, pero al mismo tiempo se mezclan así las pistas que podrían llevarnos a un posible inventario de arquetipos. Por eso Jung tiene una respuesta algo indecisa cuando Richard Evans le pregunta si el número de los arquetipos es definido y limitado; se inclina hacia la hipótesis de la limitación, que no sería, sin embargo, definible[29].

Estas tomas de posición, que no menosprecian las ambigüedades ni las dificultades epistemológicas inherentes a la noción de «arquetipo», permiten responder al menos parcialmente a ciertas críticas que se le han dirigido[30].

Así, por ejemplo, especialmente, cuando Lévi-Strauss escribe: «Según Jung, a ciertos temas mitológicos que él llama arquetipos estarían unidos significados precisos. Eso es razonar a la manera de los filósofos del lenguaje, que durante mucho tiempo han estado convencidos de que los diversos sonidos poseían una afinidad natural con uno u otro sentido»[31]. Ahora bien, se puede responder que su crítica es no solamente apresurada en cuanto a la formulación, sino que no tiene en cuenta el hecho de que Jung negó explícitamente haber pretendido elaborar un código arquetípico rígido. La permanencia que postula es la de una forma, no la de un contenido. «Es necesario precisar que los arquetipos no tienen un contenido determinado; no están determinados más que en su forma, y eso en un grado muy limitado.»[32]

La dimensión en un primer momento documental de nuestro trabajo nos ha enfrentado a la sorprendente plasticidad del esquema de la androginia. Así, aunque éste se manifieste en las cosmogonías y las religiones más arcaicas, lo vemos por otra parte deslizarse en las construcciones gnósticas o teosóficas más sofisticadas; pero lo vemos también resurgir con fuerza en la literatura moderna o en las preocupaciones de los poetas surrealistas; incluso nos ha parecido que algunas tentativas científicas que se atienen por principio a la sobriedad positivista se dejaban habitar por él. Una inmensa proliferación de imágenes y de nociones híbridas se encuentra en acción en este campo al que parecen no limitar ni las culturas ni la historia. Hemos intentado establecer una morfología de tales imágenes y nociones, a fin de despejar a continuación lo que en ella corresponde a una interrogación fundamental del hombre ante un aspecto crucial de su condición. Pues las intrusiones del mito del andrógino en el discurso humano conjugan en él connotaciones diversas, y sin duda contradictorias, como: asexualidad, conjunción bisexual, copresencia bisexual, dimorfismo teratológico, etc. Pero esta pluralidad remite en última instancia a lo que se podría llamar un «negativo de la sexualidad», como si mediante el eterno retorno de sus reflejos el mito del andrógino se esforzara por borrar, o al menos neutralizar, lo que en la sexualidad humana procede de un malestar irreductible.

En numerosas ocasiones el término «hermafroditismo» sustituirá al de «androginia», a pesar de que las etimologías son muy diferentes. Por otra parte, no parece que ningún consenso determine aquí un uso general. En condiciones que a veces convendrá precisar, las dos palabras se podrán considerar, pues, intercambiables. Cada uno de estos vocablos representa, en su forma misma, una alianza paradójica, una coalescencia de términos opuestos: terminología radicalmente híbrida que de entrada nos enfrenta con una especie de escándalo ontológico. Escándalo, porque lo que se dice en estos vocablos parece ir en principio en contra de lo que está dado, a saber, la pertenencia del ser humano a un sexo y no a otro. Escándalo también porque en ellos se tejen deseos, poco confesables, de una transgresión de lo que viene dado a priori como límite y que encierra quizás una angustia fundamental. Escándalo, en definitiva, porque el «hombre-mujer» no es solamente el lugar de una paradoja sexual, sino también el símbolo privilegiado de la imposible yuxtaposición de los contrarios, desafío para la razón y a la vez sueño eternamente frustrado de una pacificación general, de una reabsorción de todas las oposiciones bipolares, de todas las contradicciones que gravan la condición humana.

Primera parte
La androginia y lo divino

La idea de «comienzo» ejerce sobre la inteligencia humana una atracción inmensa, tan tenaz y duradera que es, sin duda, primordial. Todo comienzo goza de un prestigio específico, consagrado por fiestas, entronizaciones, gestos ostensivos y, en definitiva, ritos. Esto es cierto, a fortiori, de la idea de un Comienzo absoluto, situado en el espacio y en el tiempo, o que no está situado en ellos precisamente porque los engendra. Pero esta fascinación es resueltamente mítica. Kant mostró que se trataba de una verdadera ilusión transcendental unida a la estructura misma de nuestra razón[33]. Sin embargo, el desvelamiento de esta ilusión, que sin duda ha obrado una metamorfosis duradera de la conciencia filosófica, no debilitó las convicciones más subterráneas, más primitivas y, en consecuencia, menos diferenciadas del pensamiento espontáneo completamente impregnado de inconsciente. La valoración exacerbada del «Origen» no trata únicamente de poner un término a esa regresión vertiginosa al infinito que representa el imposible remonte del espíritu humano en la serie de las causas; pretende tal vez hacernos escapar al terror secreto que se une a la idea de indeterminación. Hablar de comienzo, concebir un Comienzo primordial que sería como el modelo y la razón de todo comienzo, es verdaderamente, para el pensamiento humano desconcertado en el tiempo y en el espacio, lanzar el ancla y amarrarse a un paradigma que otorga seguridad.

Que la idea de «comienzo» sea una idea primordial es un hecho indiscutiblemente atestiguado por el estudio de los mitos, cuya importancia no ha dejado de crecer desde principios del siglo XX. Cierto es que los especialistas no están de acuerdo a la hora de definir la naturaleza, la función y la estructura de los mitos, pero todos coinciden en reconocer que el mito pone en juego la cuestión del Origen. Los mitos no solamente cuentan cómo los seres de la naturaleza y las instituciones de la cultura fueron concebidos, engendrados, creados, fabricados —en síntesis, traídos a la existencia y traídos de una vez por todas—, sino que nos ponen en relación con un tiempo cualitativamente diferente de este que vivimos, un tiempo de sobreabundancia y de creación, marcado por las hazañas y las fechorías de los «seres sobrenaturales». Ése es el tiempo anterior-al-nuestro que Mircea Eliade llama el «Tiempo fabuloso de los comienzos».

Si todo lo que existe, en el lenguaje del mito, está en relación con un «comienzo de ser», debemos contar con que, en el seno del enorme material mítico explorado actualmente por la antropología, encontraremos en un lugar destacado los mitos relativos al origen de la sexualidad. En efecto, como ha señalado Roger Caillois, la sexualidad y la religiosidad primitivas están íntimamente unidas[34]; además, la existencia de los sexos y los fenómenos sexuales ha sido y sigue siendo para la humanidad una fuente constante de atracción, de preocupaciones y de interrogantes, que bajo la influencia de presiones culturales han sido a veces violentamente rechazadas o disfrazadas. No solamente la cuestión del origen de los sexos surge y plantea problemas en el seno del discurso mítico, sino que también se puede decir que esta misma pregunta, volviéndose sobre sí, engendra otra: ¿Hay una dimensión sexual de lo originario? O, en otras palabras, ¿qué relaciones mantienen con la sexualidad los seres míticos que actuaron en el «tiempo primordial» y que participaron en los memorables procesos cosmogónicos?

Si la androginia —sea la reunión, sea la confusión de los sexos en un mismo individuo— es un esquema arquetípico de las sociedades humanas, deberemos encontrarlo en esa región esencial del discurso mítico que trata de los orígenes. En otras palabras, las potencias originales —aquellas que están «antes» de todas las cosas y por las que todas las cosas advienen al ser— deben de tener un carácter andrógino. Pero conviene, en primer lugar, que esta hipótesis se fundamente y valide mediante el examen de los hechos mitográficos puestos de relieve por los trabajos de etnólogos e historiadores de las religiones.

La idea de un origen natural del hombre a través de un proceso puramente biológico es sin duda una idea reciente ligada al desarrollo de las filosofías materialistas[35]. Fundamentalmente, parece que el hombre ha concebido siempre y en primer lugar su existencia como un enigma sagrado, consecuencia no de una génesis natural, privada de finalidad, sino de un acto «extraordinario» de creación o demiurgia, animado por una intención consciente y orquestado por potencias cuantitativamente, y sobre todo cualitativamente, distintas de las potencias visibles y superiores a ellas. Sea cual sea su contenido, historia y estructura, y por distintas que sean, esas potencias nos proponen un campo específico de representaciones estrecha e indisolublemente ligadas a la existencia concreta del hombre «primitivo». Los términos «sobrenatural», «divino», «sagrado», constituyen con muchos matices y variantes las coordenadas terminológicas de ese campo con el que el hombre primitivo se sintió siempre en relación y que Lévy-Bruhl llamaba el de las «potencias místicas e invisibles»[36].

No es cierto que las figuras de la Divinidad hayan sido personalizadas desde el principio. Ya Augusto Comte, subdividiendo en tres etapas el primer estadio de la humanidad que él llama «teológico», considera que el desarrollo del politeísmo fue precedido por una fase fetichista en la que el carácter sobrenatural no se atribuía únicamente a una pluralidad determinada de «divinidades», sino que se encontraba extendido de forma difusa por la totalidad del mundo exterior al hombre. Por esquemática y discutida que haya sido la clasificación comtiana, no deja de encontrarse, más o menos transpuesta, en los inicios de la antropología científica. La noción impersonal de *mana*, tomada del área cultural polinesia, tiende a integrar en ella los aspectos más diversos, incluso más contradictorios, de la sacralidad que se manifiesta en el mundo e impone a veces al hombre su poder más o menos terrorífico[37].

Si se sigue la tendencia natural de esta visión de las cosas, entonces la estructuración, y por consiguiente la personalización de lo «sagrado», sería un fenómeno secundario y derivado: los dioses, encargados por la conciencia primitiva de dar cuenta de los orígenes, no serían representaciones «originales». Pero se está muy lejos de que los representantes más fiables de la antropología contemporánea acepten sin reservas tal concepción. Georges Dumézil, por ejemplo, critica la utilización simplificadora que se ha hecho de la noción de *mana*, transpuesta sin precaución de una cultura a otra, reduciendo indebidamente a la unidad modos de pensar quizás heterogéneos[38]. Mircea Eliade juzga sospechosa toda pretensión del historiador de las religiones de establecer una cronología de las formas religiosas, que supuestamente recorrerían un camino evolutivo constante, de lo simple a lo complejo y de lo múltiple a lo uno. Sin llegar desde luego a la tesis parcial y ya superada del padre Schmidt[39], que veía en el monoteísmo la forma primitiva y original de toda religión, se puede pensar que las relaciones entre la religión difusa de tipo cósmico, el politeísmo y el monoteísmo siguen siendo lógica y cronológicamente problemáticas.

Estudiaremos pues las relaciones de los dioses con la sexualidad sin preguntarnos si las representaciones míticas de las que son objeto son fenómenos «primarios» o «derivados». Lo que cuenta es que, en esas representaciones, la consciencia —y sobre todo el inconsciente— del «primitivo» proyecta sus deseos elementales sobre lo que, para ella, pertenece al prestigio del Origen mítico. Estudiar la configuración y las connotaciones sexuales de los dioses supone por lo tanto penetrar en el interior del inmenso repertorio mitológico de la humanidad y tratar de descubrir bajo qué formas fue concebida en lo más recóndito de la psique colectiva la imagen de una sexualidad original o, en otros términos, de una sexualidad que sería el modelo y el principio de toda sexualidad posterior.

En *Mefistófeles y el andrógino*, Mircea Eliade afirma que la ambivalencia sexual de los dioses es un fenómeno fundamentalmente reconocible. En su *Tratado de historia de las religiones*, retoma la misma tesis y, partiendo del examen de un vasto material histórico-mítico-etnológico, observa que «la bisexualidad divina es un fenómeno sumamente extendido en las religiones»[40]. En otro texto se muestra más categórico y no duda en afirmar que la androginia es un «arquetipo universalmente difundido»[41].

Esta tesis es capital. Pues si aceptamos su validez, sitúa de entrada al andrógino en el campo de los deseos y los fantasmas fundamentales de la humanidad. En efecto, es obligado que se atribuya a los dioses aquello de lo que el hombre se siente confusamente privado. Por otra parte, todo arquetipo nos parece vinculado de alguna manera a una lógica del deseo, sea positiva (deseo de ser, hacer o tener), sea negativa (deseo de abolición, mutación, exorcismo). El arquetipo sería así un esquema psíquico por el que el hombre, en general, regula y negocia sus relaciones con el mundo, desactiva sus peligros y resuelve sus contradicciones.

Sin embargo, la inducción realizada por M. Eliade puede provocar una reacción de prudencia epistemológica. Efectivamente, se le podrían plantear varias preguntas: ¿cuál es la extensión y la morfología del campo empírico a partir del cual ha sido elaborada? ¿Se puede y se debe afirmar sin reservas la existencia de un «arquetipo andrógino»? Si la respuesta es afirmativa, ¿cuál es la variabilidad, en otras palabras, el grado de plasticidad, de ese arquetipo con respecto a la pluralidad de las formas que engendra? Finalmente, ¿están unidos, y, en caso afirmativo, de qué forma, la androginia arquetípica y el comienzo mítico?

1. Animismo y politeísmo

Dista mucho de suceder que las cosmogonías míticas estén siempre orquestadas por una divinidad suprema. Sobre ese punto, A. H. Krappe[42] aporta datos iluminadores: en la mayor parte de las mitologías, dice básicamente Krappe, el dios supremo no es el creador del mundo; éste es obra de algún demiurgo, incluso de algún demonio que, lejos de trabajar *ex nihilo*, emplea ciertos materiales preexistentes. Frecuentemente encontramos también la idea de un Huevo cósmico primordial que engendra el mundo por estallido o salida desde su interior.

A propósito de las sociedades sin escritura, es sin duda poco pertinente hablar de dioses, ya que éstos se manifiestan en estado difuso en el seno mismo de la naturaleza. En ocasiones se identifican con una de sus regiones, o con un cierto elemento. Pero lo más frecuente es que no haya frontera determinada entre los dioses y el mundo[43]. Sin embargo, estaríamos tentados de decir que la teología se disuelve ahí en la cosmología, más que a la inversa. De forma general, parece que en esas sociedades los ciclos míticos cosmogónicos están emparentados con uniones sexuales sagradas, con «hierogamias» primordiales. Con frecuencia se echa mano de la Tierra y el Cielo, que emergen a veces de un mismo «complejo» primordial primitivo[44]. Pero pueden entrar en juego otros procesos, con diversas variantes. Los mitos trobriandeses ven en una mujer-antepasada el origen de la especie humana; fue fecundada por la lluvia, o, según otra versión, mordida por un pez[45]; pertenece pues a un tipo hermafrodita que genera a todos sus descendientes, machos y hembras. Entre los indios cashihuanas el mundo no ha sido creado verdaderamente, sino que «consiste en una entidad mágica en la que se difunde la vida»; pero la alternancia del día y la noche que reina sobre toda forma de vida es entendida como una unión sexual[46]. Entre los dogones de Malí, el dios único Amma formó la Tierra a partir de la arcilla; después, se unió a esta mujer ctónica, no sin enfrentarse al elemento fálico de la mujer; de esa unión problemática, en la que aparece una reiteración androgínica, nacerá la raza de los hombres[47].

Así pues, los dioses, propiamente hablando, no siempre están claramente implicados en las grandes demiurgias inaugurales. En cambio, a ellas está claramente unido un matiz sexual que se manifiesta en una especie de ambigüedad que encontraremos muy a menudo. O bien el Agente inicial saca de sí mismo la presencia del sexo opuesto, o bien los dos sexos parecen coexistir inicialmente, pero casi siempre en un estado de conjunción más o menos pronunciado. Esas fusiones y efusiones equívocas, son hasta tal punto características de los «tiempos originales» que parecen reinar sobre todo el destino posterior del mundo y del hombre. Desde el primer momento, el andrógino proteiforme habita el mito y parece determinar sus fluctuaciones. Es lo que sucede en las religiones politeístas, donde las cosas aparecen más abiertamente y donde la androginia de los dioses se hace fácilmente reconocible.

Así, por ejemplo, el panteón del antiguo Egipto es rico en divinidades ambiguas[48]. Es cierto que el politeísmo tornadizo de los egipcios ha confundido en cierta medida las opciones. Proliferación de dioses locales, intercambio y confusión de los dioses de un área cultural con los de otra, competición de algunos grandes dioses por el acceso al primer lugar, están sin duda en el origen de las dificultades que aquí esperan al historiador de las religiones. Así, el Dios creador no es siempre el mismo. Re, Ptah, Amón, Thot, parecen haber asumido esta función, pero se puede observar que esos dioses, aparentemente de tipo masculino, no dejan de tener relación con la bisexualidad. Ésta, aunque no siempre explícita ni aparente, está contenida virtualmente en el poder creador del dios. Así Re, el dios solar, tiene una fuerza de generación completamente femenina: viene por sí mismo a la existencia, y, de sí mismo, crea a la pareja Chu-Tefnut (Aire-Agua), después a Nut-Geb (Cielo-Tierra). Esto implica que Re contiene en potencia, y en su propia naturaleza, la coexistencia de lo masculino y lo femenino, pues no se podría pensar aquí en una creación extrínseca análoga a la del relato del Génesis. Finalmente, la hija de Re, Maât, tiene también el poder de desdoblarse, y este proceso es frecuente en la religión egipcia. Se podría dudar a la hora de interpretar ese desdoblamiento como el signo de una naturaleza primordial andrógina. Pero esos escrúpulos se aminoran cuando sabemos que el Dios supremo del panteón egipcio se convierte a veces en Diosa en las especulaciones de los teólogos, y que esta Diosa está investida de múltiples nombres y de una naturaleza multiforme. «La Divinidad no es ni masculina ni femenina, participa de los dos géneros a la vez. Los himnos en lengua griega que se dirigen a Isis, así como los libros que tratan de la religión egipcia, como el famoso tratado sobre los misterios atribuido a Yámblico, exponen más racionalmente la misma idea.»[49]

La androginia es a veces muy explícita en el caso de divinidades subalternas, a las que sin duda no se pueden atribuir responsabilidades cosmogónicas pero que, sin embargo, nos parecen interesantes en la medida en que toda divinidad participa, si no del reino de los Grandes Comienzos, al menos de un tiempo cualitativamente superior al de la existencia humana. Así Neith era una virgen guerrera capacitada para la demiurgia; los teólogos terminaron por ver en ella «la potencia viril y a la vez la potencia femenina». Por contra, el dios del Nilo, Hapi, presenta a veces los pechos de la fecundidad —lo que no tiene nada de sorprendente— y es calificado por los mismos teólogos de «dios hermafrodita»[50].

El área cultural asiriobabilónica ofrece también ejemplos de androginia divina. También en este caso una cierta prudencia debe moderar las interpretaciones, pues los fenómenos de ambivalencia o de desdoblamiento no responden ciertamente a un tipo de proceso único. La Diosa Madre sufre variaciones en el conjunto de sus representaciones: a menudo está acompañada de un felino; otras veces, aparece junto a un paredro, que puede ser su hijo, pero también su amante; entre los sumerios, se desdobla y engendra la pareja Madre-Hija; en Canaán, engendra una pareja de entidades enemigas[51]. Todos esos fenómenos no tienen ciertamente un significado único: son, más bien, en nuestra opinión, encrucijadas de arquetipos sobredeterminados. Sea como fuere, la tendencia andrógina se revela ahí, con más o menos claridad según los casos. Si bien la bisexualidad original de la Divinidad no se manifiesta siempre con claridad, en cambio, una cierta indecisión sexual parece sustituirla y constituir un fenómeno significativo. Hablando de la ambivalencia general de los atributos divinos, Jean Deshayes escribe: «Ciertas divinidades, sobre todo semíticas, presentaban en el origen un aspecto profundamente indiferenciado. No solamente las diosas de la fecundidad eran a la vez vírgenes y madres, sino que, en un estado primitivo del que subsisten huellas de la época histórica, su sexo mismo estaba lejos de estar bien definido»[52]. En cuanto a los genios, o demonios, que proliferan más todavía que los dioses, «no tenían en sí mismos ni forma, ni sexo y, en ocasiones, ni siquiera nombre»[53]. Esta situación equívoca no es ciertamente asimilable a una simple asexualidad; en otras palabras, no se trata de un fenómeno neutro o indiferente. Tendremos ocasión de mostrar que tanto la indefinición del sexo como la asexualidad contienen virtualmente la bisexualidad y la engendran, pues, en la lógica del inconsciente, lo primero está ligado a lo segundo, como la potencia al acto.

El dios iranio del tiempo ilimitado, Zerván, es andrógino[54]. Da nacimiento a los dos hermanos gemelos Ormuzd y Ahrimán, el dios del Bien y el dios del Mal, el dios de la Luz y el dios de las Tinieblas. Se urde aquí una sobredeterminación típica: nacimiento de gemelos a partir de un principio bisexualizado; ampliación de la bisexualidad inicial a un simbolismo ético y cosmológico, en el que se trama un enfrentamiento agonal.

En la India, la pareja divina más importante, Shiva-Kâli, es asimilada con frecuencia a un ser único. «Y la iconografía tántrica abunda en imágenes que nos muestran al dios Shiva abrazando estrechamente a su propia "potencia", Shakti, representada como divinidad femenina (Kâli).»[55] Como muy a menudo en la historia de las religiones, el andrógino y la pareja primordial, o dominante, aparecen como dos figuras reversibles, intercambiables. La androginia inicial engendra la pareja, que tiende a su vez a la reconstrucción de la fusión original.

En la China feudal, el primer lugar en el panteón corresponde al Dios celeste. Es llamado Soberano-de-Arriba-Augusto-Cielo[56]. Ahora bien, los cuatro términos, que constituyen una apelación redundante, están con frecuencia agrupados en dos: «Soberano de Arriba» y «Augusto Cielo». Esta dicotomía, aunque no sea a primera vista explícitamente andrógina, pone de relieve el poder inicial de desdoblamiento. Sabemos, por vía comparativa, hasta qué punto esta estructura aplicada a las divinidades primordiales es rica en implicaciones. Además, aquí, el Dios celeste reina sobre el orden de la tierra y se ocupa de los ciclos estacionales y vegetales; su poder se extiende pues a la fecundidad telúrica, muy marcada por las referencias femeninas.

La mitología germánica no despliega por su parte de forma indiscutible una panoplia de divinidades andróginas. Los grandes dioses –Odín y Thor en particular– tienen un carácter marcadamente masculino y pertenecen a la categoría de los dioses masculinos. Sin embargo, en su estudio sobre *Les dieux des Germains*, Georges Dumézil observa que el caso de Njörd, el dios del mar, conoció una notoriedad particular precisamente porque sobre su sexo planeó una cierta ambigüedad: «El personaje de Njörd es particularmente célebre en la historia de las religiones germánicas porque Tácito ya hizo referencia a él, aunque con sexo femenino: es la Northus del capítulo 40 de la *Germania*»[57]. Georges Dumézil estima que esta ambivalencia se explica mal; sin embargo, la relaciona con una ambivalencia más general que concierne a los «genios» marítimos: «La mayor parte de las historias que se cuentan de los genios del mar son conocidas tanto en variantes en las que el genio es masculino como en otras en las que es femenino»[58]. Se puede observar aquí que el mar, medio onírico y disolvente por excelencia, es muy apropiado para dar lugar a la confusión de los sexos; pero, a la inversa, parece como si esa confusión estuviera esperando una ocasión propicia para manifestarse: si existe un arquetipo de la androginia, subyace y ordena las transformaciones sexuales de los genios marítimos, pero podemos razonablemente suponer que esta tendencia no está limitada en absoluto al mundo marino. Por otra parte, el caso del ambiguo dios Njörd nos ofrece otro hilo conductor: efectivamente, Njörd —al que una cierta tradición hizo sucesor de Odín— tiene dos hijos, Freya y Freyjor; ahora bien, no solamente Freya y Freyjor estuvieron casados y vivieron juntos durante un cierto tiempo[59], sino que su semejanza es extraña en grado sumo: «Él era tan semejante a ella que parece haber experimentado algunas dificultades para determinar a qué sexo pertenecía»[60].

La mitología griega nos presenta un gran número de divinidades bisexuales. La extraña figura del dios Hermafrodito marca la tónica[61]. Ciertamente, Hermafrodito no pertenece ni a los dioses primordiales ni a los dioses creadores. Relativamente poco presente en la literatura, se le ve surgir sobre todo en la escultura a partir del siglo IV a. C., y los artistas del período helenístico trabajaron abundantemente sobre él. Cronológicamente, se trata pues, en primer lugar, de una figura más bien tardía en el mundo griego. Pero si bien el dios es tardío, y Marie Delcourt insiste en ello, la idea que encarna es muy antigua. No es Hermafrodito el que está en el origen de las representaciones androgínicas, sino que, por el contrario, es la idea primitiva de la androginia lo que ha engendrado la representación del dios. «Hermafrodito es un ejemplo privilegiado de mito puro, nacido en el pensamiento del hombre que busca a tientas su lugar en el mundo y proyecta la representación más capaz de dar cuenta de sus orígenes y a la vez de simbolizar algunas de sus aspiraciones.»[62] Ésa es por otra parte la opinión de Karl Kerényi: «El Hermafrodito es una figura divina de un tipo primitivo muy antiguo»[63]. Aunque Hermafrodito se convirtiera más tarde en motivo de curiosidad, incluso de entretenimiento, se puede decir que el dios no es asimilable en absoluto a una fantasía accidental. Tal vez sea la encarnación de exigencias oscuras que durante mucho tiempo discurrieron de manera subterránea a través de los trabajos de los escultores griegos entregados a la representación de lo divino: «Da la impresión, en suma, de que los artistas griegos, desde el período arcaico hasta los escultores realistas de la decadencia, tuvieron como ideal un tipo humano marcado lo menos posible por el dimorfismo sexual, *como si una figura andrógina hubiera habitado su imaginación*»[64].

Pero Hermafrodito dista mucho de ser la única figura andrógina del panteón helénico. Aunque de forma indirecta, sus propios padres no dejan de tener relación con la androginia. Karl Kerényi señala que Hermes, cabalgando sobre los delfines, inventando la lira a partir de un caparazón de tortuga, es representado a menudo como un niño juguetón; al mismo tiempo, no duda en establecer una relación entre el Niño arquetípico de la mitología y el tema de la bisexualidad primitiva. Siempre según este autor, los dioses griegos de carácter dominantemente masculino habrían sufrido una evolución cronológica, yendo del dios-niño al dios juvenil afeminado pasando por el dios viril, barbudo; de ahí que: «Los rasgos híbridos, mitad hombre, mitad mujer, del ser original fueran resaltados cuando la figura ideal del muchacho afeminado apareció en la historia de la civilización griega. Casi parece que el efebo no hubiera sido más que una reaparición del niño original bisexuado bajo una forma "mundanizada"»[65]. Esta afirmación no es más que una hipótesis aventurada, sobre todo si se tiene en cuenta el hecho de que la imagen arquetípica del niño implica fundamentalmente una pertenencia sexual incierta.

Afrodita, por su parte, presenta también algunos rasgos de inversión sorprendentes. Marie Delcourt nos enseña que en Chipre se practicaba el culto a una Afrodita barbuda llamada Afroditos[66]. Ese culto pudo tener lugar también en Atenas, pero esto es sólo una conjetura. Gezà Roheim va más lejos en sus conclusiones: recuerda que Afrodita nació del contacto del miembro viril de su padre Urano con el agua del mar, y ve en esta anécdota mítica la prueba del carácter fálico de la diosa. Establece, además, la relación de todos los elementos andróginos presentes en el culto de la diosa[67]. Así, para él, Afrodita es el prototipo de «la mujer con pene», de la que se encuentran numerosas e interesantes manifestaciones en el curso de nuestra historia.

Es aún más sorprendente constatar que algunos grandes dioses de Grecia, de marcada tendencia viriloide, no escapan en ocasiones a ciertas extravagancias ambiguas. Así se han encontrado varias estatuillas curiosas, a la vez barbudas y provistas de varios pechos (polimásticas): se trataría de lo que los griegos llamaban Zeus Estrato[68]. Sin embargo, según algunos intérpretes, los pechos significarían el poder del dios y no su naturaleza andrógina. Estas discusiones exegéticas no nos parecen muy importantes: lo esencial aquí es observar que el «Padre» de los dioses aparece, al menos en ocasiones, provisto de atributos femeninos. La cosa es todavía más clara en el caso de Dioniso. Marie Delcourt cita varias fuentes literarias que evocan explícitamente a un Dioniso «hombre-mujer»[69]. Y también Karl Kerényi juzga este hecho como algo notable. Considera que Dioniso, bisexuado desde el origen, es por excelencia «el dios barbudo, hombre y mujer»[70].

Entre los latinos, la indefinición sexual de los dioses es algo frecuente. En otras ocasiones, algunas figuras divinas se presentan formando desdoblamientos emparejados. Esas parejas divinas muy singulares parecen totalmente la escisión parcial y tardía de una entidad primitiva de naturaleza dual: «Otras figuras están desdobladas en una persona masculina y otra femenina, como Consus y Ops, Fauno y Fauna, Liber y Libera, Rumino y Rumina, Caco y Caca, Céculo y Cecilia. Estas parejas, que son siempre estériles, no representan a dioses casados; son pares compuestos por el espíritu para agotar los aspectos de una potencia única, concebida como dotada fundamentalmente de dos naturalezas; es la representación del dios ambiguo, tal como lo inventó el genio romano»[71]. Encontramos aquí la ambigüedad fundamental que preside los procesos de desdoblamiento divino. La unidad se expresa en la dualidad y viceversa. Pero en las religiones más primitivas, en las que domina la imagen, esta reversibilidad se expresa fácilmente en términos sexuales o matrimoniales. Cuando la religión se «racionaliza», los fenómenos de ambivalencia, y especialmente la androginia, adquieren una dimensión más abstracta y más simbólica, lo que no implica necesariamente que desaparezcan.

Así, sin que se pueda concluir de manera categórica su omnipresencia en los cultos animistas y politeístas, la androginia divina no deja de ser lo suficientemente reconocible y proteiforme como para que se pueda considerar un fenómeno sintomático. Sin duda éste no aparece siempre claramente explícito; está velado por ambivalencias lingüísticas, incertidumbres mitográficas o desplazamientos histórico-culturales necesariamente aleatorios. Pero su presencia insistente y repetitiva, que desborda el límite de cualquier cultura específica, invita a interpretarla como un hecho de naturaleza arquetípica. Los seres sobrenaturales, aquellos que actúan tumultuosamente en la génesis y ordenación del mundo, parecen afectados de determinaciones sexuales ambivalentes: da la impresión de que la androginia fuera el correlato de unos poderes excepcionales, como si rigiera el funcionamiento de titánicos procesos demiúrgicos.

No obstante, debe formularse una objeción. Aparte de que los grandes dioses creadores del mundo no aparezcan siempre como indiscutiblemente andróginos, podemos preguntarnos también si algunas religiones no muestran una decidida tendencia a subordinar sus creencias a una divinidad suprema muy feminizada, o masculinizada, según los casos, lo que podría hacer tambalearse la hipótesis de un arquetipo andrógino.

2. La Gran Diosa

La proliferación de estatuillas paleolíticas desnudas, obesas, de formas femeninas acentuadas, es un hecho bien conocido. Además, los trabajos de los antropólogos han permitido poner de relieve la existencia en la alta Antigüedad de cultos ofrecidos a una Diosa de la que cabe pensar que pudo desempeñar un papel fundamental en la cosmogonía, la antropogonía y la marcha vital del mundo. Esta Gran Diosa, que gozaba al parecer de gran prestigio y de importantes cultos, asimilada con frecuencia a una Diosa Madre, fue muy celebrada en el mundo mediterráneo. Conoció variantes y significados diversos, pero parece representar un elemento particularmente constante de cristalización del pensamiento religioso primitivo. Jean Przyluski, que ha consagrado una obra sintética a este tema, escribe: «Parece que el culto de la Gran Diosa era común a las poblaciones helénicas, iranias y semíticas, y que esta divinidad gozaba de gran celebridad con los nombres de Anahita, Ardvi, Nanai, Artemisa»[72].

Jean Przyluski, de acuerdo en esto con otros especialistas, plantea la existencia de una analogía entre las figuras obesas del paleolítico y los cultos ofrecidos a la Diosa en la alta Antigüedad. Según él, todo induce a pensar que la mujer —o más bien el elemento femenino— fue investida con un poder determinante en las religiones arcaicas. En resumen, la mujer mítica es la Madre procreadora, como es también la Tierra nutricia y, por extensión, la Reina de las aguas vivificantes y, por extensión también, y puesto que reina sobre la Vida, igualmente la señora de la Muerte. Lo que se perfila claramente a través de la obra de Jean Przyluski es que los cultos más antiguos se dirigen a la Mujer —que, por evolución, se convertirá en la Gran Diosa cósmica, señora de la Tierra y del Cielo— y que, por consiguiente, las divinidades más antiguas están, por excelencia, feminizadas. Estas tendencias culturales debieron de estar, según el autor, en relación con estructuras sociales ginocráticas.

En apoyo de su tesis recuerda el hecho, muy conocido por los etnólogos pero siempre sorprendente, de que algunos «primitivos» ignoran las condiciones reales de la procreación y desconocen particularmente el papel fecundante del macho. Esta ignorancia fue ya señalada por Lévy-Bruhl en *La mentalidad primitiva*, y el hecho había sido claramente afirmado por Spencer y Gillen en su estudio sobre los aruntas de Australia central. Más próximo a nosotros, Ch. P. Mountford atestigua la persistencia de una ignorancia semejante en ese centro australiano[73]. Si por inducción y extrapolación se supone que el desconocimiento del papel de los dos sexos en la concepción fue en el hombre arcaico absolutamente general, se entiende hasta qué punto pudo y debió de ser sobreestimada la feminidad en las fases prehistórica y protohistórica de la historia de las religiones.

En consecuencia, la tesis de un arquetipo andrógino divino se torna problemática. Jean Przyluski conocía perfectamente la existencia de las divinidades andróginas de la Antigüedad, pero, precisamente, les atribuye un carácter histórico, en otras palabras, transitorio, y no esencial o fundamental. Según él, el conjunto de los fenómenos religiosos —al menos en la cuenca mediterránea oriental— sufrió en el curso de la alta Antigüedad una gigantesca mutación interna que traslada el sentido de los cultos «de la Diosa Madre al Dios Padre»[74]. El autor constata, más que explicar, esta mutación: «En el curso del primer milenio, en los grandes imperios indoeuropeos, en Roma, en Irán, en la India, la Gran Diosa perdió su hegemonía; cayó hasta el rango de divinidad subalterna»[75]. Por supuesto, ese declive de la Diosa tuvo lugar por etapas, y el autor se esfuerza en establecer minuciosamente su inventario. Pasado el primado categórico de la feminidad, vemos introducirse junto a ella al elemento masculino: la Diosa es representada entonces con su paredro[76], es decir, su consorte subordinado, al que ella todavía domina. Hay ahí como un reconocimiento del papel vital de la masculinidad; femenino y masculino deben ser considerados en adelante como dos modos indisociables del poder generador. Después vemos afirmarse a la pareja divina, de la que no faltan ejemplos en las culturas antiguas. Luego, un nuevo esfuerzo de síntesis y condensación desembocó en la formación de una entidad híbrida, hermafrodita. Por último la divinidad se masculiniza y afirma poco a poco sus nuevas prerrogativas. Proceso que el autor resume globalmente así: «La divinidad andrógina es intermedia entre la Gran Diosa y el Dios universal. Sintetiza en una sola persona los rasgos de la pareja que forman la Diosa y su paredro. Finalmente, en conformidad con la tendencia androcrática de las civilizaciones modernas, el dios masculino emerge solo»[77].

Parecería, desde esta perspectiva, que la androginia no fuera un atributo fundamental, sino que más bien constituyera una etapa en el desarrollo de las formas religiosas. Esta etapa aparecería entonces como una fase intermedia en el seno de una evolución que iría de los cultos ginocráticos a los cultos androcráticos, pudiendo ser el motor de esta evolución algo así como la lucha de los sexos por la conquista del poder.

Pero ese esquema, por seductor que sea, podría ser abusivamente simplificador y producto de una lógica excesiva. Mircea Eliade se niega a conceder un carácter únicamente transitorio e híbrido a las divinidades andróginas. Hablando explícitamente de los trabajos de Jean Przyluski, escribe: «No es seguro que la Gran Diosa haya sido reemplazada por un Gran Dios en los panteones de los pueblos semíticos e indoeuropeos, la androginia divina no es siempre un fenómeno secundario; el hermafroditismo ritual no se explica por cultos híbridos, intermedios entre el de una Gran Diosa y el de un Gran Dios»[78]. Desde luego, Mircea Eliade observó la importancia de la Tierra Madre en las religiones arcaicas y consagró a este tema varios estudios[79]. Pero, según él, el carácter femenino de la Diosa Tierra no siempre se impone con rigor. En ocasiones se trata de un gigante primordial andrógino; otras veces, aunque más raramente, de un Gran Macho cósmico[80]. De forma más general, el pensamiento primitivo habría presentado, ante todo, los poderes telúricos como una formidable capacidad de engendrar más que como la emanación de una divinidad sexuada. «Los monstruos de la teogonía no son una prueba de los infinitos recursos creadores de la Tierra. A veces ni siquiera es necesario precisar el sexo de esta divinidad telúrica, procreadora universal.»[81] O también: «Antes de ser representada como Madre, la Tierra era experimentada como fuerza creadora puramente cósmica, asexuada o, si se quiere, supersexuada»[82].

Sin embargo, la existencia de los cultos de la Tierra Madre no debe hacer olvidar la existencia más o menos paralela de los cultos celestes. Ahora bien, esos cultos uránicos parecen tan arcaicos y fundamentales como los cultos telúricos; y las divinidades a las que se dirigen parecen más bien masculinizadas. El Dios Padre celeste no es raro en las religiones primitivas; él solo engendra hijos e hijas. Más raro es el tema de la Madre celeste[83] en la que Jean Przyluski veía sin embargo una de las manifestaciones de la Gran Diosa. Es por tanto concebible un cierto equilibrio en la repartición de los sexos dentro de los cultos. Más aún: tendremos la ocasión de mostrar, al estudiar el tema de la androginia cósmica, que el mito de la pareja sagrada Cielo-Tierra es un mito fundamental cuyo tenor andrógino es indiscutible. En cualquier caso, Mircea Eliade llegó a la conclusión de que el Dios Padre celeste forma con la Diosa Madre telúrica una especie de complejo bisexuado indisociable y que es vano, en esas condiciones, tratar de afirmar una preeminencia masculina o femenina, fuera de algunas manifestaciones históricas cuyo carácter «accidental» no llega a eclipsar la tendencia arquetípica fundamental. «Este conjunto Cielo Lluvioso-Toro-Gran Diosa constituía uno de los elementos de unidad de todas las religiones protohistóricas del área euroafroasiática.»[84]

Marie Delcourt afirma claramente que la Gran Madre oriental, que inspirará más tarde las figuras griegas de Rea o Deméter, es ya, y mucho más que éstas últimas, bisexuada. «Como Gea, como Hera, capaces de engendrar sin esposo, la deidad anatolia tenía un aspecto andrógino, mucho más marcado por lo demás que el de sus hermanas helénicas y que desemboca, en la leyenda griega, en curiosas encarnaciones: un Agdistis, una Misé, ambos bisexuales.»[85]

Finalmente, en la obra de Jean Przyluski varios elementos corrigen y atenúan la tesis del autor. En la alta Antigüedad, a menudo se representa a la Diosa acompañada bien por una pareja de animales, bien de gemelos, los dióscuros, o bien más tarde por un solo animal o un paredro. No es indiferente que esas representaciones aparezcan bajo forma de tríadas y díadas. Sin duda se puede atribuir a esos conjuntos una pluralidad compleja de significados —lo que no nos interesa aquí directamente—, pero no es abusivo descubrir en ellos ciertos elementos de androginia. Por ejemplo, un ciclo mítico relata que la diosa Ishtar transformaba a sus amantes en animales, lo que la acercaría a Circe. A partir de ahí, las fieras que acompañan a la Diosa, ¿no serían elementos masculinos transformados y sometidos? El hecho de que la Diosa no esté sola, sino acompañada, indicaría tal vez la aparición de entidades complejas en las que los dos sexos participan y forman una coalescencia indisociable. Esta hipótesis es tanto menos gratuita cuanto que en esas representaciones triádicas aparecen a veces seres andróginos y la misma Diosa es con frecuencia hermafrodita[86].

En definitiva, la obra de Jean Przyluski tiene el mérito de llamar la atención sobre las vicisitudes históricas de una figura típica a la que se tiene quizá demasiada tendencia a aislar fuera de toda evolución; pero no autoriza a negar sus raíces inconscientes y su carácter fundamental. Incluso, en cierto sentido, más bien los confirmaría. El arquetipo se adapta en sus apariciones a las estructuras sociológicas y sufre el contragolpe de sus eventuales mutaciones. A veces, incluso, parece francamente anulado por ellas, cuando en realidad no está sino oculto. En el caso del andrógino se puede suponer que la dimensión bisexual se encontró naturalmente eclipsada, en las fases arcaicas, por el profundo desconocimiento de la relación existente entre sexualidad y procreación y por la veneración correlativamente hipertrofiada de la maternidad; igual que se encontrará eclipsada, en otro sentido, cuando el hombre acceda al poder mediante el doble juego de las instituciones políticas y las representaciones religiosas. En todo caso, en una fase arcaica dominada por la Madre, el hombre, ser fálico, debe de parecer más que nunca un enigma; no es sorprendente que sus atributos fueran incorporados, aunque fuese de forma disfrazada, a la Diosa. El misterio de la dualidad de los sexos es completo, aun cuando el elemento masculino se vea excluido de la reproducción de la vida. A este misterio responden las construcciones del mito, que se desarrollan independientemente del conocimiento, anexionando, todo lo más, sus aportaciones y sometiéndolas a su propia lógica.

3. El Dios Padre

a) Yahwé

En las concepciones religiosas politeístas hemos encontrado a veces dioses predominantemente masculinos. Tal es el caso, por ejemplo, de las antiguas divinidades germánicas. Pero ese predominio no era total, había excepciones e incluso equívocos.

Ahora bien, con la tradición monoteísta judeocristiana parece a primera vista que nos encontramos en presencia de un conjunto de representaciones que excluyen toda referencia androgínica. ¿Estarían entonces las instancias míticas yuguladas hasta el punto de tratarse de una pura ontología de la transcendencia, cuyos rasgos asiduamente «masculinos» no serían más que el reflejo inevitable de una sociedad y un lenguaje marcados por el patriarcado?

En el Antiguo Testamento toda representación o toda imaginería andrógina de Dios parece excluida a priori, exceptuado no obstante un corto pasaje, cuya importancia es capital. Se dice en el Génesis:

> Y creó Dios al hombre a su imagen,
> a imagen de Dios lo creó;
> hombre y mujer los creó[87].

La letra del texto nos invitaría a pensar que, al menos a título de analogía, la estructura «hombre-y-mujer» estaría ya presente en Dios de una cierta manera. Pero el fragmento citado tiene un carácter completamente excepcional; no queda explicado ni por la continuación inmediata del texto ni por otros fragmentos. A partir de ahí, si bien existe analogía entre la estructura «hombre-y-mujer» y la realidad de Dios, no es posible precisar su naturaleza. El hecho de que la Creación sea concebida enteramente *ex nihilo* por la tradición judeocristiana implica que nada de lo que es puede ser ontológicamente independiente de Dios, pero no implica que Dios acumule en él de manera positiva los atributos de los seres finitos que crea. En otras palabras, parece que es por lo menos arriesgado especular sobre una androginia divina.

Cuando en la Escritura se nombra a Dios, no parece nunca que sus denominaciones contengan posibles implicaciones andróginas. Las denominaciones más frecuentes son Elohim y Yahwé. Ahora bien, «Elohim» es una forma plural, pero no dual. Además, esta pluralidad no tiene ninguna connotación antropomórfica, no implica ninguna idea de atribuciones particulares. «En vano diferentes críticos han visto ahí un indicio de politeísmo primitivo, puesto que ese nombre plural es seguido siempre de un verbo o de un calificativo en singular... También los gramáticos lo consideran con razón un plural mayestático o de excelencia, significando que Dios es la suma de todas las perfecciones. Otros piensan que ese plural designa una abstracción, "la divinidad".»[88]

En cuanto a «Yahwé», se sabe que esta denominación, sagrada por excelencia, fue revelada a Moisés en términos que excluyen también todo antropomorfismo. Cuando Moisés se inquieta por saber cómo transmitirá a los hijos de Israel el nombre del Dios que se dirige a él, Dios responde: «Yo soy el que soy». Y añade: «Así responderás a los hijos de Israel: "Yo soy" me envía a vosotros». Dios dijo todavía a Moisés: «Esto dirás a los hijos de Israel: Yahwé, el Dios de vuestros padres, el Dios de Abraham, de Isaac y de Jacob, me envía a vosotros. Éste es para siempre mi nombre, con él se me recordará por todos los siglos»[89]. A pesar de algunas dudas, los filólogos afirman que el nombre «Yahwé» –revelado en el tetragrámaton sagrado YHWH– sería asimilable a una forma arcaica del verbo ser. De todos modos, la fórmula sibilina que Dios comunica a Moisés parece contener una doble connotación de ontología y de trascendencia. Dios es el Ser absoluto, y se manifiesta de entrada más allá de toda representación y de toda determinación. Desde un punto de vista filosófico, esto podría significar también que Dios fundamenta a priori todas las determinaciones, incluidas aquellas que parecen proceder de pares de opuestos, y en particular la oposición masculino y femenino. Esto significaría también que esas mismas determinaciones no tienen existencia más que en las cosas creadas, y que en Dios, como principio infinito que las sobrepasa y las integra, se resuelven y quedan abolidas; Dios sería entonces necesariamente la *coincidentia oppositorum*. Pero esto nos trasladaría ya a la racionalización teológica, o, según otra dirección, a la especulación teosófica. Ahora bien, el texto citado de la Escritura, tomado únicamente en sí mismo, difícilmente autoriza estas posiciones.

Obligado es por tanto reconocer que el Dios de la revelación mosaica no presenta rasgos «andróginos». Todo lo más, tendría una cierta coloración «masculina». Es el «Dios de los padres», el Patriarca Supremo. Por otra parte, fue en ese sentido como lo comprendieron las tradiciones posteriores. El «Yo soy» que no tiene nombre se convertirá en el *Kyrios* y el *Dominus* de los traductores grecolatinos. Sin embargo, esos vocablos remiten tal vez más a la idea del Señor que a la idea de una divinidad específicamente masculina que sería como la otra vertiente de la Gran Madre oriental. O, quizá más bien, el Señor pudo ser pensado en términos de masculinidad por el hecho de reinar por encima de todo sobre la sociedad hebrea, fuertemente patriarcal. Así, «el Dios de los padres» significaría «el Dios que se dirige inicialmente al patriarca tribal».

A partir de ahí, parece que nos encontramos en presencia de una doble posibilidad. O bien el texto bíblico se basa en una Revelación de orden fundamentalmente ontológico que relega al museo mítico todas las consideraciones relacionadas con las divinidades bisexuales, o bien ese texto es anulado subrepticiamente por el inconsciente de un discurso que emana de una cultura estructurada según un poder de tipo viril, de tal manera que la imaginería parásita que se incorporará a la Revelación tendrá una coloración fundamentalmente masculina.

Como quiera que sea, el desvanecimiento —por no decir la desaparición— del principio femenino en la Escritura bíblica es un fenómeno notable. Se podría pensar que aquí se ha puesto en cuestión la afirmación de un arquetipo andrógino. En todo caso, lo que es seguro es que, incluso si se deja subsistir ese arquetipo a título de hipótesis, se está obligado a admitir que la polaridad femenina de sus manifestaciones se encuentra reprimida en el texto del Antiguo Testamento[90].

Ahora bien, precisamente lo que induciría a pensar que existió un fenómeno de represión es el espectacular resurgir del principio femenino y del esquema andrógino en la tradición esotérica judía posterior.

Especialmente en el libro del *Zohar*, se afirma de manera explícita, con un vocabulario sexualizado, la idea de una bipartición divina. Esta afirmación se apoya en especial en el texto del Génesis que citamos anteriormente, y que aparece como una de las escasas claves posibles a partir de las cuales pueden construirse tales interpretaciones. Comentando el célebre pasaje «Hagamos al hombre a nuestra semejanza», el texto kabalístico dice: «La Escritura se sirve del plural, "hagamos", para indicarnos que la creación del hombre fue realizada por las dos esencias divinas que están simbolizadas por el macho y la hembra. "A nuestra imagen" quiere decir los ricos; "a nuestra semejanza" quiere decir los pobres; pues el macho es la riqueza, y la hembra, la pobreza. Ahora bien, así como las dos esencias divinas no forman más que una sola, porque una protege a la otra, se la asimila y colma de beneficios, así los hombres de este mundo, el rico y el pobre, símbolos del macho y la hembra, no deben formar más que uno, dando uno al otro y haciendo el bien uno al otro»[91]. La riqueza simbólica de este fragmento induce a confusión. En primer lugar, se plantea una analogía entre las «dos esencias divinas» y la dualidad de los sexos. Después, esta bipartición a la vez divina y sexual se articula sobre una tercera dicotomía: abundancia y penuria[92]. Finalmente, se subraya que las dos esencias divinas no forman sino una sola, y esta coalescencia es profusamente evocada mediante imágenes amorosas: protección, ósmosis, generosidad.

El isomorfismo entre la dualidad de los sexos y la doble esencia de Dios no es solamente analógico, como podría dar a entender la palabra «símbolo». Otros fragmentos son más claros a este respecto. Así: «Las dos luces de la esencia divina tienen esto de particular, que una, la luz activa, es macho, y la otra, la luz pasiva, es hembra»[93]. En el espíritu del kabalista, no se trata de nombrar analógicamente la doble luz divina a partir de la dualidad de los sexos, sino, muy al contrario, de explicar esta última a partir de la bipolaridad divina original. Vemos así que lo masculino y lo femenino no son únicamente determinaciones antropomórficas, sino lo que estaríamos tentados de llamar categorías ontológicas. La íntima unión en Dios de lo masculino y lo femenino[94] resulta de una concepción indiscutiblemente andrógina de la divinidad. Sin embargo, hay que observar que esta androginia presenta un elemento de asimetría interna. En efecto: «Elohim es de la misma esencia que la luz activa del lado derecho y la luz pasiva del lado izquierdo, pero participa más de la primera que de la segunda»[95]. Este predominio de la «luz activa» masculina podría ser la reminiscencia de los rasgos androcéntricos que son perceptibles en la Escritura; pero, sea como fuere, este androcentrismo se encuentra aquí considerablemente atenuado, y, a pesar del elemento asimétrico que acabamos de destacar y de las consecuencias no desdeñables que implica, estamos en presencia de una visión enteramente atravesada por el esquema de la androginia; como veremos más adelante, la androginia no es solamente inmanente a la propia Deidad, sino que impregna también en muy amplia medida la concepción kabalística de la Creación y del hombre.

Por otra parte, la androginia está tan presente en esta tradición que en ella se encuentra explicitada según el diagrama esotérico denominado «Árbol de las *Sefirot*». Hay ahí como una reiteración de referencias bisexuales. El *En Sof* de Dios, es decir, Dios mismo en tanto que principio radicalmente transcendente e incognoscible, se explicita en una especie de organismo místico, simbolizado por el Árbol. Las ramas del Árbol son las *Sefirot*, o manifestaciones sucesivas del Poder divino; son diez grados diferentes a través de los cuales Dios se extiende de alguna manera por toda su creación. Ahora bien, las *Sefirot* de la izquierda son femeninas y las de la derecha, masculinas. Además, la última *Sefirah*, femenina, está llamada a desempeñar un papel sumamente curioso en la dramaturgia del mundo: es llamada *Shekinah*: la Madre, Reina, Matrona, o también la Casada[96].

Este insistente resurgir del principio femenino indica un poder impulsado por lo que Jung llama el inconsciente colectivo. Pero los procesos que tan pronto ocultan el esquema bisexual como parecen manipularlo con ostentación, son misteriosos. Cuando W. Lederer, reflexionando sobre la «ginofobia», toma en consideración la figura kabalística de la *Shekinah*, se queda estupefacto: «Parecería por tanto –dice– que Dios hubiera adquirido un aspecto femenino, Dios ¡que bajo el nombre de Yahwé no era más que masculino!»[97]; pero Lederer se limita a esta constatación. Gershom Scholem, especialista de la mística judía, también se asombra de ello. Observa que, a pesar de las reticencias de orden teórico, la *Shekinah*, como figura femenina, terminó por imponerse. Al principio, en la literatura talmúdica y el judaísmo rabínico no kabalístico, la palabra *Shekinah* no designaba otra cosa que la presencia de Dios en el mundo y especialmente en Israel. No se trata pues de una hipóstasis que, de alguna manera, fuera separable de Dios. Pero no sucede así en el lenguaje de la Kábala. La *Shekinah* forma entonces parte integrante de Dios, pero como elemento femenino en él: es la décima *Sefirah*, y sus connotaciones a la vez maternales y matrimoniales son ahí indiscutibles. Esta «personalización» parece realizarse a pesar de la resistencia de los medios científicos. «Considerada a menudo con desconfianza por el judaísmo rabínico no kabalístico, la feminización de la *Shekinah* prueba la gran popularidad que los aspectos míticos de esta concepción adquirieron en muy amplios círculos del pueblo judío, y muestra también que los kabalistas siguieron aquí un *impulso religioso fundamental* que sigue actuando en el judaísmo.»[98]

La presencia de la figura femenina se impone lo suficiente como para que el Rey-Dios se dirija directamente a ella, según un extraño diálogo, para anunciarle que el hombre ha pecado[99]. La *Shekinah* es la Madre de lo Alto y los lazos que la unen al Principio masculino son el equivalente de un matrimonio sagrado, el *hieros gamos*. Por tanto, vemos reaparecer aquí temas míticos muy arcaicos, y parece como si la Gran Madre oriental, repudiada por la Escritura, tomara hasta cierto punto su revancha. Por otra parte, en una rama española de la tradición kabalística, la Madre se hace francamente terrenal. Esta glosa parte de la imagen de Adán, nacido de la tierra. «Se trata pues aquí... de un matrimonio mítico *(gamos)* de la tierra con Elohim, del que Adán aparecía como "símbolo eterno", "sello y monumento de su amor".»[100] La Madre de lo Alto, última rama del Árbol de las *Sefirot*, sufre una transformación que la hace aquí profundamente telurizada.

La libertad que en ocasiones se toman los kabalistas con el texto de la Escritura significa que las imágenes primordiales parecen imponerse a su discurso. Lo mismo que en la gnosis cristiana[101] se asiste a un reajuste de los dogmas a partir de estructuras míticas muy poco ortodoxas, vemos aquí a la tradición judía patriarcal dejarse «contaminar» por un eclecticismo completamente «pagano». El origen de los sexos sigue siendo un problema obsesivo, al que no escapa definitivamente ninguna especulación sobre la naturaleza de Dios. Lo que está acallado o enmascarado en la Escritura, por razones oscuras, resurge en una teosofía bisexuada por razones no menos oscuras. Así, el esquema andrógino sobrevive de forma subterránea, expresándose asiduamente en las diversas tradiciones herméticas. Lo esencial para nuestro propósito es precisamente esta *supervivencia*.

b) La Trinidad cristiana

Desde un punto de vista teológico, el Dios de la revelación crística está, ontológicamente, más allá de toda determinación. No puede plantearse el aprehender a Dios en su esencia; con mayor motivo, no se puede reducir a Dios a ninguna denominación. Esta insuficiencia radical del discurso frente a lo que se podría denominar la «deidad» de Dios fue abundantemente subrayada por los autores cristianos que intentaron, por medio de la razón, iluminar los datos de la Revelación.

Esta paradoja de un Dios omnipresente y sin embargo indecible ha estado siempre presente en la especulación cristiana. Expuesta según sus consecuencias más lógicas, tal paradoja conduce necesariamente a la teología negativa del Pseudo-Dionisio. Para Dionisio, la causa transcendente de todo está evidentemente más allá de toda determinación sensible, pero está también más allá de todo lo inteligible. De esta manera, lo que se puede decir de ella es solamente «que escapa a todo razonamiento, a toda apelación, a todo saber; que no es ni tiniebla ni luz, ni error ni verdad; que de ella no se puede afirmar ni negar absolutamente nada; que cuando planteamos afirmaciones y negaciones que se aplican a las realidades inferiores a ella, no afirmamos ni negamos nada de ella, pues toda afirmación queda más acá de la Causa única y perfecta de todas las cosas, y toda negación queda igualmente más acá de la transcendencia de Aquello que está simplemente despojado de todo y que se sitúa más allá de todo»[102].

Sin embargo, esas fórmulas se vuelven a encontrar en autores que se mantienen, en la medida de lo posible, al margen de la ebriedad mística. Así, leemos en Santo Tomás de Aquino: «Una vez seguros de que un ser es, queda por preguntarse cómo es para llegar a lo que es. Pero con respecto a Dios, no pudiendo saber lo que es, limitados a conocer lo que no es, no hemos de considerar cómo es, sino más bien cómo no es»[103]. Por supuesto, estas formulaciones negativas aparecen todavía con más fuerza en ciertos místicos, a veces poco preocupados por la ortodoxia. Por ejemplo, impregnan las afirmaciones más atrevidas del Maestro Eckhart; así, hablando del deseo del alma, Eckhart afirma: «Voy más lejos aún y esto parece todavía más extraordinario: afirmo con toda seriedad que a esta luz (la del alma) no le basta tampoco la esencia divina única, que reposa en sí, que ni da ni recibe: quiere saber de dónde viene ese ser, en el fondo simple, en el desierto tranquilo donde jamás algo distinto ha echado una mirada; no quiere ni Padre, ni Hijo, ni Espíritu Santo; en lo más íntimo del ser, allí donde *nadie* está en sí, allí solamente esta luz se da por satisfecha»[104].

Si Dios se sustrae a toda determinación, ¿no queda entonces excluida cualquier reminiscencia del «arquetipo» de la androginia? Y preguntarse sobre los eventuales matices «sexuales» del Dios cristiano, ¿no es algo profundamente impertinente?

En realidad, no puede haber aquí «impertinencia» más que bajo la mirada reprobadora del teólogo. Pues la teología, en su mismo desarrollo, es a su manera racionalización, y por consiguiente depuración. Al someter los datos irracionales de la Revelación al trabajo crítico de la razón, se arrastra a ésta a una tarea *contra natura*, cortocircuitando subrepticiamente, por decirlo así, las imágenes de los componentes que le sirven de alimento. Por el contrario, nuestra perspectiva trata de poner de relieve las «impurezas» que impregnan las representaciones y diagnosticar la parte de afectividad y de imaginario que impregna todo discurso que se pretende «revelado»: en otras palabras, queremos ver en acción el trabajo del inconsciente, los procesos de emergencia de los arquetipos.

Ahora bien, precisamente cuando el contenido de la revelación crística es reexaminado en relación a la problemática del andrógino, aparecen de forma insólita dos elementos: el dogma de la Trinidad y el papel de la Virgen María.

El dogma trinitario ha suscitado un esfuerzo considerable de elucidación. Podemos recordar aquí el embarazo de los Padres griegos ante las siguientes preguntas: ¿Cómo evitar la jerarquización de las tres Personas divinas? ¿Cómo mantener la consubstancialidad en Dios afirmando la existencia de tres hipóstasis? Estas preguntas son hasta tal punto temibles que en ocasiones invitaban a los exegetas al silencio. Así, encontramos de la pluma de Gregorio Nacianceno: «¿Cómo, preguntas, es engendrado el Hijo? ¿Pero qué sería de esa generación si pudieras comprenderla? ¿Cómo es engendrado? Repito que el silencio es la única respuesta conveniente»[105].

En otras ocasiones, los teólogos se separan del dogma al querer hacerlo más inteligible. Así, en el año 268, el sínodo de Antioquía condena la tesis de Pablo de Samosata que sostenía la existencia del *homoousios*; según él, el Padre y el Hijo procederían de una primera substancia que les sería a la vez «anterior» y «superior». Esta tesis desviacionista es interesante, pues responde a un esquema frecuente en la historia de las religiones. La Unidad divina primitiva se encuentra ahí como solicitada por la dualidad; el Uno encierra potencialmente al dos, de manera que se trata de una especie de Unidad dual, de un esquema «Uno-en-dos».

La tesis de Pablo de Samosata no es más que un intento entre otros de hacer inteligible un dogma particularmente desconcertante. Este dogma no es solamente un Misterio en el sentido particular que la cristiandad otorga a esta palabra, sino que es problemático por los términos mismos que despliega, sobre todo si uno se quiere tomar la molestia de repensar con frescura esta terminología a la luz de las teorías junguianas[106]. ¿Por qué el Padre? ¿Por qué el Hijo? ¿Por qué el Espíritu? Al «Patriarca» judaico sucede una trilogía en la que, a primera vista, subsisten términos de resonancia masculina. Sean cuales fueren los problemas de traducción y la simbólica de estos términos, «Padre» e «Hijo» están en este sentido claramente demarcados. Más equívoco es el término «Espíritu», que podría a primera vista implicar una cierta neutralidad. Sin embargo, las expresiones que lo nombran remiten más bien el Espíritu Santo a los dos primeros términos —masculinos— de la Trinidad. Así: «En el Nuevo Testamento encontramos en varias ocasiones los términos o las expresiones "Paraíso, Espíritu de Dios, Espíritu del Padre, Espíritu del Señor, Espíritu de Dios y de Cristo, Espíritu del Hijo de Dios, Espíritu Santo, Espíritu de verdad"»[107]. Sin considerar que el Espíritu depende del Padre, del Hijo o de ambos a la vez, lo que sería contrario al dogma, parece sin embargo que es nombrado de forma natural a partir de ellos y que su aura sigue siendo masculina.

No obstante, habría sido tentador según la tendencia natural del inconsciente plantear el Espíritu como principio femenino en relación al Padre y el Hijo. Los gnósticos se permiten esta asimilación, como veremos más adelante. Y también algunos místicos marginales, como Zizendorf, que, en el siglo XVIII, «fue, desde el punto de vista del dogma trinitario, de una extravagancia desconcertante. Representaba a la Trinidad como marido, mujer e hijo; es el Espíritu Santo el que desempeñaba el papel de madre. Enseña igualmente la paternidad del Hijo: sólo él es directamente nuestro Padre»[108].

Pero la dogmática cristiana nunca ha sido propensa a aceptar tales «extravagancias».

¿Se debe entonces admitir que la Trinidad cristiana excluye radicalmente cualquier referencia a una representación andrógina? Según la letra, la respuesta sólo puede ser afirmativa. Pero si se piensa la Trinidad a la vez como estructura típica y como expresión de las tres Personas divinas, parece que se podrían diagnosticar en ella emergencias arquetípicas más matizadas. Esas Personas, en efecto, están en un estado de profunda relación, y esta relación implica un cierto orden. Que éste no sea el de una jerarquía, como siempre ha pretendido la Iglesia, sea. Pero no deja de implicar una diferenciación específica. «El Hijo es aquel que es engendrado por el Padre. A través de todo el Evangelio de San Juan, esta generación se expresa por la dependencia del Hijo en relación al Padre, que no implica ninguna inferioridad, sino solamente un cierto orden.»[109] En cuanto al Espíritu, «en la mayor parte de los casos, el Espíritu es presentado como procedente a la vez del Padre y del Hijo»[110]. Para ciertos teólogos, fue grande la tentación de dar al Padre una supremacía. Así: «En el comentario al Evangelio de San Juan, Orígenes parece admitir que el Padre es muy superior en dignidad y en excelencia al Espíritu Santo. Para comprender correctamente este pasaje hay que tener presente que Orígenes considera siempre al Padre como la fuente de la divinidad, como la raíz de la que brotan el Hijo y el Espíritu Santo»[111]. Por lo demás, le era fácil a Orígenes apoyarse en ciertos pasajes de los Evangelios, como por ejemplo aquel en el que se afirma que el día del Juicio Final no es conocido por toda la Trinidad: «En cuanto a ese día o esa hora, nadie lo conoce, ni los ángeles del cielo, ni el Hijo, sino sólo el Padre»[112].

El reconocimiento de ciertas prerrogativas del Padre supone, se quiera o no, el sentimiento de una jerarquía, aun cuando ésta sea rechazada por el dogma.

Así, aunque el Padre no pueda ser asimilado a un *genitor*, se dice que el poder de engendrar es atributo del Padre. André Malet ha mostrado cómo esta cuestión del «engendramiento» es retomada y resuelta por Tomás de Aquino, por ejemplo. Este último se pregunta, en el comentario de las *Sentencias*, si la proposición «Dios engendra a Dios» es correcta; y responde que lo es, «pero en la medida en que el sujeto Dios significa no la esencia, sino la persona»[113]. Ese carácter «personal» del acto de engendrar es claramente subrayado como atributo del Padre: «Es necesario que exista en el poder de engendrar algo por lo que ese poder sea atributo exclusivo del Padre, algo por lo que sea personal. Ese algo es la paternidad, propiedad personal del Padre, que pondrá la *potentia generandi* en dependencia exclusiva del Padre»[114]. Por supuesto, hay que guardarse de todo antropomorfismo simplista. Pero, al mismo tiempo, la respuesta de Tomás de Aquino nos aparta de la tentación de una reconstrucción puramente ontológica de la Trinidad. La *generatio*, lejos de ser un concepto puramente abstracto, es aquello por lo que el Padre expresa su poder de ser y su amor hacia la persona del Hijo. Coeterno con él, el Hijo es sin embargo engendrado por el Padre, y éste puede parecernos con razón la Unidad en sí desdoblada de donde procede la síntesis triádica.

En un sentido diferente, San Agustín trata de concebir al Hijo como aquel a través del cual el Padre despliega el acto creador (se trata aquí de creación y no ya de generación): «Pero he aquí que se me muestra "en enigma" la Trinidad que sois, Dios mío, puesto que vos, el Padre, en el principio de nuestra Sabiduría, que es vuestra Sabiduría, nacida de vos, igual y coeterna con vos, es decir, en vuestro Hijo, habéis creado el cielo y la tierra»[115]. Si nos atenemos a la letra del texto, vemos que el Hijo es evocado aquí mediante una imagen matricial por una parte, y asimilado, por otra, a la Sabiduría del Padre; ahora bien, algunos gnósticos y algunos teósofos no vacilaron en acentuar claramente el carácter «femenino» de tales representaciones.

Parece como si en la era judeocristiana se hubiera producido un vasto fenómeno de retroceso: el andrógino se encuentra ampliamente apartado, acallado, o disfrazado. Pero no completamente sofocado, y veremos pronto cómo parece haber «aprovechado» las diversas especulaciones teosóficas, necesariamente abiertas a la herejía, para reaparecer. Es probable que la espiritualidad alegórica de la palabra crística, el sobrio «racionalismo» de algunos teólogos como Tomás de Aquino, y ciertas tendencias incontestablemente misóginas de la civilización judeocristiana, hayan podido desempeñar un papel activo en la «represión» de los antiguos mitos androgínicos. Sin poder encontrar un lugar coherente en la visión cristiana —y esto a pesar del mito de la caída—, la sexualidad es de alguna manera excluida de sus representaciones conscientes. En *Metafísica del sexo*, Julius Evola muestra que el dualismo de los sexos impregna poderosamente todas las representaciones religiosas. Este dualismo se expresa, entre otras cosas, por entidades híbridas de tipo andrógino. Pero estas entidades no son síntesis armoniosas; en ellas se enfrentan el principio femenino o «cósmico» y el principio masculino o «espiritual», y sucede que uno de los dos tiende a eclipsarse ante el otro. Es así como J. Evola ve en el tema religioso de la «Caída» —y su análisis se aplica en particular al judeocristianismo— una especie de alienación provisional del principio masculino en el principio femenino. Adán, extraviado por Eva, se precipitó hacia lo «terrenal». Pero para que cese esta situación y sea posible la salvación, es preciso que la propia Divinidad rescate el principio femenino identificándose provisionalmente con él. Es así como Dios Padre permite la encarnación (o lo que es igual, feminización) de su Hijo, que nace entonces de una virgen y trae a los hombres la promesa de su redención.

Vemos que en esta interpretación el tema de Cristo hecho hombre y provisto sin embargo de una morfología masculina sería la expresión inconsciente de un retorno de lo «reprimido» femenino. Por otra parte, J. Evola no se priva de meditar sobre el tema gnóstico de las peregrinaciones de la Sofía cósmica que termina por ser liberada al ser desposada por el Cristo, que se incorpora así el principio femenino en una especie de unión mística.

El encuentro en la persona de Cristo de un principio «masculino» y un principio «femenino» parece haber tentado a algunos exegetas cristianos. Frecuente en la tradición alquímica —más ecléctica que cristiana–, la androginización de Cristo parece realmente haber sido tolerada en el seno de la Iglesia.

Así, por ejemplo, en Escoto Erígena se encuentra la idea de que el Cristo en su persona anticipa la reintegración final de los sexos en una unidad restaurada. Escoto Erígena se apoya en una observación de Máximo el Confesor según la cual Cristo había unificado completamente los sexos en su propia naturaleza, pues al resucitar no era ni macho ni hembra, aunque había nacido y muerto con sexo masculino[116]. Ese punto de vista teórico se mezcla sin duda, y sin que haya consciencia de ello, con los ensueños más próximos del inconsciente. Cristo, hijo de Dios, nacido realmente de una mujer, representaba para el imaginario una doble simbiosis: la de lo divino con lo humano y la de lo masculino con lo femenino. Aquel que es llamado a veces curiosamente «Hijo del Hombre» parece destinado a atraer sobre sí una fantasmagoría andrógina[117].

Según Gilbert Durand, el tema del Hijo de Dios es, por excelencia, la figuración de la mediación. Ésta se despliega entre lo divino y lo humano, entre el cielo y la tierra, entre lo masculino y lo femenino. Así, a pesar de un cierto rigor conceptual puesto de manifiesto por los pensadores de la Iglesia, el Cristo connota un elemento andrógino enraizado en un simbolismo arcaico. «El símbolo del Hijo sería una traducción tardía del androginato primitivo de las divinidades lunares... El Hijo manifiesta así un carácter ambiguo, participa de la bisexualidad y desempeñará siempre el papel de mediador. Ya descienda del cielo a la tierra o de la tierra a los infiernos para mostrar el camino de la salvación, participa de dos naturalezas: masculina y femenina, divina y humana. Así aparece el Cristo, como Osiris o Tammuz, así también "el Redentor de la naturaleza" de los prerrománticos y del Romanticismo.»[118]

Ese carácter mediador entre lo masculino y lo femenino aparece —¿consciente o inconscientemente?— en la primera hoja del tríptico del *Jardín de las delicias* de El Bosco. El Cristo, encarnado según un perfil andrógino típico, pone su pie derecho sobre el pie de Adán y mantiene en su mano izquierda la mano de Eva. Es así el nexo de unión que religa la pareja primordial, que surge en una desnudez simbólica en medio de una fauna y una vegetación exuberantes. Según algunos exegetas de El Bosco, estaríamos ahí ante una exaltación sagrada de la unión sexual.

También Jung ve en la figura de Cristo una injerencia de elementos arquetípicos en la problemática cristiana. Observa, de forma concisa, que «la androginia de Cristo es la mayor concesión que la Iglesia haya hecho al problema de los contrarios»[119]. El término «concesión» se adapta bastante bien a la hipótesis que defendemos. Por otra parte, Jung subraya que el Dios trinitario cristiano es esencialmente masculino (recordando de paso que, según una antigua tradición tan oriental como occidental, los números impares son masculinos), pero esto no ha impedido un cierto retorno de lo femenino en la persona de Cristo. Este retorno, excepcional en el marco de la tradición cristiana —no es más que una «concesión»—, se desarrolla en cambio en las representaciones alquímicas poco preocupadas por la ortodoxia. La alquimia, del mismo modo que la gnosis de la que procede de forma compleja, expresa el resurgimiento del elemento andrógino rechazado. De ahí el punto de vista de Jung, muy significativo: «La alquimia constituye algo así como un terreno subterráneo que acompaña al cristianismo que reina en la superficie. Respecto de este último, aquélla se comporta como un sueño con relación a la consciencia, y, así como el sueño compensa los conflictos del consciente, la alquimia se esfuerza por colmar las lagunas que deja subsistir la tensión que reina entre los contrarios en el cristianismo»[120].

Marie Delcourt, interesándose por la suerte del andrógino en las representaciones cristianas de los primeros siglos, muestra su supervivencia en las concepciones de ciertos pensadores cristianos, a pesar de los incisivos anatemas proferidos por algunos teólogos de renombre, entre ellos San Agustín. Delcourt escribe: «A pesar de los esfuerzos de los doctores racionalistas por evitar que los cristianos pudieran complacerse en la imagen de una divinidad masculino-femenina, *autopatôr* y *autometôr*, su representación ha quedado marcada por más de una efusión piadosa»[121]. Y como ejemplo de efusión, cita este himno, compuesto a principios del siglo V por un neoplatónico convertido, el obispo Sinesio, que se dirige aquí a Dios: «Eres padre y eres madre / eres macho y eres hembra / eres voz y eres silencio / naturaleza que engendra la naturaleza»; y, algo más adelante, este fragmento aún más sorprendente: «Unidad y totalidad / unidad de totalidad / unidad anterior a toda cosa / semilla de todas las cosas, raíz y rama terminal, naturaleza entre los inteligibles, naturaleza masculina y femenina, yo te canto, mónada / yo te canto, tríada. / Eres mónada, siendo tríada; eres tríada, siendo mónada»[122]. Este himno es particularmente interesante pues, conforme a la lógica del inconsciente, no vacila en asimilar una estructura dual andrógina a la estructura triádica del dogma trinitario, encontrándose ambas reunidas e incluidas en una Unidad superior.

Desde otra perspectiva, Wolfgang Lederer se interesa por las manifestaciones del «principio femenino» sirviéndose de la clave psicoanalítica. Su investigación le lleva a beber en gran medida de las representaciones religiosas. Observa que el cristianismo, como el mitraísmo, no tuvo nunca divinidad femenina, ni siquiera secundaria. Pero añade que, en el cristianismo, la exclusión de la feminidad no es sin embargo total. Pone por delante, por supuesto, las representaciones gnósticas. Advierte que algunos teólogos asimilaron la Iglesia a la Esposa de Cristo. Subraya también el papel creciente desempeñado en la historia de la Iglesia por la Madre de Cristo. De este modo, y según él, los cultos arcaicos de la Gran Madre, enérgicamente descartados en los mitos y ritos judeocristianos, reaparecen sin embargo metamorfoseados en vías adventicias. Su tesis aparecía condensada en este pasaje: «Es así como el principio femenino, personificado inicialmente en la Magna Mater, se transformó en Mater Ecclesia; a la vez Esposa y Cuerpo de Cristo, se convierte en la Madre de los creyentes. Por otro lado, se observa después de un hiato de varios siglos el regreso triunfal de la Madona»[123].

Es oportuno, efectivamente, tomar en consideración el tema, tan cargado de un simbolismo complejo, de la Virgen María. *Stricto sensu*, la Iglesia no divinizó nunca a María. Pero el dogma de la Asunción le asegura un lugar eminente junto a Dios. Por otra parte, igual que de Cristo, se dice de ella que su cuerpo glorioso resucitó al mismo tiempo que su alma se elevaba hacia Dios. María es la única persona que comparte ese privilegio con Cristo. Se advierte hasta qué punto la divinización de María, no admitida explícitamente, permanece como en suspenso sobre la dogmática cristiana.

Se puede decir, por lo demás, que la masa de los fieles tiene menos escrúpulos que los teólogos. En los cultos populares, María es deificada espontáneamente. Como recalca Lederer, y con él otros muchos autores, la adoración de la Madona es uno de los procesos más importantes de la vida religiosa concreta. Situándose en el terreno de la observación etnográfica en Francia, Henri Dontenville, en *Histoire et géographie mythiques de la France*, nos ofrece en el capítulo III abundante información sobre la naturaleza y la diversidad de esas prácticas culturales donde, detrás de la devoción a María, se ven resurgir con claridad múltiples creencias paganas y referencias arquetípicas. Según el autor, la pareja masculino-femenino (manifestación del andrógino) es fundamental en las religiones; sin embargo, se encuentra «velada» en las representaciones cristianas, pero no hasta el punto de estar completamente ausente de ellas. Hay que tener en cuenta también que la importancia adquirida por María testimonia una «nostalgia» de lo femenino que apunta, sin duda inconscientemente, a rectificar en alguna medida la imagen demasiado rigurosa de un Dios masculinizado.

Algunas decisiones de la Iglesia parecen ir resueltamente en este sentido. Así, en el año 431, el concilio de Éfeso depone al patriarca Nestorio, que había sostenido que María era solamente madre de Cristo. Y Henri Dontenville añade este comentario: «En relación a Diana-Artemisa, que no era más que hija de Zeus-Júpiter, el complejo teológico (cristiano) fue claramente más lejos: María se convirtió en madre de Dios»[124]. Se advierte hasta qué punto esta idea transmite en su fondo la expresión de una estructura de androginia: Dios, para manifestarse a los hombres por medio de su Hijo, se da a sí mismo la mediación de una «envoltura» femenina. La Edad Media verá florecer estatuillas de la Virgen embarazada, cuyo vientre podía abrirse dejando ver imágenes de la Trinidad. Y los predicadores se apasionaron por las dificultades terminológicas inherentes a la expresión «madre de Dios»[125].

Todos los puntos de vista precedentes parecen de alguna manera convergentes: el cristianismo rechazó la tendencia a hacer participar a la feminidad en la Divinidad, de manera que las representaciones andróginas se encuentran a primera vista ausentes. Pero algunos indicios (terminológicos, cúlticos e incluso dogmáticos) vienen a atenuar esa perspectiva y es legítimo plantear una presencia latente del arquetipo, que se manifiesta a través de vías encubiertas.

Por consiguiente, hay que esperar que esas manifestaciones sean mucho más claras si se abandona el terreno, relativamente protegido, del dogma. Es lo que aparecerá al examinar más de cerca algunas especulaciones marginales, y en especial las de las corrientes gnósticas.

c) Gnosticismo y teosofía

El gnosticismo es un conjunto aleatorio de especulaciones eclécticas, cuya dimensión «herética» es con frecuencia patente pero que se articulan alrededor de la fe y la terminología cristianas. En ellas asistiremos a un retorno ofensivo del arquetipo andrógino.

Según H. Leisegang[126], la mayor parte de los historiadores del gnosticismo hacen remontar el origen de esta vasta herejía a la enseñanza de Simón el Mago. Ahora bien, en Simón, las representaciones teológicas y cosmológicas van a menudo por parejas. A semejanza de la mitología griega, Simón multiplica sin dificultad los emparejamientos y las fecundaciones. El propio cosmos es engendrado por una pareja primitiva, Dios Padre y Diosa Madre, pareja surgida de una Unidad fundamental. Se descubre aquí fácilmente al Andrógino primitivo, que saca de sí mismo su propio desdoblamiento, por el cual, a continuación, se fecunda y engendra. Esta operación es a la vez sexualizada en sus términos y dialectizada en su lógica. Como subraya el autor: «Se trata de un ciclo en revolución en el seno de la "Gran Potencia": ésta se desarrolla por desdoblamiento, y después, en un segundo momento, se restaura en la unidad de su esencia original, aboliendo las antinomias surgidas de sí misma. Se asiste a una perpetua "inversión" entre una noción y su contraria»[127]. Como sucede con frecuencia, una imaginería sexualizada habita aquí el enfrentamiento lógico tesis-antítesis y constituye su trasfondo mitológico.

De forma más general, es frecuente que una divinidad claramente feminizada sea reintegrada a la «teología». Eugène de Faye[128] señala que en algunas sectas (ofitas, cainitas, setianos, severianos) aparece vagamente una «figura divina de sexo femenino que representa el Bien». Detalle interesante, pues la pareja arquetípica Macho-Hembra se mezcla frecuentemente en los mitos con otras parejas fundamentales (por ejemplo, la pareja Bien-Mal), pudiendo sustituirse entre sí, o engendrar con ellas figuras complejas.

El mismo autor, al comentar las descripciones de San Ireneo, se detiene en el capítulo IV de su libro sobre la enseñanza de una secta que

Ireneo no nombra. Ahora bien, esa enseñanza es sorprendente. Se dice que el Principio supremo es el Padre, o Primer Hombre; el segundo es el Hijo, o Hijo del Hombre, el tercero es el Espíritu Santo, principio femenino. Detalle todavía más curioso y que muestra hasta qué punto el dogma cristiano de la Trinidad debió de actuar eficazmente sobre la imaginación de los «pensadores» gnósticos: de la unión de los dos primeros principios con el tercero nace el Cristo. Y, añade el autor: «Esas cuatro hipóstasis, principios o entidades forman el eón incorruptible. Se le llamaba Iglesia»[129]. Veremos en otro contexto cómo y por qué es significativo que del Principio femenino emane también otro principio femenino, ¡que a su vez da a luz y entra en lucha con su propio hijo! Estos detalles pueden parecer rocambolescos al lector no especializado; en realidad, se trata de significados básicos que remiten a obsesiones fundamentales cuyo epicentro está en el arquetipo andrógino.

La estructura descrita por Ireneo a propósito de la secta desconocida se encuentra, con numerosas variantes, en otras sectas. Los términos de esas variantes están a menudo tomados de los textos de los Evangelios, pero con reminiscencias paganas eclécticas, sacadas especialmente de las religiones griegas e iranias[130]. Otras veces, ciertas construcciones gnósticas se basan libremente en el Antiguo Testamento. Así, un tal Justino dice[131] que el universo se debe a tres principios: el primero es el Padre desconocido de todo lo que existe; el segundo es Elohim, creador de este mundo; el tercero es Edén, principio femenino. Elohim se enamora de Edén y la fecunda. Pero, luego, quiere subir a la derecha del Padre, y Edén, contrariada, siembra la discordia entre los hombres... Este mito de curiosas repercusiones y de un simbolismo múltiple introduce también un principio femenino en la tríada divina. Además, su estructura presenta una cierta analogía con el mito citado en el párrafo anterior.

Según la secta de los barbelognósticos, el principio femenino se encuentra promovido a una dignidad aún más importante. Eugène de Faye supone a este respecto que miembros de la secta habrían formado un subgrupo separado de Adeptos de la Madre, cuyas creencias y cultos se enraízan en tradiciones muy antiguas. Hablando pues de las concepciones propias de los barbelognósticos, E. de Faye escribe: «En ese sistema, el principio femenino está en el primer plano. Nuestros gnósticos lo llaman Barbeló. Es simplemente la primera exteriorización del pensamiento del Padre de Todo; es su fuerza, su imagen, su luz»[132]. Aquí, el principio femenino no es ya el tercer término, sino que está directamente unido al principio masculino. La expresión «pensamiento del Padre» indica una relación que no puede descomponerse, una coalescencia íntima; en resumen, un complejo andrógino típico.

Más curiosa todavía es la noción de sicigia, que los barbelognósticos habrían tomado de la gnosis valentiniana. En Valentín parece que el *Anthropos*, como el cosmos, procede por etapas y divisiones sucesivas del Padre inicial transcendente. Éste engendra y contiene al Pleroma, es decir, una ogdóada perfecta formada por cuatro parejas fundamentales. Un texto de Ireneo, referido por F. M. M. Sagnard, merece ser seguido palabra por palabra. «Ahora bien, un día, este Abismo (el Principio inicial) tuvo el pensamiento de emitir, a partir de sí, el Principio de todas las cosas; y depositó como un germen en el seno de su compañera Silencio esta emisión de la que había tenido pensamiento. Al recibir el germen, ella concibió y dio a luz a Inteligencia *(Noûs)*.»[133] Como la Inteligencia está emparejada con la Verdad, se obtiene por tanto en primer lugar la tétrada siguiente:

Abismo − Silencio
Inteligencia − Verdad

El proceso anterior continúa y se obtiene finalmente la ogdóada completa al añadir a las dos parejas anteriores las dos parejas siguientes:

Logos − Vida
Hombre − Iglesia

Los valentinianos llaman «sicigia» a cada pareja que es, también, en sí misma una unidad. Por eso la ogdóada es, también, una tétrada. El texto de Ireneo comenta a este respecto: «Y he aquí la ogdóada primitiva, raíz y substancia de todas las cosas que lleva en ellas cuatro nombres: Abismo, Inteligencia, Logos y Hombre. Cada uno de estos principios es en efecto de doble sexo»[134].

Estos textos de Ireneo son notables en varios aspectos. Los términos utilizados revelan primero un extraño aire poético. Luego, la concepción de Dios expresándose en primer lugar por la pareja Abismo-Silencio abre la puerta a todas las fascinantes especulaciones de la teología negativa y de la mística medieval. Finalmente, es relativamente raro que un texto exprese tan claramente el carácter bisexual de las entidades divinas. Sin embargo, no se trata aquí de «sexualizar» las entidades en función de una simple analogía con los caracteres morfológicos y externos de la sexualidad humana. Lo que está en juego en la cosmoteogonía valentiniana es un principio mixto, «masculino-femenino», un verdadero complejo andrógino arquetípico que no se podría reducir a un antropomorfismo sumario.

En este sentido, la diferencia de los sexos, tal como la conocemos y la vivimos en el plano de la experiencia humana, es ampliada en el inconsciente colectivo y erigida en principio. Si se considera hasta qué punto esta diferencia tiende paralelamente hacia su abolición[135], y esto siempre en el inconsciente, se comprende mejor la aparición de tal estructura en las especulaciones de los pensadores gnósticos. Es lo que expresa la problemática noción de «sicigia». Cada pareja del Pleroma puede ser considerada bien desde el punto de vista de la unidad, bien desde el punto de vista de la dualidad. Según F. M. M. Sagnard, se encuentra ahí el equivalente de las divinidades hermafroditas de la mitología. Sin duda, si se pierde de vista su fundamento arquetípico, la «sicigia» no deja de resultar enigmática. Los valentinianos, al parecer, se interrogaron sobre esta especie de equivalencia reversible que liga la unidad con la dualidad. Traducida a términos de «sexualidad», ésta introduce representaciones algo fluctuantes. Así, Ireneo escribe a este respecto: «Incluso sobre el Abismo, [los valentinianos] son de pareceres contrarios. Unos lo dicen sin consorte: no es ni macho ni hembra, ni nada en absoluto. Otros lo dicen a la vez macho y hembra, otorgándole una naturaleza hermafrodita. Otros, por último, le agregan Silencio por compañera, a fin de componer la primera sicigia»[136]. Pero poco importan aquí las variantes: todas expresan la misma fascinación arquetípica.

Los textos que nos muestran la gnosis como un vasto intento de reintroducir el principio femenino en el seno de la Divinidad son múltiples. Sin duda no se trataba de una empresa deliberadamente consciente. Pero, al florecer sobre un terreno marcado por la revelación crística, el gnosticismo se encuentra espontáneamente con propensiones míticas que la Iglesia paralelamente trataba de rechazar. Los escritos de los gnósticos son más propensos a las efusiones del inconsciente: de ahí el carácter prolijo de las imágenes, la pintoresca diversidad de las cosmogonías y las antropogonías, el carácter arriesgado y dramático de la dinámica de las almas y los eones; de ahí también el carácter deliberadamente «herético» de las especulaciones gnósticas para los doctores de la Iglesia, muy preocupada, en definitiva, por racionalizar los datos de la Revelación crística.

Según nuestra manera de ver, debemos contar con que encontraremos especulaciones análogas a las de los gnósticos entre ciertos pensadores más o menos marginales o excéntricos, alimentados por la meditación cristiana pero llevados por su libertad de pensamiento a alterar o transgredir el rigor de los dogmas.

Es sobre todo en la audaz especulación de Jacob Böhme[137] donde un elemento femenino se introduce indiscutiblemente en el dogma trinitario. A. Koyré ha mostrado cómo en Böhme hay una especie de dialéctica inmanente a la Divinidad que, por mediación del deseo, empuja al Absoluto divino a la concienciación y la personalización de sí. Por este deseo –paradójico– el Absoluto se explicita a sí mismo según una especie de sufrimiento sagrado. Ahora bien, Böhme se apoya para desarrollar sus ideas en los términos de la Trinidad, aunque siente subrepticiamente la inadecuación a su propósito. Así escribe:

1) De esta manera, la voluntad sin fondo *(Ungründlich)* se llama «Padre eterno»;
2) y la voluntad encontrada, captada, engendrada por el *Ungrund* es su Hijo engendrado o «Hijo innato», pues éste es el *Ens* del *Ungrund*, aquello en lo que el *Ungrund* se aprehende como *Grund*.
3) Y la emanación de la voluntad sin fondo a través del Hijo o *Ens* aprehendido se llama «Espíritu», pues guía al *Ens* aprehendido fuera de sí hacia un tejido o vida de la voluntad, en tanto que vida del Padre y del Hijo;
4) y lo emanado es la alegría, en tanto que encontrado en la nada eterna, en la que el Padre, el Hijo y el Espíritu se ven y se encuentran, y esto se llama «Sabiduría de Dios» (Sofía) o contemplación[138].

Vemos cómo tras haber llegado en su deducción a la fase en que ha hecho aparecer sucesivamente a las tres personas de la Trinidad, Böhme siente la necesidad de poner en escena un cuarto término. Según A. Koyré, ese cuarto término es el equivalente de un «espejo». Dios lo necesita para reflejarse, para tomar conciencia de su verdadera naturaleza y sus posibilidades y, finalmente, actualizar estas últimas. Ahora bien, el cuarto término adopta en Böhme los venerables nombres de Sofía, Sabiduría divina, Virgen eterna, Gloria y Esplendor de Dios. Koyré observa que Sofía desempeña un papel esencial en la teología böhmiana: es un tanto proteiforme y asume denominaciones diversas. Como no está separada de Dios sino que de algún modo coexiste con él, podemos decir que la fuerza persuasiva de la androginia divina es patente en Böhme. Esto es lo que expresa claramente un comentario de A. Koyré: «La idea de la pureza, de la virginidad, que desempeña un papel tan importante en la concepción böhmiana de la Sabiduría, le fuerza, por decirlo así, a reintroducir el eterno femenino en la Divinidad»[139].

Este retorno masivo seducirá a toda una estirpe de teósofos lectores de Böhme[140]. En este sentido, se puede decir que correspondía a una necesidad profunda de la psique cristiana: la necesidad de rehabilitación de lo femenino. Gerhard Wehr ha recalcado el significado capital de la aportación böhmiana al desarrollo de la imaginería cristiana: «Mientras que, para toda una serie de religiones antiguas, era perfectamente normal que dioses y diosas actuasen y que los seres espirituales estuviesen reunidos en sicigias, incluso fuesen definidos a priori como andróginos, el judaísmo y el cristianismo, en sus tradiciones ortodoxas respectivas —no, sin embargo, en su tradición mística o esotérica—, mantuvieron aparte, por principio, el elemento femenino de su representación de Dios. La introducción por parte de Böhme de ese elemento, su Sofía, constituye pues una innovación casi revolucionaria, si se hace abstracción de ciertas concepciones kabalistas de la época y del *mysterium conjunctionis* de los alquimistas»[141].

Así, por ejemplo, en Soloviev, el elemento femenino forma parte de la perfección divina, igual que forma parte, evidentemente, del Hombre integral. La originalidad de Soloviev consiste en ver en la Creación la explicación, querida por Dios, de su propia potencialidad femenina. Pero esto no implica ninguna división: «Siendo Dios Uno, cuando distingue de sí mismo lo que es otro, a saber, todo lo que no es él, une ese todo, ese conjunto, a sí mismo, representándoselo colectivamente y simultáneamente en una forma absolutamente perfecta, por tanto unificada y una. Esa *otra* unidad, diferente aunque inseparable de la unidad divina original, es por relación a Dios una unidad pasiva, femenina: el vacío eterno (estado potencial puro) recibe de este modo la plenitud de la vida divina»[142]. Esta asimilación de lo «puramente virtual» a la feminidad pasiva es teóricamente sorprendente, pero se expresa según una cadena de imágenes coherentes, cuyo carácter paradigmático ya hemos señalado. En esta visión de las cosas, la Creación no aparece simplemente como don gratuito, sino como una especie de afloramiento del mismo Dios. Dios extrae de sí su propia correlación –femenina– como de Adán sacará a Eva. Casi se tiene la impresión de que al «no es bueno que el hombre esté solo» de la Escritura, Soloviev hace corresponder un pensamiento del tipo «no es bueno que Dios esté solo». Naturalmente, esta idea prepara una metafísica del amor humano, al cual da un fundamento místico, pero dicha concepción sugiere que Dios se contempla a sí mismo en su propia deidad feminizada. «Para Dios, su *otro*, es decir, el universo, posee, desde toda la eternidad, la imagen de lo femenino perfecto; pero quiere que éste no sea solamente para él, sino que se realice y se encarne para cada ser individual capaz de unirse a él.»[143]

En resumen, hay que decir con Jung que el judeocristianismo ha «masculinizado» poderosamente en lo esencial las representaciones de la Divinidad. Esta tendencia se ha traducido en una propensión a combatir las diversas «herejías» que han querido teñir demasiado ostensiblemente con coloraciones bisexuales la dramaturgia surgida de las Escrituras. Por otra parte, el vigor mismo de esta tendencia, así como sus raíces y sus implicaciones, siguen siendo misteriosas para nosotros.

Sin embargo, no faltan las observaciones que permiten atenuar una visión estrictamente androcéntrica del judeocristianismo y disipar la tendencia que discutiría el carácter universal de la androginia en materia de religión. Los equívocos del dogma trinitario, la androginización de Cristo, el papel atribuido a la Madre de Dios, constituyen otros tantos elementos que actúan en este sentido; a lo que hay que añadir las especulaciones no menos significativas de las corrientes esotéricas que acompañan en la sombra a toda gran ortodoxia; en este caso, la kábala, la gnosis, la teosofía.

Lo propio del arquetipo es ser intemporal[144]. Aunque aparentemente reducido al silencio por alguna coyuntura histórico-cultural, resurge siempre a la luz de circunstancias favorables. Por eso, suscitado tal vez por los movimientos de reivindicación feminista que agitan nuestra época, se ven surgir curiosas –pero no absurdas– preocupaciones teológicas como, por ejemplo, ésta: «Algunos teólogos cristianos piensan que a la imagen paternal de Dios y filial de Cristo deberían ser añadidos los símbolos femeninos de "Madre" o "hija"... Algunos llegan incluso a sugerir que Dios sea llamado también "Madre", de acuerdo con la enseñanza bíblica según la cual los hombres y las mujeres han sido creados iguales en Dios»[145]

4. El cosmos andrógino

En el pensamiento arcaico, no hay una frontera claramente trazada entre el dominio del objeto profano y el de los poderes sagrados, en otras palabras, entre la «naturaleza» y la «sobrenaturaleza». Ésta es la razón de que, al considerar las teologías primitivas, nos hayamos encontrado ya con ejemplos que incluían necesariamente elementos cósmicos (astrales, vegetales, animales). En cambio, en las religiones más elaboradas, cuando lo divino tiende a separarse del mundo y a adquirir en suma un estatuto ontológico específico, es frecuente que el mundo, ya sea objeto de una creación, una demiurgia, o una emanación, recoja en sí, al menos analógicamente, una parte de los atributos fundamentales de la Divinidad.

En un número importante de casos la cosmogonía está ligada a la unión —o si se quiere, al matrimonio— del Cielo con la Tierra. Esta hierogamia original constituye un tema fundamental. Los trabajos de Mircea Eliade indican que la norma es la polaridad entre el carácter masculino del Cielo y el femenino de la Tierra. Por supuesto, el mito incluye variantes culturales, pero en ellas subyace un esquema más o menos constante: la hierogamia cosmogónica no es solamente la reunión o coalescencia de dos principios o poderes; se desarrolla según un proceso complejo que incluye más bien los siguientes términos: 1) Matriz primitiva, explícitamente o sólo virtualmente bisexual. 2) Desdoblamiento de la Matriz con la manifestación de un principio masculino y un principio femenino. 3) Unión de los dos principios que produce diversas fecundaciones y procreaciones. De nuevo encontramos aquí el tema fundamental de la Unidad dual cuyas manifestaciones no podrían ser reducidas por una serena racionalización.

En ocasiones, la Tierra engendra primero al Cielo, que deviene a continuación su genitor. Es más o menos lo que sucede en la cosmogonía de Hesíodo: «Tierra (Gea) da a luz inicialmente a un ser igual a ella, capaz de cubrirla por completo, Cielo (Urano) estrellado, que debía ofrecer a los dioses bienaventurados un lugar seguro para siempre»[146]. Eliade pone de manifiesto cómo esas peripecias «eróticas» del Cielo con la Tierra constituyen uno de los *leitmotiv* de la mitología universal. En otros casos, el Cielo y la Tierra, primero estrechamente enlazados, son separados después. Es lo que sucede en el marco de una curiosa cosmogonía japonesa: Cielo y Tierra aparecen a partir de una especie de caos primordial andrógino[147].

Por frecuente que sea en la mitología, el tema de la hierogamia no es sin embargo universal. Constituye una de las claves posibles de la cosmogonía. Lo que sí es fundamental, por el contrario, es que ésta pone en juego una bipolaridad originaria. Un mitólogo como A. H. Krappe insistía de forma especial en ello[148]: según él, se asiste a menudo a las peregrinaciones del deseo, del amor, que se abren un camino a través del Gran Vacío primordial, el Caos, las Tinieblas o las Aguas madres.

Ahora bien, el deseo supone alteridad, y el prototipo de la alteridad podría encontrarse en la dualidad de los sexos. Este presupuesto no es, estrictamente hablando, ni rigurosamente demostrable, ni indiscutiblemente observable. No es sin embargo arbitrario si se admite que el «otro sexo» es siempre percibido como una presencia extraña y a la vez como la intrusión de lo «absolutamente ajeno». La fascinación erótica está sin duda en esta conjunción: lo sexualmente otro trastorna. De esta manera, el mundo se origina en algún fantástico coito sobrecargado de ambivalencia.

Pero esta bipolaridad originaria incluida en el fundamento original y a la vez derivada de él, no se expresa siempre en términos de sexualidad. A veces es un esquema moral más que biológico el que figura en primer plano: así, lo que aparece en ciertas cosmologías es el combate de Dios contra el Mal. En buen número de mitos y leyendas, cuenta Mircea Eliade[149], Dios crea el mundo con la ayuda del diablo. Otras veces, crea primero al diablo, pero éste a menudo trata de estorbar a Dios en su tarea. No es raro que aparezcan aquí los temas de la paternidad o de los gemelos, aunque se trate a menudo de una fraternidad belicosa (así, por ejemplo, en la religión védica Váruna es el Soberano cósmico, el portador del orden, a la vez venerado y temido; por su parte, Vritra, el monstruo ofidio, el elemento caótico por excelencia, no deja de ser por ello el hermano de Indra, el cual termina por vencerle sin eliminarlo no obstante por completo). Esta dualidad arquetípica del Bien y el Mal va al encuentro de aquella otra, también arquetípica, del Macho y la Hembra, en su propio terreno, a saber, el de la cosmogonía. Así, estamos confrontados sin cesar a fenómenos de interferencia. Es lo que sucede, por ejemplo, en un mito referido por Eliade, en el que encontramos a un santo en lucha con su hermana, una diablesa[150]. Podemos razonablemente suponer que el tema de la androginia primitiva, por esencial que sea, se conjuga sin embargo con otros temas que también desarrollan un esquema de bipolaridad original, para alimentar las especulaciones mítico-filosóficas cuyo objetivo es pensar el Uno en nuestras relaciones con lo Múltiple, o también lo Mismo en sus relaciones con lo Otro.

Al lado de la hierogamia original se encuentra otro tema cosmogónico frecuente, si no universal: el del huevo primordial. Ahora bien, este huevo es concebido a menudo como andrógino; en otros casos, el huevo se rompe y deja aparecer un ser doble. Estos procesos fueron abundantemente evocados en la tradición órfica, y Marie Delcourt[151] nos ofrece algunas precisiones al respecto, por ejemplo, con esta glosa del cristiano Rufino (siglo IV de nuestra era): «Según Orfeo, existió en el origen el Caos eterno, inmenso, increado, del que todo ha nacido, que no es ni tinieblas ni luz, ni húmedo ni seco, ni caliente ni frío, sino todo mezclado, eternamente uno y sin límite. Llegó un momento en el que, después de una duración infinita, a la manera de un huevo gigantesco, hizo emanar de sí una forma doble, andrógina *(masculofeminam)*, compuesta de la adición de los contrarios»[152]. Es importante señalar que la existencia de este documento no es accidental ni se trata de un caso aislado. Evidentemente, una exégesis meticulosa debería tener en cuenta la deformación producida inevitablemente por glosistas que se expresan en épocas muy distintas. Los comentadores antiguos se esfuerzan por ponernos en guardia ante una lectura demasiado literal de tales himnos. Pero Marie Delcourt señala a este respecto que los intentos de racionalización no llegaron a desarraigar la imagen arquetípica de una bisexualidad carnal popularizada por el orfismo.

Esta imaginería sigue proliferando en la tradición hermética, en el seno de la cual se mezclan representaciones teológicas y cosmológicas. Lo mismo sucede en las especulaciones neoplatónicas. Comentando a Platón, Proclo se entusiasma con la idea de una armonía entre la naturaleza femenina y la naturaleza masculina, y escribe: «entre los dioses, los dos sexos se compenetran tan bien que un mismo ser puede decirse macho y hembra, como el Sol, Hermes y también otros»[153]. Observamos aquí la afirmación del androginato solar, cuyas manifestaciones son múltiples; resurge por ejemplo como ensueño literario de la pluma de un novelista contemporáneo como Michel Tournier[154]. Sería fácil poner de manifiesto cómo el androginato cósmico y astral atraviesa de parte a parte las especulaciones gnósticas y alquímicas. También ahí conviene, a pesar de las tentaciones filosóficas de racionalización, preservar el poder de sugestión de las imágenes. Sobre este punto, suscribimos totalmente la afirmación de Marie Delcourt: «Los símbolos (andrógínicos) pululan ahí: se les ha preguntado por las ideas conscientes que pretenden traducir. Nos podemos preguntar si esas ideas no son, a fin de cuentas, menos interesantes que el inconsciente que en ellos se revela como en transparencia»[155].

Lo que es cierto es que las representaciones andróginas no se vinculan solamente a la figura de los dioses. Lejos de limitarse a los poderes sobrenaturales, a los seres supremos, se desbordan, por decirlo de algún modo, sobre el mundo. Es el cosmos el que es andrógino, y especialmente en la fase primordial de génesis, de ordenamiento, de diferenciación. Mircea Eliade pone el acento en esa vocación universalista del esquema andrógino[156], y las observaciones etnográficas confirman ese punto de vista. En un ciclo mítico nigeriano[157], el huevo del mundo se abrió engendrando los cuatro elementos, que, en virtud de una representación particular, contienen en total siete partes. El ciclo mítico es notable porque propone al hombre y al mundo, conjuntamente, como andróginos. En una variante del mito, es el Árbol cósmico primordial –a la vez principio y eje del mundo– el que es indiscutiblemente andrógino. Por extensión, lo son también todos los árboles: «Esos árboles son sentidos en su totalidad como masculinos en lo que concierne a los árboles de arriba, y como femeninos los árboles de abajo. Cada uno de ellos, cuando está representado por un tridente, es considerado masculino en cuanto a la rama mediana y femenino en cuanto a las ramas laterales. Finalmente, cada árbol tiene diecisiete ramas repartidas por parejas de macho y hembra según una línea en forma de ángulo»[158].

También el universo es doble, andrógino, en la cosmogonía de los maoríes de Oceanía. En este caso hay, más bien, continuidad entre el gran dios artesano y su obra. Dos principios surgen de Dios y dan forma al mundo: «Uno de ellos, alma, vida o parte inteligente de la divinidad, representado bajo el nombre de Taaroa, es masculino; el otro, puramente material y que constituye el cuerpo de Dios, es femenino y se lo designa con el nombre de Hina; ambos componen mediante su unión todo lo que existe en el universo»[159].

Pero es en un texto gnóstico donde se afirma la intuición tal vez más sorprendente de una androginia generalizada a la totalidad de los seres del mundo. Se trata de un fragmento del *Corpus Hermeticum*, en el que Trismegisto inicia a Asclepio: «¡Cómo! ¿Dices que Dios posee los dos sexos, oh Trismegisto?». «Sí, Asclepio, y no solamente Dios, sino todos los seres animados y los vegetales»[160] El carácter vertiginoso de esta atrevida inducción está quizá acentuado por la forma sintáctica de la traducción: la bisexualidad es presentada como una pertenencia «objetiva», está expresada en términos de «posesión»; además, se presenta menos como una coalescencia más o menos simbólica que como una doble atribución claramente designada. Por eso este fragmento del *Corpus Hermeticum* debe ser leído con toda su fuerza imaginaria. La grandiosa revelación de Hermes Trismegisto debe ser entendida en sentido contrario de lo empíricamente dado: a saber, la separación de los sexos. Constituye una protesta formidable contra el principio de realidad; y, al mismo tiempo, supone la abolición de lo que esta separación encierra de dramaturgia cósmica y humana. Aquí el problema del origen de los sexos no parece ni siquiera plantearse, puesto que los dos sexos coexisten a priori en el orden del mundo y religan el microcosmo individual con el macrocosmo del Todo; como coexisten por otra parte en el *Noûs*-Dios de la tradición hermética[161].

Según J. Evola, todas las grandes concepciones religiosas tradicionales implican una dualidad en cuyo interior aparece la «oposición-complementariedad» de lo masculino y lo femenino. Recuerda Evola el carácter arquetípico de algunas parejas primitivas: Agua-Fuego, Tierra-Cielo, subrayando su simbolismo indiscutiblemente sexual. Estas oposiciones adquieren, según él, un carácter más abstracto, más metafísico, en las concepciones religiosas más elaboradas –pitagorismo, mística hindú, tradición kabalística, etc.–, pero su tinte andrógino no deja por eso de estar presente en ellas. Un ejemplo particularmente sorprendente es el préstamo tomado de la tradición extremo-oriental, cuya díada metafísica fundamental está expresada en el lenguaje por el *yang* y el *yin*. «En tanto que determinación, el *yang* tiene la naturaleza del Cielo, y todo lo que es activo, positivo y masculino es *yang*, mientras que el *yin* tiene la naturaleza de la Tierra, y todo lo que es pasivo y negativo es femenino.»[162] Esta dicotomía del *yang* y el *yin* se extiende a la totalidad del universo y constituye su basamento ontológico: coalescencia, más que dicotomía, y que expresa también una «intuición» andrógínica proyectada sobre la totalidad de los seres[163]. Según Julius Evola, lo que se dice en la tradición extremo-oriental de un complejo fundamental *yang-yin*/masculino-femenino es trasladable en otros términos, a veces menos claros, a todas las grandes tradiciones mítico-religiosas. Además, subsistirían secuelas de esta bipolaridad originalmente sexualizada en ciertas racionalizaciones filosóficas. Así sucedería especialmente en el pensamiento griego, marcado por ciertos dualismos: ser-devenir en Platón, forma-materia en Aristóteles.

Esta afirmación puede parecer arriesgada —incluso frívola— al historiador de la filosofía. En realidad, sería poco pertinente si se viera en un sistema filosófico una articulación racional de conceptos forjada por una conciencia clara que funciona al margen de toda intuición «impura». Pero si se acepta ver en acción, detrás del trabajo del concepto, algunos restos de imágenes no reabsorbidos, entonces la tesis de J. Evola adquiere efectivamente un sentido. Así, es notable que Platón designe a la materia como la «madre» o la «nodriza» del devenir[164]. Es ése un punto que sorprendió también a Simone Pétrement[165]. Esta autora advierte que la oposición masculino-femenino impregna ya la cosmología pitagórica, que esta oposición es al mismo tiempo la del Bien y el Mal, y que sin duda existe continuidad en este punto entre pitagorismo y platonismo. Sabemos hasta qué punto en Platón la «materia» es rebelde a asumir la forma según la Idea. Finalmente, se encuentra en Jenócrates, discípulo de Platón, un dualismo que parece ya intensamente gnóstico: «Existen para él dos divinidades principales: la Mónada o Inteligencia, que es el Padre o el Primer Dios, y la Díada, divinidad femenina que es el Alma del mundo y que es también la Madre de los dioses»[166]. Por otra parte, en Aristóteles, sólo el germen macho transmite la forma en la generación al seno de una materia hembra en sí misma infecunda: «El macho representa la forma específica; la hembra, la materia. En tanto que hembra, es pasiva, mientras que el macho es activo»[167]. Es conocida la analogía que muestra a la materia deseando la forma de la que está privada «como la esposa desea al esposo»[168]. Estos isomorfismos del lenguaje, a pesar de las diferencias que incluyen, transmiten sin duda imágenes coherentes entre sí y no son debidos al azar. Queda por saber sin embargo hasta qué punto es legítimo impulsar el paralelismo entre dualidad y sexualidad, hasta qué punto es cierto que la dualidad de los sexos sirve de modelo inconsciente a toda especulación sobre la dualidad ontológica en general.

El estatuto general de la dualidad plantea aquí un problema, y tal vez un problema insoluble. No es cierto que se alinee fundamentalmente en el inconsciente sobre la oposición masculino-femenino. Esta oposición no se presenta en estado puro, sino que se mezcla probablemente con otros pares de opuestos. Así, el hombre arcaico se ve enfrentado a fenómenos de alternancia: día-noche, sol-luna, o de incompatibilidad: agua-fuego, caliente-frío, etc., que constituyen probablemente fuentes inagotables de asombro y de meditación. Pero, al mismo tiempo, sería simplista postular que la dualidad está tomada únicamente de la observación de la naturaleza. Más bien constituiría una especie de armazón transcendental del «pensar» arcaico. Y un cierto maniqueísmo, que parece inherente, con variantes, a todo el discurso mítico, sería menos la «descripción» del mundo que la expresión de esta dualidad transcendental. En la mitología propiamente dicha, esa dualidad presentaría más bien una apariencia ética: la existencia del Mal, paralela a la del Bien, es un escándalo; pero más escandalosa todavía es, por ejemplo, la coexistencia del Bien con el Mal en ciertas divinidades. A este enigma de orden moral se añadiría subrepticiamente una coloración de orden lógico que postula, a título de principio, la no coexistencia de afirmaciones contradictorias, igual que se da de hecho la no coexistencia de ciertos fenómenos en la naturaleza. El pensamiento filosófico privilegiará sin duda esta segunda dimensión[169]: sabemos hasta qué punto se agudiza en las especulaciones de algunos filósofos presocráticos el problema general de la conciliación —o de la no conciliación— de los contrarios.

El tema de la dualidad se muestra por consiguiente, de entrada, como un problema sobredeterminado, un verdadero nudo gordiano. También su prestigio se enraíza sin duda en el inconsciente en diferentes niveles. En términos junguianos, diremos que las imágenes «duales» constituyen interferencias nacidas de varias fuentes, pero sería ilusorio creer que mediante el análisis de dichas interferencias se pueden encontrar los elementos inductores simples.

Teniendo esto en cuenta, ¿hay que considerar, junto al arquetipo andrógino, un arquetipo de la dualidad que sería independiente de él pero que produciría representaciones que se dejarían modelar particularmente bien por las apariciones del primero? Esta pregunta parece conducir a una temible aporía. En efecto, compete a un «psicoanálisis» imposible: el de la dualidad en general. Algunos trabajos que intentan deducir una simbólica de los números a partir de un material etnológico-psicoanalítico no responden de forma concreta. Así, Ludwig Paneth, en *La symbolique des nombres dans l'inconscient*, señala en primer lugar que el número «dos» parece introducir un desequilibrio[170], un desorden en relación a la unidad, y que esto se expresa en el frecuente parentesco lingüístico de la palabra «dos» y el verbo «dudar»: «En todas partes donde aparece el "dos", la situación deja de ser simple, se hace ambigua, es puesta en cuestión (la duda)»[171]. Pero cuando el autor habla del material cultural y de los estudios comparativos que suscita ese número, plantea de manera bastante apresurada la importancia de la dualidad en la naturaleza, y escribe: «El número "dos" parece haber contenido siempre la idea de tesis y antítesis, inherente a la polaridad de la naturaleza: hombre-mujer, día-noche, sol-luna, tierra-cielo, tierra-agua, etc.»[172]. Podemos comprobar que la cuestión queda aquí como en suspenso; la polaridad sexual aparece solamente indicada a la cabeza de una serie que contiene otras polaridades. Pero ¿qué papel desempeña exactamente en la constitución de la serie? Y, por extensión, ¿qué papel desempeña en la simbólica general de la dualidad? ¿Se puede admitir que la dualidad de los sexos constituye el prototipo fundamental de la díada en general?

Si bien una respuesta rigurosa a estas preguntas sería sin duda pretenciosa, se puede sin embargo admitir que androginia y dualidad no se confunden, sino que mantienen entre sí relaciones privilegiadas. Toda imagen andrógina tiene por vocación una apertura simbólica dual; así como toda referencia dual tiende a expresarse particularmente en una figura andrógina, aunque tenga a su disposición otras figuraciones posibles[173]. Es precisamente el colosal papel desempeñado por el esquema bisexual en las teologías y las cosmologías lo que nos autoriza a pensar que la diferencia de los sexos representa para el inconsciente un enigma crucial. Entre lo femenino y lo masculino yace un misterio abisal, por encima del cual el ser humano estructura las frágiles construcciones verbales del deseo. Esto no deja de producir vértigo, pues si el lenguaje, mediante el doble juego de la sintaxis y la denominación, es a priori portador de orden, en cambio, se enraíza en una fuerza pánica desde el momento en que se lo piensa como relación con el deseo. La androginia, marca de lo divino o forma original del mundo, se perdió de alguna manera: en ese espacio de la dislocación surge la palabra, que se revela al mismo tiempo, desde su nacimiento, protesta.

Segunda parte
El Hombre primordial

Uno de los rasgos fundamentales del universo mítico es la nostalgia de un tiempo mejor. El hombre de antaño, el ancestro, gozaba entonces de una plenitud de ser superior. No se trata solamente de una diferencia de grado, sino también, más a menudo, de una verdadera diferencia de naturaleza. El ancestro sacaba sus «fuerzas» y sus «virtudes» de esa inmensa profusión energética que fueron las cosmogonías y las antropogonías. El hombre de entonces, in illo tempore[174], participaba por su misma naturaleza en ese juego de fuerzas cósmicas de las que todavía se encontraba «próximo». En otras palabras, los ancestros lejanos vivían más en el regazo de los dioses, a los que se parecían por constitución, saber y bienestar. Lo que ocurrió después es descrito casi siempre en los mitos en términos de decadencia, caída, pérdida o deterioro. En definitiva, ha habido una degradación.

La ambivalencia que reina sobre los dioses corre el riesgo de prolongarse, como por extrapolación o por ósmosis, sobre el universo de los antepasados. En consecuencia, podemos contar con que nos encontraremos con la androginia en los relatos míticos relacionados con el Hombre primordial.

1. Los antepasados míticos

El relato de Aristófanes en *El banquete* de Platón puede servir aquí de punto de partida y de hilo conductor. Si nos atenemos a la letra de la narración, más o menos un tercio de la humanidad de antaño estaba constituida por andróginos completos que poseían los dos sexos y las capacidades que les están vinculadas. No podemos pensar que Platón se sirviera de manera burlesca de este relato de fines filosóficos, donde se ventila nada menos que la naturaleza humana y su destino. Pierre Boutang se queja de que, en general, se haya ocultado la dimensión metafísica de este texto en beneficio de glosas diversas sobre la sexualidad humana. Esto no empece, en nuestra opinión, que este texto deba una parte de su celebridad, y sobre todo de su poder real de fascinación, a la fábula sobre la androginia. ¡Qué más lamentable y más trágico, después de todo, que ese episodio en el que cada mitad trata en vano de emparejarse con la otra, hasta que Zeus, con piedad interesada, recurre a una singular cirugía! A título de comparación, la interpretación que de este pasaje propone el neoplatónico Marsilio Ficino, por pertinente que sea en el marco de una meditación teológica, no deja de resultar singularmente chata y en exceso simbolizante con relación a la dimensión poética del relato mítico.

Se puede suponer que Platón, al poner sus palabras en boca de Aristófanes, obedece a un instinto pedagógico muy seguro, dejando que se despliegue plenamente la fuerza del arquetipo. Dicho esto, no es imposible que haya tomado la imagen del andrógino de tradiciones anteriores. En *Les mythes de Platon*, Perceval Frutiger hace un balance de las hipótesis que se han planteado a este respecto. Según Ziegler, Platón habría estado influido por la tradición órfica, que, a su vez, estaría en relación de filiación con las creencias babilónicas: unas y otras atestiguarían la existencia de primitivos seres humanos de condición andrógina. Según Bury, Platón pudo haberse inspirado en las teorías de Hipócrates. Con lo que en todo caso debemos quedarnos es con la idea de que la imagen del antepasado andrógino es familiar al mundo griego.

Por otra parte, los gigantes y los titanes de constitución mixta –la androginia no es siempre patente– es un tema conocido en mitología. Los fenómenos híbridos se mezclan aquí con las representaciones teratológicas, conjunción frecuente en el universo mitológico. En Empédocles –en el que pudo inspirarse Platón– se encuentra una fantasmagórica evocación de los grandes desórdenes antropogónicos: «Había muchos seres de doble rostro y de doble pecho, bovinos con cara de hombre y hombres con cabeza de buey, hermafroditas provistos de miembros delicados»[175]. Este pasaje es notable, pues incluye en una misma serie el hermafroditismo y el complejo híbrido humanidad-animalidad. Es probable que esos temas se mezclen entre sí y sean, llegado el caso, intercambiables. En efecto, incluyen la misma duplicidad fundamental que reina en el campo de las representaciones míticas y que parece indicar un deseo profundo de unificar o, más bien, de re-unificar lo que se habría separado en el transcurso del tiempo. Que los antepasados míticos se presentan como seres compuestos de parte humana y parte animal está atestiguado por toda la documentación reunida por Lucien Lévy-Bruhl[176]. Ahora bien, esos antepasados son presentados a menudo como héroes civilizadores, provistos de una potencia específica. En este punto, hay que establecer una comparación con los antepasados andróginos, aunque sea necesario guardarse de una asimilación demasiado rígida.

En algunas mitologías antiguas, el mundo de los ancestros está dominado por un Hombre primordial cuya androginia está claramente atestiguada. Es el caso de Tuisto[177], héroe de la mitología escandinava, asimilado en ocasiones a un dios. Otras veces, se trata de una Pareja primordial, cuyos dos protagonistas están a tal punto ligados que constituyen una unidad dual: esto se traduce por el tema de la relación entre gemelos, frecuente en la mitología y habitualmente teñido de androginia. Tales son Yama y Yami en la India, y Yima e Ymag –sin duda una variante de los anteriores– en Irán[178].

La investigación etnográfica pone de manifiesto que esas figuras siguen vivas en las sociedades de fundamento esencialmente mítico. Así, entre los dogones del África negra se piensa que los ancestros eran hermafroditas[179].

Marcel Griaule hace referencia a un ciclo mítico que resulta particularmente sugerente. El Dios se une en primer lugar con la tierra y engendra una pareja gemela ejemplar: «La pareja nació completa y perfecta; por sus ocho miembros, su cifra era ocho, símbolo de la palabra»[180]. Pero aparece el chacal, otro hijo «fallido y que no responde a lo que se esperaba» del Dios, que quiere unirse a su Madre-Tierra. Una vez cometido el incesto, se desencadenan los desórdenes. El Dios decide entonces engendrar sin ayuda de la tierra. Forma una nueva pareja por medio de la primera: «Dibujó en el suelo dos siluetas superpuestas, dos almas, una de las cuales era macho y la otra hembra. El hombre se tumbó sobre sus sombras y tomó a las dos. Y lo mismo ocurrió con la mujer. De esta manera, cada ser humano, desde el origen, fue provisto de dos almas de sexos diferentes, o, más bien, de dos principios correspondientes a dos personas distintas en su interior»[181]. Pero, por razones poco aclaradas en el relato, esta bisexualidad fue considerada peligrosa por la primera pareja andrógina, el genio Nommo. Entonces éste devolvió al hombre y a la mujer a la dimensión monosexual.

Además de la abundancia de motivos arquetípicos, este ciclo mítico presenta la antropogonía con una acumulación reiterada de determinaciones andróginas. Esta androginia es sagrada y asegura el poder mágico del genio Nommo; pero en el hombre se convierte en una fuente potencial de *hybris* —por analogía con el chacal—, y por eso el hombre se ve privado de su armonía inicial. De ello se seguirá una tensión guerrera entre los dos sexos. Parece como si el hombre fuera incapaz de asumir el privilegio de la bisexualidad que sin embargo le concede en origen la divinidad.

En Malí, varios mitos atestiguan creencias andrógínicas curiosas, que son referidas por Viviana Pâques[182]. Así, los hombres habrían surgido de la unión fundamental del Soma y la Nyamba; pero esa pareja es primero un andrógino que, como en el relato de Aristófanes, sufre una división: «El Soma es un ser con un solo brazo y un solo pie; es la mitad derecha del cuerpo, del que la Nyamba era la mitad izquierda, que él cortó en dos»[183]. La autora indica otras variantes de este mito, según las regiones y las tribus. Así encontramos, por ejemplo, la idea de un herrero primitivo que se separó de su mitad femenina. Elemento notable: ese herrero, mitad hombre, mitad mujer, se nos muestra en ocasiones como un mono rojo; se encuentra ahí el tema de la mezcla animal del Ancestro.

Entre los inuits (población esquimal de Canadá), se supone que cada persona puede reunir los dos sexos a semejanza de los antepasados[184]. Más aún, «existen» hombres-hombres, mujeres-mujeres, hombres-mujeres y mujeres-hombres, lo que nos aproxima singularmente al universo ancestral descrito por Aristófanes. Un mito de los indios toba, del Chaco (Brasil), cuenta que antaño las mujeres no existían: los hombres procreaban solos, masturbándose en las calabazas[185]. Encontramos una estructura análoga en un mito melanesio de las Islas Salomón. El hombre vivía solo en otro tiempo y, para ayudarle, el Dios-serpiente le dio el fuego y, después, un hijo varón. Pero el niño era torpe. Fue solamente más tarde cuando el dios creó a la mujer, para que paliara las torpezas técnicas del niño. «Vemos pues que la mujer no fue hecha para el hombre, sino a causa del niño.»[186] En estos ejemplos, heterogéneos desde el punto de vista cultural, aparecen preocupaciones constantes. La separación de los sexos es un hecho secundario, y no original. En el tiempo mítico, existía o bien un Gran Antepasado Andrógino, o bien una pareja cada uno de cuyos componentes era bisexuado, o también, por último, el representante de un solo sexo. Así pues, es razonable pensar que la separación de los sexos es concebida como un «traumatismo», a raíz del cual el hombre entra en el marco desencantador del tiempo profano.

Sin querer alargar innecesariamente esta lista, podemos señalar que los ejemplos que contiene proceden de áreas culturales claramente diferenciadas. Si bien los detalles que salpican algunos de ellos pueden parecer anecdóticos, no es menos cierto que en todos se encuentra el mismo tipo de creencia.

Podemos entonces preguntar por oposición si el arquetipo se manifiesta también en un campo religioso tan elaborado como el del judeocristianismo. Ahora bien, el relato bíblico del Génesis nos sitúa de entrada frente a una representación problemática. «Y creó Dios al hombre a su imagen, a imagen de Dios lo creó; hombre y mujer los creó.» Este texto suscita algunas preguntas: en primer lugar, el paso del singular al plural es enigmático; *stricto sensu*, esto significaría que las dos personas creadas, Adán y Eva, están investidas de una naturaleza dual. Por otra parte, este primer relato de la creación se articula mal con un segundo relato que se le yuxtapone un poco más adelante; en este último, Adán es formado a partir de la tierra, mientras que Eva es, según la tradición más conocida, «extraída» del hombre.

Curiosamente, parece que la segunda versión del relato encontró más audiencia que la primera. También parece como si la emergencia del andrógino hubiera sido un tanto ocultada: en todo caso, la tradición cristiana más estricta no insiste ni en la androginia divina ni en la androginia humana, que serían susceptibles de ser descifradas y aclaradas en la primera versión. Tal vez ese texto no fue tan comentado como habría sido debido, pero hay que decir, en descargo de los exegetas, que la pista es tenue. En todo caso, sería abusivo afirmar alegremente que el Génesis postula al principio de la creación un ser humano hermafrodita. Lo que parece por el contrario incuestionable es que el texto bíblico quiere resaltar que Adán y Eva gozaban de una naturaleza más completa antes de la falta y la caída que después. En ellos se armonizaban dos dimensiones fundamentales, una procedente de la masculinidad, otra de la feminidad; y la consecuencia de la Caída será la separación de una y otra. Esta visión no es extraña a la idea andrógínica, pero no la expresa de forma muy clara.

Los comentadores cristianos no han tratado de profundizar en ella, aunque figura explícitamente, por el contrario, en varios comentarios rabínicos y en la tradición kabalista. Algunas interpretaciones muy gráficas no dejan de ser pintorescas. Por ejemplo: «Adán y Eva fueron hechos espalda contra espalda, unidos por los hombros, y Dios los separó de un hachazo o cortándolos en dos. Otras interpretaciones difieren: el primer ser humano (Adán) era hombre por el lado derecho y mujer por el lado izquierdo; pero Dios lo partió en dos mitades»[187]. El tema del Hombre primordial andrógino apareció también con frecuencia en las especulaciones de los alquimistas, alimentadas por elementos kabalísticos pero también teñidas de toda una dramaturgia gnóstica.

Si el texto rabínico citado antes curiosamente recuerda el relato de Aristófanes y, lo mismo que en éste, se observa en él una gran tendencia a las imágenes, asistimos en cambio a una concepción más elaborada en las diversas corrientes de la tradición kabalista.

En el *Zohar*, la androginia del Hombre primordial está claramente atestiguada. Es el tema del Adam Kadmón, cuya naturaleza refleja fielmente la bipolaridad divina. «Por las palabras "sea la luz", la Escritura designa la parte del hombre que emana del Padre, es decir, la masculina; y por las palabras "y fue la luz", la Escritura designa la parte del hombre que emana de la Madre, es decir, la femenina. Por eso el hombre fue creado con dos rostros.»[188] Esta continuidad que va de Dios al Hombre asegura al Adam Kadmón una dignidad eminente, que no es otra que la dignidad del mismo Dios. A este respecto, el texto kabalístico, como subraya G. Scholem, llegará incluso a proponer una audaz identificación:

«El gran nombre de Dios en su despliegue creador es justamente Adán, como dicen los kabalistas apoyándose en una "gematría" sorprendente»[189]; y esta identificación se apoya en lo siguiente: *«Jod He Waw He* (las cuatro letras del nombre de Dios) tienen en hebreo el valor numérico 45, como la palabra "Adán"»[190].

Sin embargo, el simbolismo bisexual que esta plenitud ontológica designa no deja de tener una dimensión profundamente enigmática que el texto subraya poniendo de relieve el pasaje clave del Génesis y las dificultades exegéticas con él relacionadas: «En las palabras "los creó macho y hembra" está expresado el misterio supremo que constituye la gloria de Dios, que es inaccesible para la inteligencia humana y que constituye el objeto de la fe. Es por ese misterio por lo que el hombre fue creado»[191]. Misterio, sin duda, pero que no impide al comentador reafirmar la unión íntima de lo masculino y lo femenino en la constitución de Adam Kadmón: «Inferimos de ello que toda figura que no representa al macho y la hembra no se asemeja a la figura celestial... El macho solo no merece el nombre de "hombre", en tanto no está unido a la hembra; por ello la Escritura dice: "Y les dio el nombre de hombre"»[192].

Este pasaje es decisivo; subraya, por extrapolación, la mutilación ontológica del «macho solo». La dislocación del Adam Kadmón andrógino supone nada menos que el deslizamiento hacia una especie de infrahumanidad. Además, si ese deslizamiento está ligado a una falta del Hombre primordial, a saber, la elección de la solución de facilidad —lo que es conforme con la Escritura—, el texto kabalístico le da en verdad una dimensión sumamente original. Adán peca porque desconoce que la décima *Sefirah* está incluida en la unidad de Dios; quiere hacer de ella una especie de principio separado. Al mismo tiempo, pierde su armonía andrógina y, correlativamente, la *Shekinah* de Dios es exiliada. En Dios mismo se produce una cesura catastrófica: «Algo de Dios queda exiliado de Dios»[193]. Esta doble separación atestigua la continuidad que va de Dios al Hombre primordial, aunque la falta, evidentemente, sea sólo del hombre. Ésta tiene como consecuencia una crisis fundamental que se desarrolla en el mismo Dios. La *Shekinah* exiliada es presa de una nostalgia —paradigma de toda nostalgia— que sólo podrá ser superada por la reintegración final en la Armonía original.

En otra tradición esotérica, el tema del Hombre primordial andrógino sirve también de inspiración a una dramaturgia con gran poder de sugerencia. Se trata de la teosofía de Jacob Böhme, en la que el Hombre ocupa una posición eminente: no sólo es *verdaderamente* el representante de Dios en el mundo, la expresión menos defectuosa de éste, sino que tiene por misión reparar en alguna medida, con la colaboración de Dios, el desorden introducido por Lucifer. A fortiori, Adán, el Hombre primordial, incluye la integridad de su esencia, es decir, la naturaleza humana perfectamente realizada, antes de que las progresivas etapas de la Caída la alteren y entorpezcan. En este sentido, Adán es profundamente andrógino, es decir, es armónico y no está escindido. Según Böhme, esta androginia está atestiguada por el texto bíblico, pero además constituye, por sí misma, una especie de evidencia racional: Adán no puede ser concebido de otra manera que como andrógino. También aquí es necesario comprender que la androginia no es un simple hermafroditismo, sino la síntesis de dos potencias de ser. Por otra parte, si Adán deviene, en Böhme, un ser sexuado provisto de una compañera, es sólo porque la Caída perturbó y disminuyó su propia integridad. Surge aquí una interpretación curiosa del texto bíblico: Eva fue creada *después* de la Caída; al lado de Adán, ontológicamente herido, ella desempeña el papel de reparadora y constituye una especie de reminiscencia respecto de la Sofía celeste, de la que hemos hablado en el capítulo precedente. Esta versión muy poco ortodoxa de la creación de Eva es resumida por A. Koyré: «La caída de Adán fue la razón de la creación de Eva, pues fue solamente después de su caída cuando Adán, convertido en un animal, tuvo necesidad de una compañera. En efecto, en su estado primitivo, era, como sabemos, un ser absolutamente completo: era andrógino y poseía en sí las dos *tincturae* sexuales, condición indispensable de la perfección y la plenitud de la vida orgánica. Además, tenía a la Sabiduría divina como compañera eterna»[194].

En cualquier caso, Böhme supo dar un aire lo suficientemente original a sus concepciones para que ciertos teósofos las retomaran e hicieran de ellas la piedra angular de su especulación e incluso de su práctica. Así, Gichtel enseña que mediante ejercicios espirituales apropiados y asiduos se puede volver al estado de perfección «angélica» que tenía Adán antes de la Caída. Para Gichtel, es evidente que ese estado es andrógino, pues, según él, «en el cielo, no hay hombre ni mujer»[195]. Por eso Gichtel considera el «matrimonio» directo de su alma con la Sofía celeste, realizando así en esta vida, y al menos de forma intermitente, la euforia indecible de la restauración andrógina; no vacila en describirla con términos fogosos.

En ciertos discípulos o continuadores, las imágenes presentan un marcado carácter de excentricidad. Lo que aquí importa es la referencia patente a fantasmagorías andróginas respecto de la persona de Adán. Antoinette Bourignon, mujer de acendrado misticismo, alumbró visiones audaces: «Había en el vientre de Adán un recipiente en el que nacían pequeños huevos, y otro lleno de licor que hacía que los huevos fueran fecundos. Y cuando el hombre se enardecía en el amor de su Dios, el deseo que sentía de que hubiera otras criaturas además de él para alabar, amar y adorar esa gran majestad, hacía que se derramara por el fuego del amor a Dios sobre uno o varios de esos huevos con delicias impensables: y ese huevo fecundado salía algún tiempo después de ese canal, fuera del hombre, en forma de huevo, y poco después nacía un hombre perfecto»[196]. Evidentemente, este texto puede figurar perfectamente en un repertorio consagrado a la androginia del *Urmensch*, el Hombre primordial, pero muestra también hasta qué punto el tema puede servir de estímulo para la imaginación y convertirse en vehículo de fantasmagorías; volveremos a ello en la Cuarta parte de este libro.

A la manera de Böhme, pero en otro campo de especulaciones, algunos románticos alemanes reflexionaron sobre el tema del Hombre primordial andrógino. Esta meditación es incluso una de las claves del Romanticismo, como señalaron Albert Béguin o Eugène Susini. Se la encuentra, diversamente formulada, en Friedrich Schlegel, Ritter, o Franz von Baader. Los análisis de este último son notables en varios sentidos. En primer lugar, al hablar de la androginia adámica, Baader trata de precisar el contenido de esta noción. Según él, no designa ni una simple ausencia de sexo ni un hermafroditismo, sino que constituye una síntesis original de los principios activo y pasivo. En este sentido, piensa Baader, es una noción perfectamente cristiana[197]. Se ve que Baader, como buen teósofo, no hace proceder la noción de androginia de la de sexualidad. Es más bien —pero esto está ya en Böhme— la diferencia de los sexos lo que procede de la androginia.

En efecto, y es éste un segundo elemento notable en Baader, el teósofo romántico se entrega a una lectura original del relato bíblico del Génesis. En particular, trata Baader de aclarar la dificultad inherente a la yuxtaposición de dos relatos diferentes y sucesivos. Según él, el primer relato no es inteligible más que si se lee: «Dios creó al hombre a su imagen, *lo* creó hombre y mujer»[198]. Así, Adán es provisto por Dios de una naturaleza andrógina. En cuanto al segundo relato, no constituiría una segunda versión, sino la continuación lógica de la primera, con la condición de que ese «segundo» relato se una al versículo que le sigue, que constituye su explicación causal. Expliquémonos: Dios convoca a los animales para que Adán los nombre, es decir, de hecho, los domine y los posea. Pero Adán, en lugar de salir airoso de la prueba, se deja tentar por la animalidad y sucumbe a ella, de manera que pierde su naturaleza andrógina, se hace sexuado, y Dios se ve en la obligación de asignarle una compañera. Esto es lo que Baader expresa de la siguiente forma: «Fue sólo porque el hombre no resistió a la prueba cuando la primera tentación —pues en él se manifestó el deseo de una compañera exterior para la reproducción, como la tenían los animales, desvaneciéndose en él, en cambio, el deseo de la ayuda interior—, por lo que la mujer fue sacada de él»[199]. Lo que describe Baader es el segundo acto de una serie de tres «catástrofes», la primera de las cuales fue provocada por Lucifer, mientras que la tercera fue producida por Eva al desobedecer ante el Árbol del Conocimiento. Baader deduce de ello toda una escatología en la que se percibe la fascinación por el elemento andrógino[200].

Al final de este inventario podemos concluir que la androginia del Ancestro o del Hombre primordial está atestiguada en el mundo antiguo y es a menudo confirmada por la etnografía. Sugerida por el texto bíblico, fue ocultada por la Iglesia cristiana pero apareció reafirmada con fuerza en algunas corrientes gnósticas o teosóficas.

La repetición del mito parece además adaptarse exactamente a ciertas estructuras fundamentales: así, la constitución del Ancestro mítico está con frecuencia calcada de lo divino, ya sea porque exista continuidad abierta de una a otra, porque haya más bien isomorfismo, o, también, simplemente analogía.

Además, está el hecho de que esa constitución bivalente no perdura. Al entrar en el devenir, el Hombre pierde de alguna forma su integridad al mismo tiempo que pierde su dimensión hermafrodita. La separación de los sexos constituye una minoración del ser, y la relación de los sexos aparece como un medio al que se recurre a falta de algo mejor: es el ridículo intento de reconstitución de una autarcía desaparecida. El mito nos muestra que la atracción sexual es una conducta nostálgica. Pero ¿es sólo el mito lo que nos lo muestra?

2. El andrógino en la encrucijada del mito y la metabiología

Se trate del plano teológico, del plano antropológico (el de los Ancestros primitivos) o del plano cosmológico, el discurso mítico-religioso hace converger ciertas representaciones androgínicas hacia la idea de «Origen». Aquello a través de lo cual se originan los seres —es decir, lo que constituye a la vez su inauguración temporal y su principio ontológico— está fuertemente marcado por una coloración de indecisión o ambivalencia sexual. Pero, hasta ahora, todas las representaciones androgínicas, explícitas o enmascaradas, que hemos considerado tienen un contenido resueltamente mítico; esto significa que no tienen ninguna existencia verificable fuera de un discurso que las nombra o las sugiere. Ahora bien, es sorprendente constatar que hipótesis —incluso tesis— referentes a la bisexualidad original surgen en el seno de disciplinas cuya vocación quiere ser científica, y que en consecuencia pretenden apoyarse, al menos parcialmente, en observaciones «positivas».

Sin embargo, hay que formular de entrada una reserva. La idea de bisexualidad original —cuando se desarrolla en un marco «científico»— es siempre una idea limitada, o, si se quiere, un esquema explicativo concebido por vía de extrapolación inductiva; cualquiera que sea el material empírico a partir del que se construye, nunca presenta un carácter de certeza intangible[201]. *Stricto sensu*, es inverificable, es rebelde a toda posibilidad de una experiencia crucial. Y, precisamente, si se impuso a algunos teóricos, es sin duda menos en razón de una inducción puramente lógica que de una fascinación secreta por una imagen arquetípica que resurge del fondo del discurso mítico. En este sentido, el arquetipo no subyacería solamente en las especulaciones del teólogo o el teósofo, sino que emergería también en las elaboraciones teóricas de científicos por lo demás prendados de positividad.

Sin embargo, hay una manera diferente de ver las cosas. Si se toman en consideración las teorías que expondremos a continuación, si se admite que no son solamente hipótesis aventuradas, metabiológicas o metapsicológicas, sino que responden a criterios aceptables de plausibilidad, entonces habría que reconocer que existen singulares similitudes entre las concepciones elaboradas por el hombre de ciencia y los contenidos de ciertos mitos. No sería ya el discurso mítico el que vendría a perturbar subrepticiamente la «objetividad» del discurso científico, sino que sería más bien este último el que, paradójicamente, vendría a confirmar lo que el primero podría contener de verdad premonitoria.

Pero ¿cómo sería esto posible fuera de la hipótesis muy improbable de la coincidencia? ¿Cómo admitir que entre el mito y la teoría haya algo distinto a una diferencia radical de contenido, incluso de lógica intrínseca?

Roger Caillois se propone tender un puente entre esos dos tipos de discurso. Según él, sería razonable suponer que entre las representaciones míticas y el trabajo biológico del instinto habría una similitud. Las primeras serían el residuo de un proceso instintual pero enteramente mediatizado por el psiquismo humano, mientras que el segundo se expresaría de alguna manera en estado puro en el universo biológico. Esta concepción recuerda un evolucionismo de tipo bergsoniano, como observa el mismo R. Caillois: «Al comparar los modelos más acabados de dos evoluciones divergentes del reino animal, evoluciones que desembocan respectivamente en el hombre y los insectos, no debería parecer peligroso buscar correspondencias entre unos y otros, y más especialmente entre el comportamiento de los unos y la mitología de los otros, si es cierto, como pretende H. L. Bergson, que la representación mítica (imagen casi alucinatoria) está destinada a provocar, en ausencia del instinto, el comportamiento que la presencia de éste habría desencadenado»[202]. Desde esa perspectiva, y en tanto que sea creíble, el mito sería el sucedáneo, vertido en el molde del lenguaje humano, del comportamiento instintual. A partir de ahí, cuando las ciencias positivas se hacen cargo del estudio de ese comportamiento, cuando, yendo más allá, tratan de clarificar los mecanismos biológicos que subyacen en él, se verán obligadas a diagnosticar, en el orden de los hechos, estructuras por otra parte reconocibles en el orden del mito.

Esta tesis es seductora, si no convincente[203]. En lo que respecta al mito del andrógino, una observación vendría sin embargo a corroborarlo: a saber, que ciertos autores han tomado muy en serio la idea de una bisexualidad que estaría enraizada en el proceso mismo de la vida, sea en un plano puramente biológico, sea por extensión en un plano psicobiológico. Gregorio Marañón toma muy en serio el hecho –atestiguado por la embriología en general– de que el feto humano reúne en potencia los dos sexos, uno de los cuales, posteriormente, bajo la influencia hormonal, se desarrolla de manera predominante, pero sin asfixiar nunca por completo la manifestación del sexo opuesto. Esta supervivencia del «segundo sexo» sería reconocible en los diversos casos, clínicamente clasificados, de hermafroditismo patológico, pero también y sobre todo «en los diversos signos feminoides o viriloides que perturban el cuadro unisexual de cada ser, sean éstos físicos o psíquicos, de orden propiamente erótico o incluso de orden social»[204].

Así, según Marañón, la diferencia de los sexos surgiría de un fondo común biológicamente neutro o potencialmente bisexual. En realidad, el autor va más lejos. Considera que sólo el sexo masculino alcanza un desarrollo pleno de la especie, mientras que la mujer se ve frenada en su evolución somática por el crecimiento de los órganos reproductores. Así, el estudio de la sexualidad morfológica «indica claramente que la mujer se ha detenido en un estadio de hipoevolución en relación con el hombre –verdadera forma terminal de la sexualidad–, en un estado intermedio entre el varón y el adolescente»[205]. Despojada de sus connotaciones sorprendentes y de los torbellinos ideológicos que amenaza con suscitar, esta toma de posición, por otra parte defendida con gran rigor científico, implica que la diferencia entre el hombre y la mujer es menos de naturaleza que de grado. Uno y otro serían diferenciables en relación con un proceso general de evolución. En consecuencia, la concepción de Marañón es menos bisexual que monosexual. Sin embargo, nos interesa aquí porque, a semejanza de muchos mitos andróginos, hace derivar los dos sexos de un denominador común primordial, aunque éste no sea pensado claramente en términos de bipolaridad inicial. De todas formas, importa poco en este nivel saber si el Principio es dual o está solamente desdoblado. Lo esencial es que entre los dos sexos empíricamente determinados se puede tender un puente que pone en juego una referencia genealógica.

Sin embargo, nos podemos preguntar si, al reducir, en una cierta medida, la distancia ontológica que separa a los sexos, Marañón no se dejó guiar por una intuición epistemológicamente impura. ¿No habrá tratado quizá de reducir el escándalo de una diferencia que perturba, más que cualquier otra, la tranquilidad del inconsciente humano?

En Freud, la hipótesis de una bisexualidad fundamental es también en muchos aspectos obsesiva. Pero también ahí el término «bisexualidad» resulta más bien impropio. Parece que Freud consideró la esencia de la sexualidad bien desde una perspectiva monista, bien desde la perspectiva de un proceso diferencial que emerge de una especie de asexualidad fundamental.

Así, Freud enuncia esta tesis sorprendente: «Se puede afirmar que la libido es, de forma constante y regular, de esencia masculina, aparezca en el hombre o en la mujer, y abstracción hecha de su objeto, hombre o mujer»[206]. Esta dimensión monocroma de la libido resulta en primer lugar de la propia concepción freudiana de la libido como una cantidad variable de energía, y luego de un presupuesto que parece subyacente en la obra freudiana, a saber, que el macho es *activo*, a semejanza del espermatozoide. Por eso la libido, relacionada con una energía, y determinando por vía de consecuencia una actividad ineluctable, es entendida como poseedora de una esencia masculina. Si se toma en consideración esta tesis —sean cuales sean sus incertidumbres epistemológicas— deberíamos concluir que la masculinidad y la feminidad, morfológica y fisiológicamente determinadas, son dos expresiones diferentes de una misma pulsión vital, que contendría en potencia y por vía de evolución una diferenciación de la forma. Esta concepción no está alejada de una representación andrógina, incluyendo una dualidad virtual en un mismo «complejo» primitivo.

Pero tal representación remite también a la idea de una asexualidad original. Y ésta surge, efectivamente, en Freud bajo una forma que podemos calificar de «metabiológica», porque se proyecta sobre la observación de algunos procesos biológicos elementales (fisiparidad de los seres monocelulares, partenogénesis en la mayor parte de los animales invertebrados). Freud escribe a este respecto: «La sexualidad y las diferencias sexuales no existen ciertamente en el origen de la vida»[207]. Algo más adelante, incorpora a esta suposición una dimensión darwiniana: «Se podría pensar, explica, que la cópula completamente accidental de dos organismos unicelulares ha sido conservada, como ventajosa de cierta manera para la especie, y perpetuada por las generaciones ulteriores». Por eso: «El "sexo" no sería pues un fenómeno muy antiguo, y los instintos extraordinariamente poderosos que impulsan a la unión sexual no harían más que repetir o reproducir algo que se habría producido una vez accidentalmente y que, a continuación, habría sido fijado y perpetuado debido a las ventajas que de ello se seguían»[208].

Vemos hasta qué punto las ideas directrices de esta metabiología coinciden con el contenido de ciertos textos mítico-religiosos; no es sorprendente, en estas condiciones, que Freud se dejara seducir de alguna manera por el mito platónico del andrógino.

En todo caso, la idea de bisexualidad está presente en toda la trayectoria freudiana, como ha recalcado particularmente Christian David[209]. Pero este autor observa en primer lugar que la originalidad de Freud en esa área no reside en el concepto general de bisexualidad: éste procede precisamente de toda una herencia mítica; en cuanto a sus eventuales bases biológicas, han sido observadas en los planos embriológico y endocrinológico independientemente de los trabajos psicoanalíticos. La originalidad de Freud consiste, pues, en haber introducido la noción de «bisexualidad inconsciente» como armazón fundamental del psiquismo humano; en relación a ella se sitúa la estructura edípica, cuyas interminables ambivalencias no adquieren plausibilidad más que en relación a una especie de juego de espejos enfrentados entre la instancia femenina y la masculina inherentes a todo psiquismo.

Pero esta teoría del psiquismo dista mucho de haber sido conceptualizada con claridad. Según Christian David, el punto epistemológicamente más crítico radica en el hecho de que Freud no dejó de referirse a modelos o a observaciones de orden biológico, mientras que, por otra parte, tendió cada vez más a asegurar la independencia del plano psíquico con relación al plano somático; y esto es particularmente cierto en materia de bisexualidad, puesto que la hipótesis de un psiquismo hermafrodita es la justificada con mayor frecuencia a partir de analogías somáticas. Especialmente en *Tres ensayos sobre teoría sexual*, Freud afirma sin inmutarse que «la noción biológica de un organismo bisexual... puede ser trasladada al dominio psíquico»[210]. Afirmación comentada por Ch. David en los siguientes términos: «Por bisexualidad biológica o constitucional, Freud entendía la coexistencia de elementos o disposiciones masculinas y femeninas en un mismo individuo, ligada a vestigios embrionarios y a la sinergia de hormonas andrógenas y estrógenas. Por bisexualidad psíquica, que él llama también hermafroditismo psíquico, designaba la coexistencia en un mismo ser humano de disposiciones y rasgos masculinos y femeninos que influyen en la elección de objeto así como en toda la personalidad, *aunque* reconociera la relativa *dependencia* de esos datos entre sí como con relación a los caracteres sexuales somáticos»[211].

El mismo Freud reconocía los aspectos oscuros inherentes a su concepción. Cuanto más se dedica a mantener la noción de bisexualidad psíquica y a hacer de ella un hilo conductor heurístico, más reconoce el carácter nebuloso de su propósito. En un texto tardío escribe, por ejemplo: «El hombre es también un animal dotado de una disposición no equívoca para la bisexualidad. El individuo corresponde a una fusión de dos mitades simétricas una de las cuales, según el parecer de algunos investigadores, es puramente masculina, y la otra femenina. Es perfectamente posible que cada una de ellas fuera hermafrodita en origen. La sexualidad es un hecho biológico muy difícil de concebir psicológicamente, aunque sea de una extraordinaria importancia en la vida psíquica... La teoría de la bisexualidad es muy oscura, y en el psicoanálisis debemos considerar una laguna muy grave la imposibilidad de vincularla a la teoría de los instintos»[212]. Vemos también nosotros hasta qué punto esas dos «mitades simétricas» son representaciones insuficientes. Freud parece fascinado por un esquema explicativo que, en rigor, se revela sin embargo injustificable. Resulta inquietante constatar que: «1) De principio a fin, la bisexualidad biológica es para él, decididamente, una base fundamental de la teoría; pero 2) reconocía la escasez de pruebas que atestiguan su existencia, el escaso enriquecimiento de la idea en el curso de cuarenta años de investigación; 3) su carácter estéril, puesto que no abre ninguna vía a nuevas intuiciones»[213]. Una misma representación no deja por tanto de afirmarse en el discurso freudiano, y esto a pesar de la fragilidad de las pruebas que la sostienen y de la falta de fecundidad conceptual que entraña. Es como si en la teoría emergiera un esquema lo bastante poderoso para imponerse en el vocabulario del teórico. Es por tanto razonable pensar que estamos en presencia de un deseo arquetípico. Por otra parte, esto podría articularse sobre dos dificultades fundamentales: una, ontológica, ligada al carácter escandaloso de la diferencia de los sexos[214]; la otra, lógica, ligada a la imposibilidad de definir positivamente cada sexo mediante un criterio específico, de manera que cada uno de ellos sólo puede ser concebido en relación con el otro, sea como oposición, sea como complementariedad, y de manera también que toda determinación de uno remite a una determinación del otro, proceso que surge de una especie de simbiosis bipolar indivisible.

Sin embargo, esta última aporía es tal vez menos el objeto de una intuición arcaica que el resultado de una exigencia científico-cultural. En efecto, la humanidad primitiva pudo sentir como un escándalo la diferencia de los sexos, pero, en cambio, parece que concibió esta diferencia según criterios positivos y que, por otra parte, marcó la «realidad» de éstos en el cuerpo social, diferenciándolos fuertemente en cuanto al papel o al *status* de cada sexo. Son más bien las investigaciones recientes de los hombres de ciencia las que han reducido esta diferencia, tendiendo puentes cada vez más amplios entre la feminidad y la masculinidad (tesis de Marañón sobre la diferencia de grado y no de naturaleza entre los sexos; tesis de Freud sobre el monismo libidinal), creando así una dificultad lógica para la mente humana: ¿cómo conciliar la idea de una identidad sexual profunda con una dualidad que parece existir no sólo en las apariencias sino también en toda la realidad concreta de la vida erótica, incluyendo, y quizás especialmente, sus relaciones con lo imaginario?

Si se admite que el arquetipo tiende a disipar las contradicciones y a englobarlas en «complejos» de integración, se comprende mejor el apego de la escuela freudiana a la noción de bisexualidad. Algunos autores[215] han retomado y profundizado esta idea, en parte heredada de Freud, a pesar de las graves incertidumbres que implica. Por consiguiente, es evidente que ha ejercido sobre ellos una seducción suficientemente fuerte como para que hagan caso omiso de las dificultades epistemológicas que encierra[216].

Es sin duda en Carl Gustav Jung donde la afirmación de una androginia psíquica reviste la forma más notable. El término «androginia» es preferible aquí a «bisexualidad». En efecto, la concepción dual de lo psíquico se desarrolla en Jung de forma más autónoma que en Freud, de manera que el modelo sexual morfológico-fisiológico parece dejarse más a un lado.

El punto de vista de Jung instaura de manera diferente la naturaleza de la dualidad masculino-femenino. Encontramos en Freud la tentación de una especie de monismo libidinal fálico y a la vez de una «sexualidad» originalmente indiferenciada. Jung, por el contrario, plantea que el inconsciente masculino y el femenino no tienen la misma estructura[217]. Esto implica que el elemento de ambivalencia sexual no se sitúa en el nivel de una confusión que diluiría los dos sexos en una misma estructura inicial bipolar. La diferencia de los sexos no es reabsorbida en una coalescencia primitiva. ¿Dónde se sitúa entonces la ambivalencia?

El hombre –como la mujer– heredaría desde su nacimiento una representación virtual inconsciente, que estaría, según el modo propio de las tendencias arquetípicas, relacionada con un dispositivo instintual forjado en la prehistoria de la humanidad. Así, «en el inconsciente del hombre (el varón), reside de forma *heredada* una imagen colectiva de la mujer con ayuda de la cual aprehende la esencia femenina»[218]. Esta herencia, que se enraíza en la oscura génesis de la humanidad, tiene un carácter profundamente arcaico, o, si se quiere, «original».

Pero ¿en qué consiste esta «imagen colectiva»? Jung no oculta que le es difícil responder a esta pregunta, ya que, como toda tendencia arquetípica, el *anima* –o el *animus*– está inicial y fundamentalmente oculta en el inconsciente; lo que quiere decir que se manifiesta en primer lugar como proyección sobre una figura exterior, y especialmente la de la Madre (según la evolución del individuo, será proyectada más tarde sobre diferentes figuras posibles: la Amada, la Esposa, la Prostituta, etc.[219], de manera que esas figuras exteriores, con sus variaciones individuales, determinan poco a poco los fenómenos a partir de los cuales se elabora una comprensión posible, pero necesariamente indirecta, del funcionamiento del *anima*).

Jung insiste en que el *anima* y el *animus* tienen un carácter profundamente *real*; no son en absoluto simples conceptos abstractos. Más aún, funcionan, desde el principio, como verdaderas «personalidades autónomas» que desempeñan un papel determinante en la evolución del psiquismo. No yugulados, o insuficientemente integrados en un proceso de toma de conciencia, pueden crear efectos de sorpresa disarmónica, desequilibrios, conmociones aparentemente incomprensibles. En cambio, si se llega a domesticarlos por medio del trabajo de la consciencia, pierden algo de su caprichosa autonomía y tienden a transformarse en simples funciones. «Es por no utilizarlos de forma consciente e intencionada como funciones por lo que el *anima* y el *animus* son todavía complejos personificados. Mientras se encuentran en ese estado, deben ser reconocidos y aceptados como personalidades parcelarias relativamente independientes.»[220]

Ese punto de vista implica que la psique humana es radicalmente dual en su principio, y que esta dualidad, originalmente, es de naturaleza andrógina. Pero, a partir de ahí, hay que concebir una doble androginia disimétrica. Al analizar las tesis de Jung, no se puede decir, en efecto, que el hombre y la mujer deriven de un mismo Andrógino primitivo; por el contrario, el hombre y la mujer representan estructuras psíquicas andróginas y funcionan andróginamente. Es más: cada polo de la psique está como unido secretamente al otro polo, que lo mantiene y lo suscita. «El *anima* es femenina; es únicamente una formación de la psique masculina y es una figura que compensa el consciente masculino. En la mujer, a la inversa, el elemento de compensación reviste un carácter masculino, y por eso lo he llamado *animus*.»[221] Esos lazos latentes tienen como consecuencia que una exageración artificial de una tendencia –por ejemplo, la virilidad del hombre en el seno de su modelo cultural– se traduce en emulación compensadora de su *anima* interior. Es evidente que, desde esta perspectiva junguiana, la androginia psíquica constituye una estructura decididamente indivisible. Pero, además, son dos tipos no reversibles de androginia los que están en juego, puesto que *animus* y *anima* no son permutables, sino solamente constitutivos del sexo que les es opuesto: por eso Jung vuelve a menudo sobre esta idea de que el inconsciente masculino no es de la misma naturaleza que el inconsciente femenino.

Su análisis constituye de alguna manera el reflejo invertido del mito platónico del andrógino. En este último, el amante sufre la fascinación pasional cuando encuentra de nuevo la mitad de sí mismo de la que ha sido amputado; por consiguiente, es su unidad narcísica primitiva la que está en juego en la búsqueda erótica. Por el contrario, en el primer caso, el encuentro amoroso no es verdaderamente turbador más que cuando el ser se codea extrínsecamente con una persona del otro sexo sobre la que su propia *anima* (o *animus*) puede proyectarse adecuadamente; es por lo tanto su propia dualidad original la que pretende satisfacer, imitándola con un ser que le es sin embargo, por esencia, extraño. Algo se juega entonces, en la relación erótica, que aparece como la confrontación de dos «andróginos».

Esta cuatripartición, vista por Jung, podría aclarar retrospectivamente una singular afirmación de Freud: «Me he acostumbrado a considerar cada acto sexual como un acontecimiento que implica a cuatro personas»[222]. El término «persona», aquí, no deja de sorprender. Parece que Freud da una dimensión casi dramática a un enunciado cuyo alcance es en primer lugar terminológico y teórico.

Además, estructuralmente hablando, es tentador establecer un paralelismo entre la afirmación anteriormente citada y un pasaje del Talmud que describe las doce primeras horas del primer día de Adán: «en la séptima, le fue asociada Eva; en la octava, se fueron al lecho dos y lo dejaron cuatro»[223]. Poco importa que se describa aquí el alumbramiento (concebido entonces como alumbramiento de gemelos) o que se esconda un significado más esotérico. La pareja inicial, primordial, se desdobla cuando se une. El andrógino, a la vez, se reconstituye y se reproduce. Su dimensión *principial* es la garantía de su propia redundancia.

Por otra parte, la tesis junguiana corrobora singularmente ciertos relatos míticos referentes a la naturaleza dual del alma. Éstos no son raros en el África negra. Entre los dogones y los bambaras de Malí, todo hombre posee almas gemelas de sexo opuesto[224]. Esta androginia «psíquica» se mezcla con el tema sobredeterminado de los gemelos, y esta interferencia se muestra a la observación como fundamental[225]. Un documento antropológico proporciona aquí un contenido isomorfo con una teoría que se esfuerza por el rigor científico, y que, además, trata de racionalizar y clasificar los esquemas arquetípicos. Nos podemos preguntar hasta qué punto el arquetipo no le juega una mala pasada a aquel que se convierte en su teórico «objetivo», en la medida en que parece imponerle su propia dinámica.

Lo que podemos constatar de manera general a través de los puntos de vista precedentes es un intento de orden teórico que pretende reducir el fenómeno, fenoménicamente constatado, de la dualidad de los sexos. Aun cuando esta reducción no llegue siempre hasta un monismo puro y simple, no deja de tener por objeto el postular un denominador común, articular lo masculino sobre lo femenino, y determinar las relaciones entre ellos. Por lícita que sea esta operación, habida cuenta el material empírico a partir del cual se constituye, podemos preguntarnos si no está penetrada por un deseo epistemológicamente impuro, el de encontrar un «más acá» de la sexualidad. Es en el nivel de este deseo donde la teoría encontraría, sin saberlo, contenidos reconocibles en el discurso mítico: el Hombre *principial*, el Hombre original, el que es tanto el Gran Antepasado de los tiempos míticos como el problemático *Anthropos* de las teorías —y de las ensoñaciones[226]— evolucionistas, es concebido como anterior a la dualidad masculino-femenino. Vemos así constituirse, por una genealogía inconsciente de la sexualidad, toda una metafísica de la separación.

En resumen, la ingeniosa hipótesis de Roger Caillois no merece en consecuencia ser excluida: así, una cierta bisexualidad que se manifiesta efectivamente en el orden viviente tendría como expresión correspondiente en la mitología las diferentes manifestaciones del mito del andrógino. Pero este punto de vista debe ser manejado con precaución, pues, independientemente de los hechos sobre los que llegado el caso se articula, el mito obedece a una lógica propia que integra esos hechos y los aleja de su realidad fenoménica para transformarlos en símbolos. El mito se urde en ese espacio formado de inconsciente que separa el deseo de la realidad, más bien que en el espectáculo del mundo, espectáculo enteramente modelado por el lenguaje. Es decir, que es menos expresión de una vitalidad positiva que protesta secreta contra una cesura y un desorden. Es lenguaje de deseo, es decir, de carencia.

Tercera parte
La androginia: estado privilegiado y paradigmático

Está ya establecido que el inconsciente colectivo asimila el andrógino a un estado primordial, original. En efecto, los mitos androgínicos atraviesan las teologías, en las que habitan por distintos conceptos, aunque sea de forma disfrazada; pueblan igualmente las cosmologías primitivas e impregnan las representaciones relativas a los antepasados; se desbordan también, según parece, sobre la «cientificidad» antropológica.

Esta dimensión de la androginia se abre de manera natural hacia otra dimensión correlativa: la referencia «paradisíaca» o «edénica». En la lógica del mito, el estado andrógino es, en efecto, necesariamente *privilegiado*. Incluye una potencia específica y virtudes particulares. Confiere un estado de euforia transcendente a aquel que lo vive, pues participa en esos períodos de sobreabundancia y plenitud que son los tiempos «originales».

En este sentido, el andrógino reuniría los sueños beatíficos más tenaces de la humanidad. Y esto es lo que aparece a través de todo un material de diversos lenguajes —mítico, teosófico, literario— en el que surge un repertorio de fantasmas exaltados. Pero detrás de éstos, como en el negativo de una fotografía, y por vía de oposición, vemos perfilarse una metafísica del sexo que es también un drama del exilio. Pues el sexo, de cualquier forma, es también el andrógino perdido.

1. La potencia andrógina

a) Los antepasados esféricos

El relato de Aristófanes describe de forma expresiva a nuestros antepasados como de forma esférica. Este detalle no es solamente pintoresco: la imagen de la esfera tiende a significar –intencionadamente o no– la idea de una cierta plenitud[227]. Es razonable postular que la sensibilidad del hombre griego clásico estuvo modelada por la visión pitagórica de un cosmos cerrado formado por esferas concéntricas; ahora bien, sabemos que la idea de cosmos connota la de un orden o armonía superior. La condición cerrada de la esfera se opone a la indeterminación de un espacio abierto que estaría marcado por la imperfección. Esta concepción es, por otra parte, hasta tal punto seductora que será frecuente en la cosmología occidental y, verdadero obstáculo epistemológico, sobrevivirá durante cierto tiempo a la revolución copernicana, no siendo cuestionada por Copérnico. En ocasiones, entre los griegos, la esfera no es solamente una forma eminentemente cosmológica, sino que se convierte en una especie de esquema ontológico. Es lo que vemos especialmente en un fragmento de Parménides: «Puesto que, por tanto, tiene un límite extremo, el Ser es completo, se asemeja a la masa de una esfera perfectamente redonda, que se equilibra a sí misma por todas partes»[228].

Así pues, la redondez de nuestros antepasados míticos es prometedora de cualidades superiores. Así lo confirma el texto de Platón: «Eran también de una fuerza y un vigor extraordinarios, y como tenían gran valor, atacaron a los dioses». Fuerza física duplicada, aliada con una temeridad que el relato admira visiblemente al mismo tiempo que condena: sin duda encontramos ahí los rasgos que los mitos otorgan frecuentemente a los gigantes ancestrales. Pero no conviene limitarse a una imaginería demasiado física, que enmascararía una diferencia fundamental entre el antepasado y el hombre «actual» en beneficio de una simple diferencia de grado. Esa insolencia prometeica sólo les es posible a estos antepasados turbulentos porque su naturaleza los coloca en un plano jerárquico inmediatamente inferior al de los dioses, lo que queda confirmado por su ascendencia astral[229]. También el castigo que Zeus les inflige es, *stricto sensu*, una verdadera catástrofe, una operación de desnaturalización; por eso también Aristófanes podrá afirmar un poco más adelante que «el amor recompone la antigua naturaleza» y se esfuerza «por curar la naturaleza humana».

Esta pérdida ontológica aparece subrayada en la interpretación de Marsilio Ficino: sin duda, ésta constituye menos una explicación del relato de Aristófanes que una glosa personal y sugerente que se sitúa, por lo demás, en un contexto filosófico y teológico muy distinto. Lo más notable es que Ficino confiese estar extrañamente estimulado por la fábula de Aristófanes; la encuentra «fantástica» y «prodigiosa» y no duda que encierra un verdadero misterio sagrado. Según él, hay que comprender por transposición hermenéutica que Dios había creado originalmente las almas de los hombres como entidades completas, dotadas de una plenitud intrínseca; primero las había dotado de una «luz innata», por la que podían contemplar las verdades que les son iguales o inferiores en el seno de la jerarquía ontológica, pero las había provisto también de una «luz infusa», por la que podían contemplar igualmente las verdades superiores. Y fue porque, investidas de esta capacidad en alguna medida sobrehumana, las orgullosas almas quisieron igualarse a Dios, por lo que perdieron la luz infusa y «cayeron» en los cuerpos.

Caída ontológica y pérdida de ser marcan por tanto la glosa de Marsilio Ficino, como atraviesan también, evidentemente, el texto de Platón. Nuestros antepasados esféricos y andróginos participaban, pues, de una *naturaleza* superior, eminente. Sin duda se podrá objetar que los andróginos propiamente dichos no constituían, en líneas generales, más que la tercera parte de aquella humanidad arcaica; pero esto no debe hacernos perder de vista que los otros dos tercios están constituidos por seres redundantes, si no mixtos. Ahora bien, esos seres redundantes que contienen en sí mismos una potencia duplicada, ya sea masculina o femenina, son introducidos verosímilmente en la fábula de Aristófanes para dar cuenta de la génesis del amor homosexual; su estatuto es análogo al de los andróginos, cuya escisión primitiva determina la aparición del amor heterosexual. Es razonable postular que la presencia en el relato de esos «supermachos» y esas «superhembras» se inscribe solamente en una preocupación de coherencia narrativa, que no incluye una fascinación esencial;

ésta parece reservada más bien a los seres andróginos, y esto se muestra claramente en los innumerables comentarios suscitados por ese pasaje tan turbador de *El banquete* de Platón; a este respecto, parece como si la memoria colectiva no hubiera conservado más que la referencia andrógina, y esta selección es significativa. El tema de los antepasados de constitución monosexual duplicada se inscribe en una especie de repertorio teratológico que, como mostraremos más adelante, se articula perfectamente en el esquema androgínico.

b) Las hazañas del andrógino

Los antepasados evocados por Platón en la fábula de Aristófanes son excepcionalmente vigorosos, lo que les inspira ambiciones prometeicas. ¿Se encuentra ese rasgo, de manera marcada, en otros ciclos mitológicos? Hay que decir que los materiales no son demasiado abundantes. El tema, en sí mismo, es bastante trivial y poco sugerente. Por otra parte, la androginia rara vez funciona como una imagen solamente física, y es más bien por su simbolismo múltiple por lo que induce a la reflexión. Además, la potencia física del antepasado mítico está a menudo entremezclada con su poder intelectual o taumatúrgico.

Sin embargo, Georges Dumézil nos proporciona un ejemplo en el marco de un estudio comparado entre la mitología escandinava y la védica[230]. Mada es un héroe cuya fuerza fuera de lo normal es utilizada por los Nâsatya (divinidades de tercer orden) para forzar a Indra a la paz, pero a continuación paga caro ese acto de prepotencia (fuerza desenfrenada, indebida) y se ve desgarrado en cuatro partes, una de las cuales constituirá... ¡la feminidad! A pesar de las diferencias, no se puede dejar de hacer una comparación formal con la fábula de Aristófanes. Mada es de alguna forma andrógino; contiene en potencia el elemento femenino. Paralelamente, es un héroe que aúna la fuerza y la insolencia. Incurre en una especie de *hybris* y es condenado a la desmembración. La humanidad nace de esta catástrofe. Todos estos rasgos son verdaderamente típicos.

Pero, a decir verdad, la fuerza física excepcional parece ser patrimonio generalizado de los señores míticos. Sabemos que éstos pertenecen al tiempo excepcionalmente fecundo de los comienzos: están, por naturaleza, más cerca de los dioses y tienen afinidades con los Gigantes y los Héroes promotores. En este sentido, sin duda sería erróneo afirmar que la fuerza física es una consecuencia de la androginia: representa más bien su correlato mítico.

Rasgos interesantes de esta correlación aparecen en algunos personajes de la mitología griega que son no propiamente hablando antepasados, sino seres legendarios cuya constitución implica una dimensión más que humana, si no sobrehumana. Así, las amazonas representan un ejemplo conocido de «mujeres viriles» cuya agresividad, crueldad y propensión a guerrear indican una sobreabundancia de fuerza viva y energía vital. Tampoco hay aquí una androginia explícita. Pero esas mujeres están investidas de rasgos habitualmente masculinos y despliegan toda una actividad sádico-agonal que les da, indudablemente, una dimensión viril. La mutilación del seno izquierdo por parte de las amazonas constituiría un intento, en la lógica del mito, de abolir parcialmente su feminidad.

Las amazonas entran en conflicto precisamente con Heracles, el héroe más fuerte de la mitología griega. Su excepcional fuerza está bien atestiguada por este hecho, aunque esta lucha pueda significar, evidentemente, toda una gama de conflictos más sutilmente sexualizados. Heracles sufre a su vez una transformación singular en el curso de una de sus peregrinaciones: una tradición le atribuye haber sido humillado por Onfalia, reina de Lidia, que le obligó a disfrazarse de mujer y a efectuar, lastimosamente rendido a sus pies, trabajos de costura. El tema del travestismo llama aquí la atención: representa indiscutiblemente la expresión –aunque sea provisional– de una instancia bisexual. Por supuesto, no pretendemos que Heracles sea andrógino, ni, a fortiori, que su vigor fuera de lo común sea la consecuencia de una naturaleza bisexual: constatamos solamente que, en el complejo campo de la mitología griega, el prototipo de la fuerza física no escapa a cierta coloración bisexual. A la virilización indiscutible de las amazonas corresponde, como por simetría, una emasculación simbólica del héroe titánico que las combate.

El tema de las amazonas no constituye más que un episodio pintoresco o accidental. Encuentra ecos sugerentes en otras áreas culturales, especialmente en América del Sur: es lo que muestra la obra de Pierre Samuel *Amazones, guerrières et gaillardes*[231]. Muchos relatos de América latina «atestiguan» la existencia de mujeres feroces y guerreras que destierran o matan a los hombres, utilizándolos sólo de forma provisional y con el objetivo de la reproducción. Incluso la expedición del conquistador Orellana de 1542 habría combatido con ellas (!). Vemos aquí todo el vigor sugerente del mito, que incorpora a la historia un elemento abiertamente legendario. Así, esas mujeres agresivas, que de alguna manera usurparon la función masculina agonal, tienden a hacerse independientes de los hombres y se aproximan al ideal andrógino. Esto está todavía más claro en el marco de ciertas leyendas, registradas por W. Lederer[232], referidas a islas pobladas únicamente por mujeres; estas mujeres podían, evidentemente, recurrir a la violencia homicida contra todo hombre que osara desembarcar en su territorio. Si admitimos que la imagen de la Isla simboliza —entre otras cosas— el repliegue sobre sí, la autosuficiencia, y que constituye por extensión un esquema visual del «absoluto», parece legítimo pensar que esas mujeres insulares estén investidas de una bisexualidad latente y que sean, a semejanza de las Grandes Diosas de la alta Antigüedad, capaces de autoprocrearse.

De forma general, la mujer fálica está dotada de poderes temibles. Crueldad y fuerza física son con frecuencia sus aliadas, y determinan instancias tiránicas. Gezà Roheim hace resaltar este tema en su estudio titulado *Aphrodite ou la femme au pénis*. En el discurso mítico, la mujer fálica no solamente está investida de poderes —a veces del Poder— a semejanza del hombre, sino que los ejerce en condiciones excesivas que implican un exceso de autoridad. Es fautora de homicidio —y esto, ciertamente, apenas la distingue del tirano clásico atestiguado por la historia— pero, además, puede llegar al genocidio e incluso al sexocidio. Esto aparece claramente en un mito somalí referido por Roheim: «En los tiempos antiguos, los somalíes estaban gobernados por una anciana llamada Arranello, que había dado la orden draconiana de cortar los testículos a todo niño recién nacido»[233]; sin embargo, se la toma por un hombre; después de un cierto número de peripecias, es matada por el único hombre que había escapado a la atentatoria ablación, pero se descubre entonces que es una mujer.

Se podrá objetar que este mito[234] testimonia más un cierto falocentrismo de la violencia que una anormal fuerza del andrógino. En efecto, se dirá que esta mujer sexualmente ambigua ejerce su crueldad *porque* tiene el poder, que es de tipo masculino, y no a la inversa. En otras palabras: la mujer virilizada es hipercruel, *pero* el hombre feminizado no lo es. No podemos por lo tanto referirnos aquí a un fantasma andrógino que funcionaría de forma neutra y cuyas dos «mitades» serían susceptibles de permutación circular. La objeción sólo prueba que no se puede separar un mito del estado social al que corresponde: la falocracia de una sociedad no puede dejar de teñir sus mitologías, y los arquetipos subyacentes a ella vienen a revestirse en el discurso mítico con los ropajes de la cultura. Lo que es notable es que una ambigüedad sexual, aunque se centre en la virilidad, llegue a traducirse en excesos, y aquí en excesos de poder, en un derroche de fuerzas crueles. Por supuesto, es lícito ver también en ese relato un episodio de la guerra inmemorial a la que se entregan los dos sexos. Pero ésa es otra pista.

Una cierta exuberancia dinámica –afirmación de fuerza viva que pueda llegar hasta la crueldad– parece por lo tanto estar ligada a ciertos estados andróginos. Pero limitarse a la sola evocación de la fuerza física sería a la vez trivial y reduccionista. La misma idea de «fuerza» se refleja en múltiples connotaciones, y sabemos que si bien la fuerza física determina efectivamente unos poderes, hay otros basados en «cualidades» más sutiles. La androginia por tanto es susceptible de crear, en el marco de una lógica mítica, las condiciones favorables para el desarrollo de toda una taumaturgia.

c) Androginia y taumaturgia

Prodigio en sí mismo, el andrógino está inscrito, por excelencia, en lo prodigioso. Encierra virtudes que vinculan sus influencias y sus poderes con actos mágicos. Llamamos «magia» al conjunto de prácticas que tratan de lograr una acción útil, o supuestamente tal, por vía de influencia sobre los poderes ocultos, y esto en un marco ritualizado al menos en algún grado[235].

Los trabajos de Marie Delcourt llaman la atención sobre los antiguos ritos de travestismo, atestiguados solamente por testimonios de finales de la Antigüedad pero con un origen ciertamente más lejano y una difusión importante en toda la Antigüedad clásica. Ahora bien, el travestismo de un sexo al otro parece relacionado, por una parte, con la necesidad de determinar prácticas eficaces mediante un proceso de tipo mágico, y, por otra, parece presentar una marcada coloración andrógina. Esta última afirmación –aunque parece poco discutible– merece algunas justificaciones. El andrógino que florece en el campo mítico-religioso es, primero, objeto de creencias. Pero, como tal, se encontrará también materializado y hecho presente en el rito. De forma general, los trabajos recientes de etnólogos e historiadores de la religión han mostrado cómo el rito viene a articularse sobre el mito, realizando una reproducción y a la vez una reactualización de este último. Esa concepción ha sido enérgicamente sostenida y apoyada por A. M. Hocart: «El mito confiere la vida, pero es necesario recitarlo en el marco de un ritual; ésa es una condición sine qua non»[236]. Y, más recientemente, Mircea Eliade ha hecho de ello un tema fundamental en sus investigaciones: «La función maestra del mito es revelar los modelos ejemplares de todos los ritos y todas las actividades humanas significativas»[237].

La articulación fundamental mito/rito induce a pensar que los rituales de travestismo reiteran a su manera exigencias fijadas por el discurso mítico. Ahora bien, la exploración de éste muestra que las divinidades –especialmente en el panteón helénico– son fácilmente proteiformes, y que esta tendencia se manifiesta especialmente en el sentido de un cambio aparente de sexo o, al menos, de una ambigüedad sexual; a veces, el dios, o el héroe, utiliza claramente un travestismo de indumentaria: es el caso de Dioniso o de Heracles. Es por lo tanto plausible suponer que a través de los ritos de travestismo el hombre se esfuerza por acceder, al menos durante el tiempo de la fiesta, a ciertas prerrogativas divinas, ¡y sobre todo a la bisexualidad!

Sin duda un psicoanálisis del travestismo llevaría a conclusiones más diversificadas y más amplias. El travestismo no podría estar, en efecto, limitado a una mímica de transexualidad. En las sociedades arcaicas indica a menudo la identificación totémica. Por lo tanto, marca el paso de lo profano a lo sagrado y vuelve así la espalda a la función social «laboriosa». Más profundamente, podría consistir en una especie de disolución simbólica del principio de individualización. Sea como fuere, la práctica ritualizada del disfraz intersexual, cargada de connotaciones andróginas, está inscrita en una serie de procesos de tipo mágico.

Marie Delcourt, en el primer capítulo de su *Hermafrodita*, cita algunos ejemplos –tomados especialmente de Plutarco– e indica que sus interpretaciones, que sin duda no se pueden considerar unilaterales, ponen sin embargo siempre en juego la perspectiva de una *eficacia* sacralizada.

Así, el intercambio ritual de vestimenta entre chicos y chicas habría estado asociado con frecuencia a los ritos de pubertad más comúnmente llamados «ritos de paso». Ahora bien, sabemos que esos ritos de paso, de forma general, marcan y codifican el paso de la «infancia» al «estado adulto». Se trata de un verdadero sello impuesto por la cultura ambiente para realizar solemnemente la integración duradera del individuo en el grupo social, dándose por supuesto que sólo el «estado adulto» permite una participación total y de pleno derecho en la existencia de ese grupo; pero, paralelamente a esta entronización, los ritos determinan la separación de los sexos, pues en todas las sociedades de estructura mítica el estatuto del hombre adulto difiere radicalmente del estatuto de la mujer adulta. A partir de ahí, el intercambio de vestidos ligado a los ritos de paso puede ser interpretado como un gesto último de confusión sexual que precede a la separación definitiva. Si se admite –especialmente con Jung– que la imagen arquetípica del niño es ya sexualmente indecisa, se podría decir que el adolescente, llegado al momento del paso irremediable a adulto, imita de una vez por todas la confusión andrógina. Ésta, cristalizada en el rito mágico, engendra su contrario, la clara separación de los sexos, y asegura así el buen funcionamiento del orden social. Como señala H. Jeanmaire: «Las prácticas de travestismo y de inversión de vestidos de un sexo al otro testimonian un simbolismo inspirado en las mismas preocupaciones. El principio femenino es afirmado en el candidato a la iniciación en el momento mismo en que va a desprenderse de él»[238]. Es posible, como dice Marie Delcourt, que esta interpretación sea limitativa y en consecuencia errónea. Sin embargo sugiere, por extrapolación, toda una metafísica de la sexualidad. La verdadera androginia es patrimonio de los dioses y no de los hombres. Éstos, separados de la naturaleza divina, están destinados a la cultura, y ésta exige como tributo que los hombres renuncien a toda prerrogativa bisexual, que sería, literalmente, *hybris*, y por consiguiente destrucción del grupo social. Sólo el tiempo sagrado del ritual autoriza que se imite, con fines culturalmente eficaces, aquello que corresponde a los dioses.

La diversidad –a veces muy curiosa– de los ritos de travestismo requiere, llegado el caso, otras interpretaciones. Es el caso de los disfraces que preceden en ocasiones a las ceremonias de matrimonio. Plutarco cuenta que, en Esparta, se afeita la cabeza de la joven esposa, y se le pone calzado y vestimenta masculinos (*Licurgo*, 15). En Argos, la casada se cubre con una falsa barba la noche de bodas (*La virtud de las mujeres*, pág. 245). En Cos, es el marido quien se viste con ropas femeninas para recibir a su mujer (*Cuestiones griegas*, 58). Tales costumbres parecen, en primer lugar, susceptibles de una interpretación análoga a la ofrecida anteriormente: el matrimonio consagraría a la vez el paso al estado «adulto» y al estado social de diferenciación de los sexos, e implicaría por tanto una fase simbólica de androginia compensatoria. Pero Marie Delcourt señala otra interpretación: el rito estaría destinado a conjurar los peligros ocultos que rodean la ceremonia matrimonial. Ciertas leyendas parecen atestiguar la existencia de estos peligros, a veces mortales: éstos podrían estar ligados a espíritus malévolos, o también a una influencia directa, perniciosa, que ejercería uno de los futuros esposos sobre el otro. Si queremos superar el simple contenido de esos elementos legendarios y tratar de esclarecerlos, se pueden alegar ciertas observaciones de orden clínico y etnológico. En las sociedades arcaicas, la vagina de la mujer es considerada muy a menudo como algo temible: Wolfgang Lederer expone a este respecto una documentación, con frecuencia extraída de los mitos, tan considerable como sorprendente[239]. A la inversa, la asimilación del órgano masculino a un instrumento contundente, incluso a un arma, es una tendencia muy desarrollada y conocida[240]. De ahí se puede inducir que el acercamiento coital, sobre todo cuando es inaugural o está sacralizado en el ritual social, es vivido por los protagonistas como algo cargado de amenazas. Por extensión, se puede emitir la hipótesis de que el travestismo nupcial, con sus connotaciones andróginas, está destinado a atenuar el acercamiento demasiado brutal no sólo de un sexo hacia el otro, sino también de la masculinidad hacia la feminidad. Habría ahí, precisamente, un comportamiento mágico, en el sentido de que cada protagonista, por medio del disfraz, asimilaría provisionalmente una parte de las propiedades específicas del otro sexo, alejando así los peligros que éste hace correr a la integridad de su opuesto.

En otros casos, el travestismo parece actuar en el sentido de la seducción y la conquista amorosa. Cierto número de leyendas muestran al héroe disfrazándose de mujer, sea para acercarse a su amada a pesar de los obstáculos, sea para conquistarla, sea para arrancarla de las manos de bandidos o seres malvados.

Ahora bien, el tema del héroe disfrazado con fines amorosos aparece extensamente en las mitologías más diversas; se lo encuentra también, aunque algo desvaído, en el teatro francés de los siglos XVII y XVIII. Alegar aquí la simple eficacia del ardid sería sin duda superficial. El disfraz –especialmente cuando supone cambio de sexo– no mezcla simplemente las cartas disolviendo el principio de identidad, como en los carnavales de los románticos alemanes: está investido de taumaturgia, es filtro de amor, se convierte en soporte de una hipnosis seductora que transgrede las «leyes» habituales del trayecto amoroso.

Aquí, el perfil andrógino parece relacionarse con una aptitud erótica acrecentada. Otros indicios de esta supersexualidad serán reconocibles posteriormente. Por otra parte, no es solamente la sexualidad del andrógino, sino toda su *capacidad vital* la que se encuentra de este modo reforzada.

Los ejemplos recogidos por Marie Delcourt pertenecen esencialmente al universo mítico grecorromano. Pero los cambios rituales de vestuario están atestiguados en áreas culturales muy diferentes. B. Bettelheim lo señala[241], y establece un cierto paralelismo entre esas prácticas de vestimenta y las heridas rituales realizadas sobre los órganos sexuales en muchas sociedades arcaicas: ambos tipos de práctica tratarían de comunicar a cada sexo mediante una simbólica *eficaz* una parte de las prerrogativas del otro[242]. En ciertos casos, el sacerdote o el brujo –es decir, aquel que por excelencia posee los secretos del culto o los resortes ocultos del poder mágico– busca un estado andrógino. Es el caso del chamán descrito por M. Eliade: «En el chamanismo siberiano, el chamán reúne simbólicamente los dos sexos: sus ropas están adornadas con símbolos femeninos, y en ciertos casos el chamán se esfuerza por imitar el comportamiento de las mujeres. Pero se conocen ejemplos de chamanismo en los que la bisexualidad está ritualmente, y por tanto concretamente, atestiguada: el chamán se conduce como una mujer, se viste con ropas femeninas, a veces incluso toma un marido. Se supone que esta bisexualidad –o asexualidad– ritual es a la vez un signo de espiritualidad, de relación con los dioses y los espíritus, y una fuente de poder sagrado»[243]. De todas formas, en el mundo antiguo como en el mundo moderno, los sacerdotes andróginos no son raros según Jean Przyluski[244]: éstos son hombres afeminados, o verdaderos hermafroditas, o eunucos. Afirma una tradición que para asegurar mejor su función litúrgica, los sacerdotes de Cibeles se emasculaban en el transcurso de ceremonias religiosas[245]; paralelamente, las sacerdotisas practicaban la ablación de un seno, o incluso de los dos.

En esos ejemplos extremos –donde el rito viene a imitar el mito de la androginia de forma provocadora sobre un fondo de violencia histérica– se perfila la siguiente perspectiva: el taumaturgo teje su poder sobre una trama de androginia. Si el androginato es por excelencia privilegio de los dioses, toda aproximación a ese estado, aunque sea alusiva, indirecta o simbólica –¿podría ser de otra forma?–, suscita lo extraordinario, hace posibles las conductas mágicas, y pone al hombre en relación con los poderes invisibles que frecuentan el universo descrito por Lucien Lévy-

Bruhl. Ese poder es necesariamente correlativo de un saber. Es lo que examinaremos a continuación.

d) Androginia y saber

Jean Przyluski señala que en el mundo antiguo los adivinos eran a menudo asimilados a seres andróginos[246]. Ahora bien, el adivino, más aún que el taumaturgo, es un descifrador de signos y un predicador de futuro. Tiene un saber específico sobre el curso del tiempo, sobre los poderes ocultos que lo rigen y sobre los fenómenos por medio de los cuales se manifiestan esos poderes; en tal sentido, no pertenece del todo al reino ordinario de los hombres.

No hay duda de que el estado bisexual y la lucidez ejemplar mantienen entre sí ciertas correlaciones. La androginia –de la que ya hemos dicho que, en el discurso mítico, es más conjunción de dos poderes específicos que cohabitación aberrante de los dos sexos– confiere al que la posee una aptitud de ser acrecentada; en particular, parece que escapa entonces a las vicisitudes del deseo que se desarrollan habitualmente en el ser monosexuado; por eso mismo, escapa a un cierto despilfarro de energía, lo que le hace más disponible para el conocimiento. En lugar de debatirse en la interminable búsqueda del otro sexo, el andrógino se sustrae al vértigo engañoso de la fascinación erótica y puede ponerse a la escucha de la verdad que exige la armonización de sí.

Un hermoso ejemplo es el que nos proporciona el ciclo mítico de las peregrinaciones del mago griego Tiresias[247]. Los antiguos lo representaban como un adivino ciego, que gozó de una longevidad excepcional. Durante un cierto tiempo, Tiresias habría sido transformado en mujer (su dimensión «andrógina» se realizaría pues, en este caso, más diacrónica que sincrónicamente). M. Delcourt, a semejanza de A. H. Krappe, estima que esos dos elementos son vinculables entre sí. Tiresias perdió la vista porque miró a la diosa Atenas cuando se encontraba completamente desnuda en su baño: se enfrentó por tanto, de grado o por fuerza, a la Sabiduría en su resplandor directo y en toda su cegadora desnudez. Ésa es ya una experiencia sobrehumana. Lo pagará, inicialmente, con la ceguera, pero, al hacerlo, adquiere un don de «videncia» que le sitúa por encima de los hombres (recordemos el papel del adivino «ciego» en el teatro de Sófocles). Si, por otra parte, se convierte en mujer, es porque sorprendió y perturbó la unión de una pareja de serpientes: es ése un acto considerado peligroso en numerosas mitologías. Tiresias debe sufrir por consiguiente un cambio de sexo, pero esta aparente mutilación es más bien promocional: el adivino realiza así el oscuro deseo de transexualismo. Vive una aventura *stricto sensu* extraordinaria, y a su saber profético viene a añadirse un «saber erótico» fuera de lo común: es él quien zanja una polémica entre Zeus y Hera respecto del placer amoroso, revelándoles que en ese ámbito ¡la mujer tiene nueve veces más satisfacciones que el hombre! Se podría glosar esa abundancia de símbolos, pero retendremos aquí sobre todo la relación que parece manifestarse entre el don de «videncia» y la aptitud para el cambio de sexo.

Sin duda, el ejemplo de Tiresias puede parecer excepcional en el marco de la mitología griega; sin embargo, podría representar la supervivencia de creencias y prácticas chamánicas más antiguas. Por el contrario, la relación entre el androginato y el saber aparece de una manera indiscutible en el seno de ciertas especulaciones teológico-teosóficas que se inscriben, de cerca o de lejos, en el marco de la era cristiana.

Esto es lo que se produce especialmente en la corriente gnóstica. La gnosis se plantea, según se afirma explícitamente, como «conocimiento» de lo que es verdaderamente y no sólo como acto de fe: esto quiere decir que el iniciado sabe absolutamente de qué habla, «comprende» el drama cósmico al que se refiere; en él no hay, en principio, ningún divorcio entre la razón y el entusiasmo religioso. Como afirma un fragmento gnóstico, el objetivo de la especulación es «el conocimiento de lo que somos y de lo que hemos llegado a ser, del lugar del que venimos y de aquel en el que hemos caído; del objetivo hacia el que nos apresuramos y de aquello de lo que somos rescatados; de la naturaleza de nuestro nacimiento y de nuestro renacimiento»[248].

Ahora bien, la dramaturgia gnóstica se despliega sobre un esquema fundamental, que es el de la presencia de un elemento femenino en el seno del principio primordial, en el *Grund* divino que está en el origen de todas las cosas. Sabemos, además, a pesar de la existencia de muchas variantes, que este elemento femenino sufre una caída catastrófica hacia la materia pero que, en virtud de una escatología típicamente gnóstica, es susceptible de un rescate que le conduce a la reintegración en su eminente dignidad original. La propia gnosis nos revela que este dramático proceso cósmico-teológico está impregnado de toda una bisexualidad latente. La gnosis es, se podría decir, la revelación del Andrógino como símbolo del mundo.

Pero debemos ir más lejos y afirmar que, en sentido inverso, es el estado andrógino el que constituye una de las claves del conocimiento. Esto significa que el conocimiento será tanto más perfecto cuanto que el «iniciado» encuentre en sí mismo el camino de la síntesis entre el principio masculino y el femenino, a la manera del Padre Desconocido de todas las cosas que «contiene» a la vez la pareja primordial y su resolución eventual. Desde la perspectiva gnóstica, conocimiento y redención van unidos[249]. Por eso algunos textos prevén para los adeptos curiosas nupcias espirituales que son como el retorno a una naturaleza andrógina. Encontramos un ejemplo notable de ello en la doctrina de Teodoto, comentada por François Sagnard: en la tierra, hay semillas hembras —a saber, ¡los propios fieles!— que han sido alumbradas por la Madre Sabiduría. Ahora bien, la venida del Cristo Salvador tiene como objeto la rectificación de la substancia hembra orientándola hacia una integración superior: «Cuando esta semilla hembra está a punto, se une al elemento masculino: los valentinianos se unen a sus ángeles, es decir que "la mujer se transforma en hombre"; "la Iglesia de este mundo" se transforma en "ángeles". Todas estas semillas se reúnen con Jesús en el límite del Pleroma, bajo el signo de la Cruz: Jesús las reúne para hacerlas entrar con él»[250]. Detrás del esoterismo de un vocabulario por otra parte ecléctico, se perfila sin duda la idea de que la salvación y la gnosis, planteadas a la vez como definitivamente posibles, se realizan cada una por medio de la otra sobre el fondo de una vasta ensoñación androgínica. Más claro todavía es este texto de inspiración gnóstica citado por Clemente de Alejandría: las verdades enseñadas por Cristo se harán inteligibles «cuando la vestidura del oprobio sea pisoteada y los dos se hagan uno; y el hombre con la mujer, ni hombre ni mujer»[251].

La idea de que nuestro cuerpo —al ser sexuado y no constituir nuestra verdadera naturaleza— es un obstáculo para el conocimiento surge de una concepción muy extendida. Sabemos hasta qué punto es frecuente por ejemplo en la tradición platónica y neoplatónica. Pero lo que aparece además en las especulaciones gnósticas es que el sexo es como la reminiscencia desgraciada, e incrustada en nuestra envoltura corporal, de una situación de plenitud andrógina original: de tal manera que tener una actividad sexual y sufrir de ignorancia constituyen dos expresiones de un mismo exilio, de una misma frustración ontológica.

Este esquema es sin embargo lo suficientemente obsesivo como para desbordar la esfera del gnosticismo propiamente dicho. Parece que se impone al espíritu humano desde el momento en que éste se entrega libremente a una meditación de orden metafísico y se deja penetrar por las «ensoñaciones» de su inconsciente. Lo vemos surgir cuando la especulación se ve animada por un doble movimiento de «teosofía» y libertad de pensamiento. Así, en Jacob Böhme, el hombre, que vaga en el deseo y sufre de una curiosidad insaciable, vive en la nostalgia de un adamismo andrógino. Porque, para Böhme, Adán representa al Hombre integral y perfecto. Esto se deduce, según él, del relato bíblico, y se impone como una verdad evidente. Se percibe que el teósofo se deja llevar por el poder de sugestión de una idea que le parece particularmente importante. Ahora bien, la perfección de Adán se traducía en que poseía conocimiento de la sabiduría y sabiduría; entendemos por ello que este conocimiento se adaptaba a su naturaleza y que Adán sabía todo lo que *debía* y *podía* saber. Si se dejó arrastrar al pecado al codiciar el Árbol del Conocimiento fue porque, extraviado por los poderes engañosos, codició una sabiduría que era impropia de su naturaleza, puesto que se trataba nada menos que de la Sabiduría divina. Por otra parte, si Adán se dejó llevar a un error de apreciación tan funesto —el conocimiento que le correspondía hubiera debido bastarle— fue en realidad porque se dejó seducir por la tendencia más fácil hacia la animalidad. Por consiguiente, se aturdió y se «materializó», lo que produjo su concupiscencia y su *hybris*. Así pues, es menos una rivalidad con Dios que una oscura animalización de su ser la que conduce a Adán al delirio gnoseológico. Adán pagará ese delirio encontrándose atado al modo de ser por el que se dejó seducir. Lo que pierde es su androginia primordial, al mismo tiempo que su saber y su sabiduría; y se convierte en un ser sexuado, abocado al emparejamiento y a la inquietud enfermiza que lo preludia.

El tema del Hombre primordial que pierde su condición andrógina fundamental y se hunde en el doble vagar del deseo sexual y de la ignorancia está muy presente en los románticos alemanes; es, como dice Albert Béguin, «uno de los mitos más singulares y más comúnmente admitidos por los románticos»[252]. Implica que el Andrógino es la expresión misma de la armonía, es decir, de un acuerdo congruente tanto de nuestras facultades entre sí como de nuestro ser global con el ser-del-mundo, lo que designa un saber que es al mismo tiempo sabiduría radical y lo que se podría denominar el conocimiento pertinente.

Los antepasados esféricos descritos por Platón en la fábula de Aristófanes constituyen pues los modelos míticos de una serie cuyo esquema androgínico es afirmado como correlativo de *potencias* multiformes: fuerza física o guerrera, aptitud taumatúrgica, clave gnoseológica. Pero otra «potencia» merece ahora que le dediquemos nuestra atención: aquella que se manifiesta como fuerza vital, como expansión de la vida contra la muerte y como desquite de la eternidad contra el tiempo.

2. La androginia promotora de la vida

a) Salud y longevidad

Ciertos rituales de travestismo tienen una importancia simbólica y mágica: en cierto sentido, aparecen como ritos protectores, destinados a alejar, en circunstancias particulares, ciertos peligros que amenazan el curso de la vida. El Andrógino goza de un prestigio que hace de él un verdadero promotor de vida.

Por eso no es sorprendente encontrar en el campo histórico-etnológico prácticas culturales de tinte bisexual con un objetivo profiláctico. En Roma se celebraba el culto de Hércules Víctor, llamado por otra parte «El-que-da-la-salud»; ahora bien, en el curso de las ceremonias, los hombres debían vestir ropas femeninas. Más aún: se ha encontrado una estatua grabada explícitamente con el nombre de Hércules Víctor, cuya vestimenta es femenina, y que lleva sin embargo la piel de león en la cabeza y la maza en la mano[253]. Ciertamente, no se trata de atribuir un significado dogmático a estos indicios. Pero no se puede dejar de señalar que el dios de la fuerza física se convierte también en garante de una buena salud cuando se lo celebra sobre el fondo de un ritual androgínico.

Esa correlación se ilumina con la concepción de la salud que reina especialmente en la Antigüedad griega. La salud es equilibrio de los humores entre sí, es reparto armónico de las substancias fundamentales que componen el cuerpo humano; en otras palabras, está basada en la idea de proporción adecuada. Es lo que recuerda Platón en el *Filebo*, donde Sócrates hace la apología de la categoría del «limitante», que es «la de lo igual y lo doble y todo lo que, poniendo fin a la mutua oposición de los contrarios, los hace conmensurables y los armoniza al introducir en ellos el número»; y algo más adelante añade: «En caso de enfermedad, ¿no es su justa combinación lo que engendra la salud?»[254]. Ahora bien, a esta idea de la salud como armonización de los contrarios viene a corresponder la idea del andrógino como armonización y síntesis de los principios fundamentales masculino y femenino. Esta correspondencia tiene su sede en el inconsciente y no debe ser asimilada sin precaución a una relación de tipo causal. Lo que aquí nos interesa señalar es que el andrógino funciona como esquema general de equilibrio, pudiendo tener, llegado el caso, una repercusión benéfica para la salud.

Una promesa de buena salud es también una promesa de longevidad acrecentada. Recordemos que Tiresias, por ejemplo, tras conocer sucesivamente las prerrogativas de los dos sexos, tuvo una vida de una duración de siete a nueve veces superior a la normal. Una cierta relación con la androginia −aunque fuera incompleta o indirecta− se convierte en medio de resistencia al desgaste producido por el tiempo. Ampliando esta lógica, no es sorprendente que el inconsciente le comunique una dinámica ilimitada y desemboque en el tema de la inmortalidad.

Ese punto de vista aparece todavía más claramente en la doctrina extremo-oriental del Tao. La unión regulada del *yin* y el *yang*, modelada según ciertos ritos adecuados, es determinante para salvaguardar en primer lugar la vitalidad y la fecundidad del grupo social. El emparejamiento sexual, no integrado en una rítmica sociotemporal adecuada, sería portador de desorden y de una licencia peligrosa. Como observa Marcel Granet: «La oposición entre los sexos era grande, hasta el punto de que el acercamiento exigía una larga preparación y unos momentos favorables; la unión sexual parecía tan temible que estaba prohibida durante largos períodos»[255]. Por el contrario, correctamente integrada en la dualidad cósmica fundamental, ordenada según las oposiciones pertinentes del espacio y el tiempo, el acercamiento sexual rima con el orden del mundo, asegura la fecundidad de la tierra y la subsistencia del grupo social. El arco iris[256] es su símbolo, y las palabras rituales de longevidad marcan esas fiestas del coito practicadas en una fase arcaica. Pero en la sabiduría taoísta más tardía, el equilibrio del individuo pasa también por la intromisión conveniente del *yang* en el *yin*. Esto determina toda una gama de prácticas higiénicas en las que subyace un simbolismo bisexual: «El sabio puede, por lo demás, incorporarse *yin* y *yang* con la ayuda de fórmulas y talismanes o también tomando baños de sol o baños de luna. Mediante masajes, conduce a su destino, en los órganos del microcosmo corporal, las quintaesencias tomadas del macrocosmo. Finalmente, conserva, mejora y afina su alma *yin* y su alma *yang* mediante el empleo combinado de la higiene sexual y los ejercicios respiratorios»[257].

Este punto de vista no deja de evocar, con todas sus diferencias, algunas consideraciones de Jung sobre el equilibrio psíquico. Sabemos que éste depende, según el autor, de la integración de su *anima* para el hombre y de su *animus* para la mujer, «integración» que significa también, en cierta medida, relación con el consciente. Pero esos fenómenos son a menudo conflictivos, y Jung no oculta la dificultad que encierra esta dialéctica de masculino y femenino. En primer lugar, ya lo hemos visto, *animus* y *anima* tienden primitivamente a manifestarse de forma incontrolada y brutal, sometiendo al psiquismo a presiones tanto más angustiosas cuanto que son mal comprendidas y mal aceptadas. A continuación, se establece con frecuencia un conflicto entre las «exigencias» del *anima* y el modelo cultural androcéntrico al que el hombre está sometido (éste teme entonces los impulsos «femeninos» de su ser, que juzga degradantes; esto es cierto, pero en menor grado, para la mujer respecto de su *animus*). Por último, la confrontación entre el *anima* y las figuras concretas de la mujer encontradas en la existencia pueden acabar en tensiones, hiatos, incluso en temibles decepciones. Por eso el acceso al «otro lado» es presentado por Jung como algo notablemente delicado[258]. Así, para este terapeuta del psiquismo, la «salud» consiste en un estado de cohabitación armoniosa de un principio «sexuado» con una estructura psíquica de signo contrario. Por vía analítica y empírica, la terapéutica retoma aquí el hilo conductor y el significado de antiguas prácticas rituales «androgínicas».

    Otras observaciones corroboran también la dimensión benéfica que se atribuye a veces a los ritos de bisexualidad simbólica. La curiosa práctica de la *couvade*, en la que se interesa especialmente B. Bettelheim[259], merece ser señalada aquí[260]. Esta práctica, bastante extendida en las sociedades arcaicas, consiste en que, en el momento del nacimiento de un niño, se reservan al padre las consideraciones que ordinariamente se tienen con la parturienta. Se le cuida, se le hacen regalos, se le concede un descanso excepcional, ¡que puede llegar hasta hacerle guardar cama obligatoriamente!, de manera que se ve investido, simbólicamente y durante el tiempo del rito, de una función específicamente femenina. De esta práctica se pueden hacer diferentes interpretaciones, pero se puede proponer, a título de hipótesis, que tendría por objeto asegurar en la medida de lo posible la supervivencia y el desarrollo del niño; a menos que se trate también de la salud de la madre, tomando el padre sobre sí una parte de las cargas del parto. Quizás se pueda esbozar una aproximación, con todas las cautelas, entre esta práctica y el antiquísimo culto de la antigua Venus calva: «La estatua, barbuda, tenía órganos masculinos y femeninos, llevaba un peine, y *se decía que era la guardiana de todo nacimiento*»[261]. En ambos casos, un fenómeno de inversión sexual, ostensiblemente subrayado (la barba unida a la calvicie, los lloriqueos del padre en la *couvade*), parece desempeñar un papel protector respecto de la vida, que se manifiesta con un aumento de afectividad en el momento de un nacimiento.

Aproximar los sexos, invertirlos, tratar de confundirlos, en resumen, imitar el arquetipo andrógino que habita el inconsciente colectivo, podría pues suscitar, miméticamente, promesas profilácticas o terapéuticas. Por otra parte, no es solamente la buena salud de los individuos humanos lo que está en juego. A veces se trata de la fecundidad misma de la tierra que alimenta al grupo social. Recordemos que la Gran Diosa de los cultos antiguos tiene una capacidad considerable de autoprocreación; en su ser, que acumula las potencias sexuales, se articulan fuerzas vitales exuberantes y en ocasiones monstruosas. Ahora bien, en muchas sociedades arcaicas, cópulas rituales en la misma tierra están destinadas a asegurar, en el momento oportuno, la fecundidad del suelo o del campo: esto está ampliamente atestiguado por toda la literatura etnográfica. Se diría que en el acercamiento coital se trata de restaurar las fuerzas vivas de las Grandes Potencias bisexuales originales: conducta mágica, sin duda, pero orquestada por la fusión de los cuerpos y la abolición de la distancia –natural y cultural– que los separa.

Da incluso la impresión de que se podría generalizar la idea anterior y aplicarla a la totalidad del cuerpo social, cuya existencia es evidentemente función de una «buena salud» que sabiamente se trata de mantener. Mircea Eliade ha mostrado cómo la concepción de un tiempo cíclico entre los «primitivos» exige que sea periódicamente restaurada y regenerada la energía del grupo social, amenazada de agotamiento por el desgaste producido por el tiempo. El Año Nuevo consagra, pues, tanto el fin de un ciclo superado como la inauguración, tras la recuperación de las fuerzas fundamentales, de un nuevo ciclo. Por eso las fiestas del Año Nuevo están intensa y rigurosamente ritualizadas: consagran el desorden sagrado que reitera el Caos primordial, condición sine qua non para el florecimiento de la vida. También por eso la orgía –y en especial la orgía sexual– es generalmente obligada: en la fusión generalizada de los cuerpos se asiste menos a una procreación de los hijos que a una gigantesca puesta en común de las energías masculinas, las femeninas y ambas entre sí. Mircea Eliade lo cuenta así: «Tanto en el plano vegetal como en el plano humano, estamos en presencia de un retorno a la unidad primordial, a la instauración de un régimen "nocturno" en el que los límites, los perfiles y las distancias son indiscernibles»[262].

A semejanza de Eliade, Roger Caillois observa que el desorden sexual es particularmente propicio para regenerar la estructura social[263]. No solamente se cambian, e incluso se confunden, los papeles sociales y las vestimentas, sino que tabúes tan fundamentales como el del incesto son provisionalmente transgredidos. Esto es posible porque en muchos casos el Poder demiúrgico original es tanto un ser hermafrodita como una pareja formada por el hermano y la hermana.

Así, en la orgía ritualmente eficaz, se encuentra imitado ese estado original ejemplar en el que la distinción de los sexos no existía todavía: bella manifestación de regresión simbólica hacia un Edén asexual/bisexual que las especulaciones de Jacob Böhme o de Franz von Baader quizá no hubiesen desaprobado.

b) Androginia e hipersexualidad

El arquetipo andrógino es suficientemente vivaz para desplegarse según determinaciones no sólo muy diversas, sino también, a veces, francamente contradictorias. Es lo que se produce especialmente cuando el andrógino es considerado en su relación con la actividad sexual. O bien el andrógino tiende hacia un grado cero de sexualidad −y representa entonces lo que se podría llamar el «angelismo» asexuado−, o bien, por el contrario, deviene portador de una sexualidad hiperbólica que multiplica sus capacidades eróticas. Es este segundo aspecto el que se manifestará ahora, en el marco de una afirmación exuberante de la vitalidad.

Hemos establecido que algunas divinidades que ocupan un lugar eminente en el panteón de la mitología griega tienen una marcada dimensión andrógina. Ahora bien, esas mismas divinidades tienen con mucha frecuencia una relación no menos marcada con componentes eróticos licenciosos.

Así, Zeus, capaz de dar a luz, dotado en ciertas representaciones de una constitución polimástica, tiene una gran hambre de aventuras amorosas, en el curso de las cuales utiliza a menudo estratagemas, como el travestismo o la metamorfosis. Dioniso, llamado «el hombre-mujer» en varias tradiciones, es sin embargo el dios itifálico de ciertos cortejos báquicos; que esa figuración indique una gran apetencia sexual o sea solamente un símbolo general de fecundidad no altera gran cosa nuestra interpretación. Más sorprendente todavía es el hecho de que el propio Hermafrodito haya sido fácilmente confundido[264] con Príapo, cuya hipertrofia fálica es conocida; se establece aquí una relación singular entre bisexualidad, hipervirilidad y teratología.

Por otra parte, Afrodita, que reina tiránicamente sobre los amores humanos, que lleva una vida amorosa desenfrenada, no deja de convertirse en algunas representaciones en la mujer fálica. Su hijo Eros, que reina menos sobre el amor que sobre el deseo, se asemeja al Efebo y su silueta es fácilmente ambivalente. En cuanto a ciertas mujeres virilizadas y promotoras de exuberancias crueles —las ménades, las amazonas—, sus excesos lindan frecuentemente con la ninfomanía, de manera que también aquí parece dibujarse un lazo entre los excesos eróticos y la participación en una cierta androginia. Esa correlación no se encuentra solamente en la mitología helénica: así, en India, la aterradora diosa Kâli, que, por supuesto, engendra todo y se fecunda a sí misma de forma «hermafrodita»[265], tiene apetitos desmesurados: exige numerosos sacrificios sangrientos al mismo tiempo que orquesta las grandes licencias sexuales que le están consagradas; hay aquí un deslizamiento metafórico entre el sacrificio con víctimas humanas y la búsqueda desenfrenada del placer sexual; podríamos incluso preguntarnos si todas las ogresas del folclore universal no son figuras hermafroditas —las «mujeres hombrunas»— provistas de una libido oral-genital exacerbada.

Los contenidos míticos anteriormente evocados sugieren una dialéctica curiosa, si no inesperada. El esquema androgínico representa fantasmáticamente la resolución de la tensión sexual, pero también representa su exasperación o, en todo caso, un incremento de su capacidad. Y es que el andrógino es «soñado» siempre por el inconsciente como una entidad orgánicamente superior al ser monosexuado, que es el resultado de una ruptura o escisión. En este sentido, la fábula de Aristófanes tiene verdaderamente un alcance universal. Pero esta entidad superior transciende toda sexualidad si es concebida idealmente por una exigencia de tipo teológico; en cambio, representa por el contrario la afirmación fundamental de la potencia sexual —es decir, de la vida— si permanece anclada en un discurso mítico que no supera el marco de una imaginería fundamentalmente antropomórfica. Por eso la androginia adámica descrita por Jacob Böhme está más acá de toda sexualidad, mientras que el hermafroditismo pintoresco de los mitos griegos se despliega en el sentido de la prodigalidad sexual.

Fantasmáticamente, el andrógino realiza un deseo de identificación fundamental, el de lo masculino con lo femenino y viceversa. No solamente cada sexo aparece para el otro como lo absolutamente extraño, y por tanto como lo ajeno[266], sino que la satisfacción sexual del otro es concebida sin duda como de naturaleza diferente, lo que quizá sea cierto, pero siempre será inverificable. Por eso es razonable postular que en el inconsciente masculino se trama una especie de celos con respecto a la mujer, y viceversa. Lo que es «diferencia» es imaginado como superioridad: al mito del hombre seductor y cínico corresponde el de la mujer insaciable. El andrógino aparece entonces como aquel que acumula dos capacidades hedonistas específicas. Él es el que penetra el enigma del «otro sexo» y obtiene de ello un privilegio inaudito.

Por otra parte, es curioso observar que uno de los héroes occidentales de la sexualidad, a saber, Don Juan, es considerado por uno de sus exegetas como un personaje de virilidad dudosa. Gregorio Marañón sostiene esta paradoja al plantear, de manera por lo demás bastante arbitraria, que el hombre perfectamente hombre se enamora de una sola mujer: «El hombre perfecto es estrictamente monógamo en el amor, o prefiere limitarse a un breve repertorio de mujeres, generalmente semejantes»[267]. A partir de ahí, Don Juan le parece un ser que fracasa en su virilidad porque está fascinado por una feminidad con la que, quizás, se identifica inconscientemente. ¿No tiene, por lo demás, refinamientos y delicadezas que son en definitiva muy femeninos? Si Don Juan ha pasado como maestro en el arte de una seducción que parece llamar a Maquiavelo en su apoyo, no es sin duda porque esté enamorado —¿lo estará alguna vez?—, sino porque vive muy mal una «virilidad» indecisa que le molesta; en este sentido, tendrá siempre algo de adolescente sexualmente inmaduro. Por oposición a él, el héroe romántico, como digno epígono de Tristán[268], se propone revivir el mito platónico del andrógino con la amada única. Don Juan, por el contrario, no tiene más objetivo que sí mismo en todo su peregrinar, pues su constitución procede desde el principio, aunque de modo imperfecto, de una cierta ambivalencia. Desde esta perspectiva, el frenesí erótico de Don Juan podría aparecer como la consecuencia «patológica» de una constitución andrógina defectuosa que no llega a armonizar. Se trata sin duda de una lectura «tendenciosa» de un mito inagotable. Sin embargo es sugerente porque sitúa bajo el signo de una cierta bisexualidad a un personaje arquetípico comúnmente asimilado al héroe «sobresexualizado».

c) Androginia e inmortalidad

El símbolo andrógino se ve fácilmente investido de valores vitales singularmente fuertes, de los que la hipersexualidad podría constituir, eventualmente, una de sus manifestaciones. Ahora bien, si la androginia es resistencia acrecentada al desgaste del tiempo, es susceptible, por extrapolación, de transgredir el propio tiempo. A la manera de los dioses de los que deriva, ¿no tiende necesariamente el andrógino hacia la inmortalidad?

Muchas correlaciones anteriormente establecidas parecen anunciar una respuesta afirmativa a esta pregunta. Hay al menos una leyenda que plantea explícitamente la relación entre los dos términos: la del Fénix. Según Marie Delcourt, el carácter andrógino del Ave Fénix era conocido por los antiguos. Pero fue sobre todo en la Antigüedad tardía donde el tema del ave que renace eternamente de su consunción voluntaria por el fuego adquiere un brillo particular y se convierte, mediatizada por la visión cristiana, en el símbolo de la resurrección prometida. Un fragmento del poema sobre el Ave Fénix de Lactancio es particularmente significativo: «¡Oh destino afortunado, oh tránsito bienaventurado que Dios da al Ave para nacer de sí misma! ¡Sea macho o hembra, o bien ni lo uno ni lo otro, dichoso ser, que ignora los lazos de Venus! Su Venus es la muerte; la muerte, su único amor. Para poder nacer, aspira a morir. Es su propio hijo, su heredero, su padre. Es él y no es él, el mismo y no el mismo, conquistando por medio de la muerte una vida eterna»[269]. Texto de simbolismo excepcionalmente rico y donde, sin duda, el elemento andrógino está integrado y promovido en el tema más general de la reconciliación de los contrarios. Lo que aquí es notable es que el Fénix ignora el sometimiento a Venus —o lo que es igual, el deseo inherente al ser monosexuado— y el hecho de encontrarse, por eso mismo, promovido a una especie de eternidad: no la eternidad absolutamente inmutable a la manera que la planteaba Parménides, sino más bien una inmortalidad conquistada en el juego dramático, e indefinidamente reiterado, de nacimiento y muerte. A nuestro parecer, el Fénix[270] representa bastante bien esa fascinación por la muerte terrenal que resulta de la puesta al día, de la toma de conciencia, del carácter irrisorio del deseo (idea que será explorada, como veremos, en los tiempos modernos por pensadores como Schopenhauer o Georges Bataille); pero al mismo tiempo, en el contexto místico que es el suyo, esta fascinación deviene transmutación por y hacia la vida eterna.

Transmutación: tal es, por lo demás, una de las palabras clave de aquellos que quieren, a su manera, engendrar al Fénix en el seno del atanor, el famoso horno «químico» con el que trabajaron los pacientes adeptos de la tradición alquimista. Y algunos de ellos soñaron con el ave prodigiosa de la inmortalidad, como atestigua este himno de un iniciado, Michael Maier: «Cantaré la naturaleza y las propiedades del fuego, que sirve al Fénix de pira y de cuna, donde asume otra vez una nueva vida... Es este Fuego que nuestra ave ha preparado por sí misma el que sirve para formar la hoguera en que encontrará su muerte y su fin. ¡Oh, qué cuidadosamente oculto se mantiene este Fuego sagrado! ¡Oh, conocida de los sabios es esta maravillosa llama! Cuando se la ignora, se ignora todo»[271].

Aunque esa referencia al Fénix no sea siempre tan explícita, sabemos que los trabajos alquímicos, en su voluntad prometeica de engendrar la Gran Obra, trataron en ocasiones de crear «el elixir de la larga vida». Si bien algunos charlatanes pudieron concebir este elixir como un bálsamo destinado a diferir el envejecimiento del cuerpo −análogo en esto a nuestros cosméticos modernos−, los verdaderos adeptos, en cambio, vieron en él la clave −o el símbolo− del acceso a la verdadera vida que es también inmortalidad. En la abundancia de la simbólica alquímica, el elixir de la larga vida debió de desempeñar un papel análogo a la misteriosa Fuente de la Juventud situada a la entrada del Jardín de los Sabios. En ciertos textos, el elixir es incluso designado específicamente como el fin concreto de la búsqueda, de manera que se confunde más o menos con la piedra filosofal y constituye a la vez el substrato material y el símbolo de la Gran Obra. Así: «El elixir de la larga vida, llamado también oro potable, no era, según Bernardo el Trevisano, alquimista nacido en Padua en 1406, sino una reducción de la piedra filosofal a agua mercurial»[272]; lo que, habida cuenta las connotaciones de la piedra, designa al elixir como el doble acceso a la Sabiduría y a la Eternidad. En otros casos, el elixir parece designar el secreto −aunque fuera de naturaleza puramente espiritual− que permite al adepto acceder a la inmortalidad del bienaventurado: así, para Robert Fludd, «el adepto se hace capaz –por el *solve et coagula* hermético– de corporificar su espíritu espiritualizando su cuerpo»[273], y esta síntesis por la que los contrarios se fusionan uno con otro impide la corrupción y la degradación del adepto.

Sin duda el deseo de abolición del tiempo, de transgresión de la duración corruptora que habita la materia impura, están en el centro de las preocupaciones alquímicas. Por supuesto, lo que está en acción en la práctica alquímica (el fuego, el horno, etc.) y lo que busca en la demiurgia de substancias soteriológicas (el elixir, la piedra, etc.) no es separable de una iniciación teórica de orden esotérico: en este aspecto, la alquimia es también una gnosis, cuyas relaciones con el pensamiento gnóstico propiamente dicho son evidentes, aunque muy complejas.

Pero en esta tradición en la que la inmortalidad se conquista –a diferencia de la tradición cristiana, en la que es más bien un don de Dios–, la fascinación del andrógino reviste una importancia obsesiva. Para el alquimista, el mundo es andrógino en su principio: y debemos entender por ello no un hermafroditismo sumario, sino una reunión y una síntesis de todos los contrarios. Ahora bien, una de las claves de la salvación, para el iniciado, es recuperar, en sí mismo y en su relación con el mundo, esa androginia primordial por la que se define la armonía y también la victoria sobre el tiempo. Por eso la soteriología alquímica es de tipo cíclico: se trata de partir del Ser tal como lo percibe el conocimiento y de volver a él mediante la imitación adecuada, en nosotros, del modelo ontológico; en otras palabras, se trata de restaurar un isomorfismo pertinente entre el macrocosmo y el microcosmo que es el sujeto humano (y sabemos que la práctica «experimental» del adepto intenta menos transformar el objeto de la experiencia que al experimentador). Un texto de C. G. Jung resume notablemente esta perspectiva: «Los alquimistas repiten sin cesar que el *opus* nace del Uno y vuelve al Uno, que es de alguna manera un círculo semejante a un dragón que se muerde la cola... Es el ser primordial hermafrodita, que se divide para formar la clásica pareja hermana-hermano, y que se une en el momento de la *conjunctio* para aparecer de nuevo al final bajo la forma irradiante de la *lumen novum* (luz nueva) del *lapis*. Es metal y sin embargo líquido, materia y sin embargo espíritu, frío y sin embargo ardiente, veneno y sin embargo remedio, es un símbolo que une todos los opuestos»[274].

En consecuencia, las referencias a la androginia no pueden faltar en la dramaturgia alquímica. Conciernen en primer lugar a todo lo que tiene un carácter primordial o paradigmático. Así la «materia prima» –expresión que hay que guardarse de tomar en un sentido materialista– es, según un tal Hoghlande, comparable a un «monstruo hermafrodita»[275]. También Adán es hermafrodita, y a pesar de su apariencia masculina lleva siempre con él a su Eva oculta[276], y lo mismo Cristo (y ahí volvemos a encontrar una temática gnóstica conocida). Por otra parte, según una idea que se remonta a la tradición hermética[277], la unión apasionada del Pneuma con la Physis engendra los siete primeros seres hermafroditas; y Jung supone que se podría tratar de los planetas. Pero por supuesto es Mercurio quien se lleva la palma en materia de hermafroditismo: en tanto que planeta, está próximo al sol (o, lo que es igual, al oro), mientras que en tanto que azogue, disuelve el oro; ahí vemos que es un encubridor de oposiciones. El mercurio alquímico –*mercurius philosophorum*– aparece a menudo en una iconografía abundante con rasgos andróginos: una de esas representaciones, muy curiosa, lo muestra con la forma de una joven desnuda, cuya cabeza está coronada por un pájaro con las alas desplegadas –¿el Ave Fénix?– y cuyos pies están colocados sobre un rostro híbrido de luna y sol[278]. Así, todos esos seres primordiales, que designan a su manera una armonía original, o una restauración de equilibrio (el Cristo, por ejemplo), participan de la androginia.

Por eso los laboriosos trabajos de los alquimistas, que exigen una incansable paciencia puesto que se trata en definitiva de vencer al tiempo, se esforzarán por imitar esos modelos ontológicos. En el atanor tienen lugar las turbadoras cópulas de las «bodas químicas» y la imaginería nos muestra a menudo el coito simbólico del rey con la reina. Este coito es descrito explícitamente por un iniciado como una reconstrucción que lleva de nuevo a la unidad. Así como se dice en la Escritura que «el hombre y la mujer se harán una sola carne» (Génesis 2, 24), el hermano Basilio Valentín afirma que «el Rey ígneo amará profundamente la voz agradable de la Reina, la abrazará con su gran amor y se saciará de ella hasta que los dos desaparezcan y ambos se fundan en un solo cuerpo»[279]. De manera más general, todos esos procesos son descritos por los iniciados con un vocabulario cuyos componentes sexuales son a menudo patentes[280]. Al término de todo esto está la esperanza de la piedra filosofal, representada con frecuencia mediante la forma de un hermafrodita coronado. En ciertos casos, esa figura es sin duda asimilable al famoso Rebis, que es una creación típicamente alquímica y que podemos ver en la imaginería como un ser de dos cabezas, una masculina, otra femenina, dotado a veces además de un elemento solar unido a un elemento lunar: expresión sorprendente de un fantasma andrógino en torno al cual planea el deseo de perennidad y que parece volver a soldar no sólo lo masculino con lo femenino, sino también el *Anthropos* con el Cosmos, de manera que cesa la existencia separada y con ella el desgaste del tiempo que afecta al principio de individuación.

En su prefacio, Basilio Valentín puede por tanto afirmar al iniciado: «Y así, por este tratado, he querido indicarte y abrir la Piedra de los Antiguos, que nos viene del cielo, para la salud y el consuelo de los hombres, en este valle de miseria, como el mayor tesoro concedido y para mí cuán legítimo..., establezco mi enseñanza, sometido a la filosofía, tan sobria en palabras como abundante en sentido, de manera que puedas alcanzar la piedra, sobre la que se apoya la Verdad, con la recompensa temporal y la promesa de la eternidad»[281]. La obsesión por la androginia, muy patente en el marco del pensamiento alquímico, parece servir de apoyo a esta búsqueda esotérica de la intemporalidad, que sería como una «liberación total», para retomar una expresión de E. Canseliet[282]. Claro está que esa liberación implica la realización de una sabiduría y de una gnosis, pero el arrancamiento fuera del tiempo, por el largo esfuerzo de la iniciación, es quizá la esperanza dominante, suprema, de la tradición alquímica. Tal es, en todo caso, el punto de vista de M. Eliade, que ve esencialmente en dicha tradición un esfuerzo para sustituir el tiempo por el Hombre consumado[283].

La relación entre la androginia y la inmortalidad puede por otra parte ser captada, en cierta medida, desde el interior, independientemente de lo que de ella dijeran los alquimistas. En efecto, el andrógino, en la lógica del inconsciente, es fundamentalmente capaz de autoprocreación. Eso es lo que subraya, por ejemplo, Otto Rank. Apela para ello a una interesante constatación etnográfica: «El enorme significado de la bisexualidad que J. Winthuis ha constatado últimamente entre los habitantes de Australia central y otras poblaciones, me parece que prueba el gran papel que desempeña la ideología de la inmortalidad, que, entre esos primitivos, toma la forma de la bisexualidad autónoma»[284]. Al ser el símbolo de la plenitud, el andrógino no tiene necesidad de un ser distinto; parece por consiguiente excluir la idea de relación y la idea de procreación extrínseca. En este sentido, escapa al ciclo infernal de la reproducción biológica. Perdura por sí mismo y en sí mismo. En el límite, sustituye al devenir y triunfa sobre la muerte terrenal. Es decir, que los valores que inconscientemente se le incorporan son considerables.

3. La felicidad andrógina

a) Las dichas edénicas

Si las representaciones del inconsciente que se unen al andrógino confirman su estatuto privilegiado, es inevitable que los fantasmas del hedonismo vengan a reforzar el prestigio específico del ser doble. Enredado en su existencia, aguijoneado por un inconsciente cuyo funcionamiento pulsional está regido esencialmente por el principio del placer[285], el hombre, desde tiempos al parecer inmemoriales, no ha dejado de alimentar «ensueños» de satisfacción radical: todo el discurso mítico está poblado de ellos. Llamamos «felicidad» a ese estado *ficticio* a cuyo alrededor, paradójicamente, no deja de proliferar el lenguaje[286].

En ese ámbito, el discurso mítico obedece en primer lugar a una lógica regresiva: lo que no es inmediatamente realizable aquí y ahora es proyectado a un estado arquetípico original. Así se desarrolla, y esto de forma universal, el tema del Paraíso primitivo, ampliamente tratado en los trabajos de M. Eliade[287]. Asimismo, hemos visto que, en ese tiempo prodigioso, los estados andróginos no son raros. Que existe una connivencia —e incluso una connivencia esencial— entre la felicidad mítica original y la ausencia no menos mítica de sexualidad diferenciada es lo que intentaremos mostrar aquí.

Resumiendo las importantes compilaciones de Baumann sobre los mitos africanos de la época paradisíaca, Eliade señala: «En aquel tiempo los hombres no conocían la muerte; comprendían el lenguaje de los animales y vivían con ellos en paz; no trabajaban, y tenían al alcance de la mano alimento abundante»[288]. Pero a esos elementos de gozo se añade muy a menudo la idea de una proximidad primitiva del Cielo y la Tierra (incluso se suponía a veces que un eje los unía entre sí); ahora bien, esa «proximidad» está cargada de todo un simbolismo bisexual, y, en todo caso, el carácter «hermafrodita» de los antepasados míticos está ampliamente atestiguado en toda la literatura etnográfica.

La tradición judeocristiana ha contribuido también a ratificar la idea de una situación edénica original. Sin embargo, en ciertos casos, la colusión de dicha situación con el mito del andrógino es turbadora. Se produce especialmente a propósito del tema del ángel. Figura beatífica por excelencia, el ángel es también andrógino: esto se manifiesta en toda la iconografía que le ha sido consagrada, pero también en ciertas tesis teológicas. El ángel es el mediador entre Dios y el hombre, entre el Cielo y la Tierra. Además, toda una tradición afirma que el ángel no es puro espíritu; tiene una dimensión corporal, pero ésta parece excluir a priori una determinación sexual, pues se trata de un corporeidad depurada, de un «cuerpo sutil». Orígenes ve en el ángel un espíritu unido a un cuerpo muy sutil. San Jerónimo admite una envoltura etérea, aérea; se afirma, además, que después de la resurrección final los cuerpos de los elegidos brillarán como los de los ángeles[289].

En la tradición hebrea, la androginia angélica es afirmada con claridad. Se lee en el *Zohar*: «La Escritura dice que los ángeles tenían figura de hombre, figura de león, figura de buey y figura de águila. Por el término "figura de hombre" la Escritura quiere decir las figuras del macho y hembra juntos; pues, sin esta unión, el nombre de "hombre" no se aplica a un individuo»[290]. Además de un simbolismo animal que recuerda ciertas teratologías de Empédocles, encontramos aquí una doble perspectiva: por una parte, el hombre completo no puede entenderse más que como conjunción de la masculinidad y la feminidad; por otra, el ángel manifiesta a la vez el esquema andrógino —tiene «figura de hombre»— y la idea de una participación plural en las formas de vida creadas. El ángel acumula por tanto el poder de ser y la androginia arquetípica; goza de la beatitud impartida a los elegidos de Dios y a los que gravitan inmediatamente alrededor de él.

Desde una perspectiva diferente, Jacob Böhme afirma que los ángeles deber ser concebidos como asexuados[291]. Esto no debería sorprendernos. Lo que es más sorprendente es que Böhme parece asignar a Adán el gozo edénico y los privilegios tradicionalmente concedidos a la figura angélica. En suma, su condición prevalece en importancia sobre la de los ángeles. Es lo que comenta A. Koyré: «El hombre, síntesis más profunda y rica que el ángel, unidad de cuerpo, vida y espíritu, representa a Dios de una manera más completa y más perfecta»[292]. Por eso Adán debe realizar en su persona, es decir, integrar en él, la Sofía divina, la Virgen eterna: entendemos que la perspectiva de esa unión no es descriptible en los términos del amor ordinario. Y el gozo místico cuya promesa va aquí a perfilarse plantea solamente la pregunta —crucial— de por qué Adán no supo mantenerse en el estado de beatitud. ¿No era en el fondo el colaborador directo de Dios, destinado a corregir el error cometido por Lucifer? Sabemos que para Böhme ese estado no podía ser otro que el del Andrógino: el ser no está dividido respecto de sí mismo, ni, menos aún, atormentado por el deseo de la carne.

Lo que fundamenta la plenitud beatífica de ese Adán andrógino, antes de la Caída, no es solamente el hecho de que su naturaleza sea completa y esté en armonía con sus propias partes, sino también que esté, si se puede decir así, «inmerso» en el amor infinito de Dios, de manera que la necesidad de amor de Adán debe estar satisfecha. Aquí, el tema específicamente böhmiano de un deseo que lleva en sí y exige el infinito —es decir, en el fondo, de una deidad inmanente al espíritu humano— viene a combinarse con el tema, fundamental en el cristianismo, del *agape*, es decir, de un amor generalizado del que Dios es a la vez el centro, la fuente y el fundamento[293]. Si consideramos, por supuesto antes de la Caída, al hombre «envuelto» por el *agape* divino, ¿se podría entender de manera distinta a Böhme, que ve en él un andrógino perfectamente realizado?

Pues, al contrario, el hombre de después de la Caída es el ser sexuado, sometido esta vez a los imperativos de Eros y extraviado por no tener la plenitud del *agape*. La «conducta» erótica es la conducta de la carencia, y todo el discurso platónico, especialmente, ilustra a su manera esta idea. Es al mismo tiempo una conducta de sustitución, pero que reposa sobre una ilusión: a saber, que en lo divino que nos une al ser-otro —sea un hermoso cuerpo o un hermoso espíritu— podemos encontrar la restauración de una beatitud original. Según el lenguaje de la teología, la ilusión suprema consiste en confundir Eros con Ágape, y en enredarse en la aporía interminable de la pasión amorosa[294]. En otras palabras, Eros es desdichado y está condenado a serlo, porque, nostálgico de Ágape, tiene como fin oscuro la reconstitución del imposible Andrógino.

El tema de la beatitud original del hombre, unida a la coalescencia inicial de dos principios —o entidades—, está diversamente subrayado en la tradición islámica. Así, por ejemplo, en la gnosis de Sohrawardî se encuentra el tema del ángel personal que es, de alguna manera, la parte complementaria celestial del fiel gnóstico. Antes de la separación del «yo terrenal» y el «yo celestial», el hombre gozaba de una naturaleza angélica perfecta. Sin embargo, esta separación no es ni completa ni definitiva, y las dos entidades constituyen una «biunidad», de la que el ángel es como la actual garantía o, si se quiere, la forma mixta que constituye su armazón ontológico. El vocablo «ángel» experimenta aquí una inevitable transposición lingüística; además, en este contexto, está singularmente sobredeterminado, como explica Henry Corbin: «El ángel arquetipo es el ángel de la biunidad, porque de su ala derecha y de su ala izquierda proceden respectivamente Noûs y Psique, Naturaleza Perfecta y alma terrenal; es el ángel de su sicigia, de su biunidad, como la Naturaleza Perfecta es el ángel del yo terrenal»[295]. La sobredeterminación simbólica no nos impide ver aquí una de las manifestaciones del mito androgínico con sus parámetros habituales: unidad dual, correlación de un término «masculino» con un término «femenino», separación y nostalgia. En otras glosas el tema del ángel confina con el de los gemelos; en otras, deviene la pareja «sofiánica» cuyo componente femenino está más ostensiblemente marcado: «El ángel Inteligencia fue saludado por algunos "fieles de amor" como Madonna Intelligenza (Sofía celeste), y la imagen así presentada por el ángel es la unidad reconstruida de la pareja sofiánica»[296].

El tema del amor beatífico desempeña un importante papel en esas especulaciones. Elemento notable: en ocasiones, la perspectiva de una reconciliación ontológica es concedida al fiel en esta vida a través de las técnicas de éxtasis espiritual y místico. Y, en algunos textos, esta reconciliación reviste verdaderamente el aspecto de una restauración andrógina. Así, el predicador Rûzbehân considera que el «fiel», a imagen misma de Dios, reúne en sí mismo, y por mediación de la «gracia» divina, los principios activo y pasivo del amor: «Cuando Dios, por amor e inclinación, hace de su fiel el deseante y el deseado, el amante y el amado, ese esclavo de amor asume hacia Dios el papel de testigo-de-contemplación *(shâdid)*»[297]. Sobre esta cuestión, un glosador anónimo de Rûzbehân utiliza un lenguaje aún más claro: «Cuando el místico alcanza la perfección en amor —afirma—, totaliza en sí mismo los dos modos de ser: el del amante *(âshiqî)* y el del amado *(mà shuqî)*. Entonces exclama: "Yo soy aquel que amo y el que amo es yo; somos dos espíritus contenidos en un solo cuerpo"»[298]. Además, los fieles sufíes han meditado mucho sobre la pareja formada por Majnûn y Layla, que H. Corbin compara con la formada por Tristán e Isolda en la literatura occidental. Ahora bien, se supone que Majnûn está de tal manera absorto en la conciencia de Layla que realiza con ella una especie de fusión espiritual: «Si se le pregunta sobre Layla, responde: "Yo soy Layla". Si ve un animal salvaje, una montaña, una flor, un ser humano, la misma palabra brota de sus labios para identificarlos: "Layla...". Esta situación llega hasta tal punto que Majnûn no desea ya la presencia física de Layla, por miedo a que esa presencia le distraiga de su amor por aquella que está en su interior, más real que la Layla real»[299]. Con el ejemplo de esta pareja paradigmática, no nos encontramos ya, como anteriormente, con un ser que acumula en él dos modos de ser, sino con un extraordinario intento fantasmático de abolición de la distancia, más ontológica que espacial, que separa a un hombre y una mujer. Vemos que este intento es mucho más espiritual que físico, o, en otras palabras, y para reintroducir el lenguaje helénico-cristiano, que se dirige más al *agape* que al *eros*, aunque, eventualmente, éste pueda participar de él. Lo que de todas formas está en juego en esas sorprendentes imágenes andróginas es el acceso a un estado de beatitud sobre el fondo del amor divino, constituyendo la relación del hombre con la mujer simplemente una ejemplar propedéutica para dicho acceso.

Cuando los datos del problema se hacen laicos, cuando sólo subsiste el elemento erótico del deseo, sigue sin embargo subsistiendo la fascinación de un andrógino apaciguado. Aparece claramente en la aventura surrealista[300], que, a pesar de su ateísmo declarado, ratifica a Eros en términos cuasi religiosos. En primer lugar, la mujer es promovida a una dignidad de ser en términos a menudo exaltados que hacen de ella una especie de mediación entre el mundo y el hombre. Esto aparecía ya claramente en la literatura romántica, pero la mujer romántica sigue estando asociada a una escatología teológico-religiosa. En los surrealistas, experimenta una sorprendente idealización: Xavière Gauthier ha mostrado cómo en Breton, Eluard y Aragon especialmente, el vocabulario amoroso sacraliza su objeto, reiterando el mito cortés de la mujer. Al hacerlo, el deseo que dirige el discurso erótico del poeta tiene vocación cósmica al mismo tiempo que apunta hacia la restauración andrógina. «La complementariedad de los dos amantes les permite engendrar el cosmos, como éste los engendra a ellos.»[301] Perspectiva ilusoria tal vez –o destinada a la muerte– pero que permite, pese a todo, inmensos ensueños de amalgama y coalescencia (lo que Xavière Gauthier llama el «delirio de fusión»).

No es entonces sorprendente que André Breton quede subyugado por los temas del «flechazo», del encuentro que trastorna y de la predestinación amorosa. Todos esos temas están a su manera, en germen, en la fábula de Aristófanes. Breton se deja ganar por el arquetipo que subyace en ellos; para él, todo «gran» encuentro amoroso es dislocación y reconstrucción del mundo, al mismo tiempo que reconocimiento de una fundamental pertenencia recíproca de los dos amantes. Por eso escribe (a la mujer amada): «Antes de conocerte, ¡vamos!, esas palabras no tienen ningún sentido. Sabes que al verte por primera vez te reconocí sin la menor vacilación»[302].

Este lenguaje está curiosamente relacionado con el de la reminiscencia andrógina. Y para André Breton, así como la mujer es etimológicamente el «símbolo» del hombre, también la pareja andrógina que forman constituye una plenitud que es nada menos que el espejo del mundo. Por tanto la mujer es también una clave cósmica, como dan a entender algunas fórmulas audaces del poeta: «La recreación, la recoloración perpetua del mundo en un solo ser, tal como se realizan por el amor, ilumina más que mil rayos la marcha de la tierra»[303].

Vemos que, a pesar de una cierta apología del libertinaje, el lenguaje de André Breton y sus amigos está muy marcado por el tema de la pareja única, predestinada en sí misma y extática. Por otra parte, esta exigencia de predestinación está quizá secretamente presente en toda gran instancia amorosa, sustituyéndose así el riesgo de contingencia por la idea de una necesidad atemporal. Allí donde el discurso místico trata de fundamentar en la transcendencia la legitimidad de tal instancia —«cortocircuitando» de este modo, por decirlo así, el deseo erótico propiamente dicho—, la poesía surrealista trata de fundamentar en sí misma su propia erótica, embriagándose de sus propias fascinaciones. No es pues sorprendente que revista en ocasiones acentos cuasi religiosos, como en estos versos de Aragon:

> *Una mujer es un retrato del que el universo es el fondo*
> *(...)*
> *De la mujer viene la luz, y la tarde y la mañana,*
> *todo se organiza en torno a ella*[304].

Esta formidable idealización de la mujer, esta resurgencia apenas disfrazada del mito del andrógino, se enfrenta a veces duramente a una realidad desencantadora. De benefactora como era, la mujer cae entonces de su pedestal y se ve de repente agredida, maltratada. El aplanamiento del mito al contacto con la prosa del mundo hace nacer el delirio de la decepción y transforma la «mitad» deseada en un ser diabólico y peligroso[305].

Sin embargo, el andrógino sigue siendo tal vez un fantasma de beatitud que «realiza» entonces, de manera excepcional, la «patología» mental. Como ese paciente del profesor Hirschfeld que afirmaba: «Vestirse de mujer es estar en el paraíso»[306]. O ese personaje engendrado por la fértil imaginación del Marqués de Sade y que se extasía con la voluptuosidad incomparable del cambio de sexo[307]. No hay duda de que fantasmas de matiz más o menos mórbido expresan aquí, sin embargo, tendencias profundas de la psique colectiva: el deseo de ser otro, el deseo de ser lo Otro.

b) Las escatologías androgínicas

Si las nociones de origen y androginia se conjugan para engendrar en el inconsciente colectivo la imagen de una euforia ejemplar —que, naturalmente, se habría perdido después de una catastrófica cesura—, hay que esperar el reencuentro con la proyección del fantasma andrógino en el futuro mítico de la humanidad. En el lenguaje del mito, en efecto, el tema de la Edad de Oro primordial tiene su complemento y su simétrico en el tema de la beatitud reencontrada al «final de los tiempos»; es notable, dicho sea de paso, que esta restauración tome con frecuencia aspecto de cataclismo.

Sin duda, como observa Mircea Eliade[308], ese segundo tema es menos fastuoso que el primero, especialmente en las sociedades primitivas. Esto se puede comprender en la medida en que en esas sociedades el esquema general de la temporalidad es fundamentalmente de tipo cíclico: esto quiere decir, en primer lugar, que la noción de futuro está ahí muy indeterminada; quiere decir también, con mayor motivo, que la idea de un tiempo final es todavía más aleatoria, aunque la investigación etnográfica nos enseña que no siempre está ausente. En cambio, en la perspectiva judeocristiana, donde, a todas luces, el tiempo lineal viene a sustituir al tiempo cíclico[309], se ve surgir muy claramente la idea de un final, palabra que implica al menos una triple connotación: lógica (este final es «querido» por Dios desde el pecado original y la historia humana lo lleva pues en germen según el plan divino), soteriológica (este final marca la redención *definitiva* de los justos) y temporal (el tiempo terrenal cesará y dejará paso al Tiempo eminente del Pleroma).

¿Promete esta idea de final un proceso de androginización o, en su defecto, una reabsorción de la diferencia de los sexos? En la tradición cristiana parece, aunque de manera bastante alusiva, que la adscripción a una determinación sexual está destinada a desaparecer al final de los tiempos. Así como la falta original instauró la vergüenza del cuerpo sexuado e introdujo una distancia dramática entre el hombre y la mujer —que anteriormente formaban «una sola carne»—, la redención final debe abolir la forma actual de la sexualidad, dado que la reproducción por procreación mutua no tendrá ya ninguna razón de ser. En varias ocasiones se dice en los Evangelios que después de la resurrección los justos no tendrán esposo ni esposa, y serán semejantes en esto a los ángeles de Dios, estando provistos como ellos de una envoltura sutil o de un cuerpo glorioso[310]. Así, el hombre futuro será a imagen del ángel, asexuado; y se pondrá fin, necesariamente, a las peregrinaciones de la concupiscencia carnal. Sin embargo, no se menciona explícitamente una restauración andrógina, a imagen del Hombre primordial.

Pero cuando especulaciones libremente teosóficas vienen a injertarse en la tradición judeocristiana, las escatologías andrógínicas surgen de nuevo abiertamente. Esto es cierto del gnosticismo, de la corriente surgida de Böhme, del pensamiento romántico alemán. Particularmente en este último se ve en repetidas ocasiones que la historia humana tiende hacia el androginato futuro, y esta promesa se integra en la obsesión más general de la reconstrucción de la Unidad primordial. Albert Béguin así lo subraya: «El postulado primero de todos esos pensadores es que sólo el Todo está absolutamente dotado de ser: la existencia separada es un mal, pero nos es posible, por diversas vías, reencontrar el camino de la unidad perdida»[311]. Y añade un poco más adelante: «Éste es el final propuesto a toda aventura individual, éste será el final de la historia humana»[312].

Así, en Franz von Baader, la restauración de nuestra naturaleza, originalmente andrógina, es una tarea tan esencial como ineluctable. Tendrá lugar al término de la epopeya humana. Pero desde esta vida se puede y se debe preparar y tal vez incluso acelerar su llegada. En este sentido, el amor compartido de hombre y mujer es una verdadera clave, una iniciación a la salvación. Aunque es preciso que el amor evite una doble tentación malsana: la de la pasión egoísta (por la que se ratifica y acentúa la diferencia hombre/mujer), y la de una sensualidad desenfrenada que se tomaría a sí misma por un fin; con esta condición, el abrazo físico es no sólo lícito[313], sino que su vocación es con toda evidencia «meta-física». «El amor es, en esta tierra, el medio de obtener la redención, pero ese amor debe tener por esencia al ser andrógino, a fin de recuperar la androginia primordial. El amor sólo es verdadero si el hombre y la mujer no son interiormente ni hombre ni mujer. El hombre, en tanto que alma, busca para su imagen masculina devenir imagen femenina. Y la mujer, en tanto que alma, busca para su imagen femenina devenir imagen masculina.»[314] Es por tanto necesaria toda una predisposición «psíquica» en la relación amorosa, pero si se realiza esa condición, se realiza también una verdadera etapa en el camino de la búsqueda androgínica; y esta etapa individual preludia la grandiosa restauración de la naturaleza humana. Por eso Baader, consciente de la importancia particular que reviste la mediación del amor humano, desarrolla toda una metafísica del beso. A este respecto emplea una argumentación completamente sorprendente, mezcla de especulación audaz y pseudopositivismo médico: «Por su constitución osteológica, el hombre está determinado a un amor que tiende hacia la restauración del Andrógino primitivo; en efecto, la osteología nos enseña que los brazos son las prolongaciones de las costillas; ahora bien, al hacer el gesto del amor, el hombre toma a la mujer en sus brazos: ningún animal puede hacer lo mismo; en este gesto propio del hombre existe el deseo de reintegrar a la mujer a su cuerpo, de volverla a poner en el lugar de la costilla extraída en el momento de su caída»[315]. Texto singularmente claro y en el que se ven como borradas, en el plano de lo fantasmal, las consecuencias trágicas de la perversión primordial; texto también cuyo basamento anatómico evoca la fábula de Aristófanes, que se proponía igualmente «curar» y «reconstruir» la antigua naturaleza del hombre.

Análogas preocupaciones están presentes en las teorías de Karl Ritter. Según este poeta-físico, conviene tomar en serio el contenido de los mitos que afirman la existencia de una unidad primordial del ser humano. Esos mitos tienen para él menos de símbolo que de documento. Así afirma: «Los documentos más antiguos coinciden en la idea de que antaño el hombre se encontraba en un estado de unión que ha desaparecido y al que aspiramos a volver»[316]. Si el hombre aspira a ese retorno es porque, evidentemente, no se encuentra cómodo en su condición presente. Entre los elementos que gravan esta situación, los conflictos de oposición, aunque sean solamente de orden fenoménico, desempeñan un papel determinante. Ahora bien, precisamente Ritter afirma que «de manera general y sin excepción, las mujeres son opuestas a los hombres»[317]. Esta oposición, que se manifiesta a la vez en el deseo y en el conflicto, es resultado de una cesura lejana. Es decir que, en el fondo, la oposición se resuelve en una homogeneidad de principio. Igual que los dos polos del imán son inseparables por más que estén en oposición, el hombre y la mujer forman los dos polos de una homogeneidad inicial. Por lo tanto, es preciso ver en el fenómeno de atracción una especie de *conversión* hacia lo mismo, pues «lo homogéneo no es atraído en tanto que es homogéneo, sino al contrario, es atraído en tanto que está deviniendo homogéneo, en tanto que es ahora como tal (y lo deviene de nuevo)»[318]. Por eso el tiempo de la Historia puede ser considerado como un inmenso movimiento de conversión hacia lo homogéneo. Al final del tiempo terminarán las oposiciones y especialmente aquella, fundamental para K. Ritter, de los dos sexos. Luego podemos pensar que «el hombre y la mujer se confundirán en un mismo resplandor, no serán más que una sola luz, y esa luz se hará a su vez un solo cuerpo sin sexo y por lo tanto inmortal»[319]. Volvemos a encontrar aquí, condensados en una misma fórmula, los temas de la «luz angélica» propia del cuerpo glorioso, de la correlación entre la abolición de la sexualidad y la abolición del tiempo. Pero es curioso observar cómo la euforia escatológica prometida por Ritter se abre camino a través de los laboratorios de los físicos.

Se desprende igualmente un perfume de escatología androgínica de ciertas páginas de la novela de Friedrich Schlegel que lleva por título *Lucinde*. El amante se dirige a su amada en términos que indican, por una parte, su pertenencia a una misma entidad original, por otra, la pertenencia de esta última a la Unidad cósmica fundamental. «Te adoro en principio como a una divinidad y por eso actúo así. Nosotros dos somos uno; el hombre no alcanza su unidad y no llega a ser plenamente él mismo hasta que, por la contemplación y la imaginación poética, se convierte igualmente en centro del Todo y espíritu del mundo.»[320] Verdaderamente símbolo —en el sentido etimológico— de su amante, la mujer es ese «eslabón» irreemplazable por el que es posible la participación en el Todo; por eso merece ser calificada de «divina»; como lo es, por otra parte, en el *Hiperión* de Hölderlin. Sin duda, en esta vida, los dos amantes están separados de hecho. Pero el lirismo de F. Schlegel nos permite imaginar que esta situación no es definitiva: «Nosotros dos, en un solo espíritu, veremos también un día que somos la florescencia de una misma planta o los pétalos de una misma flor, y, sonrientes, sabremos entonces que lo que ahora llamamos solamente esperanza era, hablando con propiedad, reminiscencia»[321]. Sin duda el tiempo futuro de esta frase es curiosamente indeterminado, y el contexto en el que se encuentra no autoriza a precisar su sentido de forma particular. Pero la connotación platónica del discurso es sorprendente, y la promesa de una reconstrucción andrógina está planteada en la imagen de la flor. Si, por lo demás, se trata de una simbiosis «en un solo espíritu», ésta es vivida ya ahora de forma premonitoria en el abrazo de los cuerpos. Y Schlegel no minimiza en absoluto la importancia de la dimensión erótica del problema. Mucho más, parece que el amor físico –a condición, por supuesto, de que esté atravesado por el juego «divino» de la pasión– sea como la ocasión de vivir por adelantado el tiempo del Andrógino futuro. Esto no está exento de una dimensión lúdica: los dos amantes tratan de imitarse uno a otro, de efectuar una especie de mimesis del elemento femenino por parte del elemento masculino y viceversa. Pero se trata de un juego infinitamente serio, en el que el cambio recíproco de las apariencias, el intercambio de papeles e incluso el abrazo invertido al que quizás hace alusión el texto, subyacen en la visión grandiosa de una humanidad restaurada en su plenitud. Por eso Schlegel escribe esta sorprendente frase: «Veo en ello una alegoría maravillosa cuyo significado está cargado de sentido: la masculinidad y la feminidad se completan y alcanzan la plena humanidad total. Muchas cosas permanecen ahí encerradas, y lo que así descansa no se levanta ciertamente tan rápido como yo cuando sucumbo debajo de ti»[322].

Si la dimensión escatológica de estos textos es tal vez menos clara que en Baader o en Ritter, sin embargo su poder de sugestión no es menos notable. ¿Era necesaria la fuerza imaginaria del pensamiento romántico para suscitarlos? Esos ensueños desplegados alrededor de una armonización total de los sexos, en una especie de futura humanidad andrógina que sería como una réplica del Hombre primordial devuelto a su esencia verdadera, ¿no serán el producto de una eclosión licenciosa de la «fantasía» y la «ironía» románticas?

No lo parece si se toman en consideración ciertas preocupaciones contemporáneas. La reabsorción de la diferencia de los sexos, su eventual superación en una especie de tercer término (?), aparecen como tesis que algunos están de acuerdo en hacer plausibles sosteniéndolas mediante consideraciones sociológicas, políticas, incluso biológicas. Pero detrás de esa curiosa mezcla de conflictos ideológicos y pretensiones positivistas ¿no vemos asomar unas aspiraciones muy arcaicas? Como señala Jean Brun: «Se pretende llegar así a la resolución de esas dos condiciones, en apariencia contradictorias y anatómicamente insuperables, que son la condición masculina y la femenina. El sueño del Andrógino primitivo se mantiene perpetuamente vivo»[323]. En tanto esas disposiciones se proponen ejercerse en el terreno institucional, en el nivel de eso que los sociólogos llaman el estatuto general de los dos sexos, sin duda merecen alguna credibilidad. Pero llegan a ser muy sorprendentes, si no francamente míticas, en la pluma de algunos profetas audaces que prevén una «superación radical de la sexualidad diferenciada»[324]. Así, Kostas Axelos no duda en decirnos que tal vez nos dirigimos hacia un estado de «transexualidad», quedando abierto sin embargo el problema de si vamos «hacia la instauración del hermafroditismo y la androginia, hacia un estado bisexuado, por lo tanto, o hacia un estado asexuado, es decir, una comunidad sin sexo, o bien hacia el reino de seres neutros, más o menos asexuados, o hacia un matriarcado generalizado en el que todos los seres tenderían a devenir ginecoides»[325]. El tono fantasmático de este texto es notable y no desmerece en nada respecto de las singulares especulaciones de Friedrich Schlegel. Aunque las problemáticas planteadas en uno y otro caso se perfilan en términos diferentes y con implicaciones ideológicas muy distintas, no por ello dejan ambas de encerrar el ensueño de un «hombre» futuro reconciliado consigo mismo, que abraza la feminidad y la masculinidad en una síntesis armónica que resuelve las tensiones, cura las diferencias y repara la mutilación operada por los dioses en la fábula de Aristófanes.

La idea de una superación radical de la determinación monosexual se encuentra también en un sorprendente vaticinio, debido a la colaboración de G. Deleuze con F. Guattari. Aquí, incluso la idea de una fusión andrógina es supuestamente transgredida en beneficio de una copiosa pluralidad y de una pletórica combinatoria. Veamos: «La mujer contiene tantos hombres como el hombre mujeres, capaces de entrar en relación unos con otros, en relaciones de producción de deseo que trastocan el orden estadístico. Hacer el amor no se reduce a hacer uno, ni siquiera dos, sino hacer cien mil. Esto son las máquinas deseantes o el sexo no humano: no uno ni siquiera dos sexos, sino n... sexos»[326]. Si se hace abstracción del lado provocador de este fragmento, cuyo contexto aspira a pulverizar el concepto psicoanalítico de ambivalencia, que se supone mantiene una lógica binaria esclerotizante, se vislumbra el fantasma de una especie de pansexualidad que liquida las separaciones habituales y relega incluso el esquema androgínico al museo de las ortodoxias. Pero la obsesión de las diferencias permanece latente; es precisamente la diferencia, no importa cuál, la que habría que superar, incluida aquella que separaría todavía al andrógino del resto del mundo. El texto de Deleuze y Guattari procede, pues, de una especie de pánico cósmico; se puede ver entonces en él algo así como un documento mitológico.

De manera bastante curiosa, la idea de que las fronteras de la sexualidad biológico-morfológica puedan ser «superadas» surge a veces como extrapolación de reflexiones y consideraciones científicas. Así, Jean Rostand escribe: «No es absurdo pensar que un día, bajo la influencia de un nuevo medicamento o bajo la de un nuevo residuo radiactivo, pueda aparecer una raza de mujeres capaces de procrear sin hombres. Es posible también que los progresos de la biología permitan un día practicar una ectogénesis o gestación sin útero»[327]. Sin duda ese programa parece responder a un futuro todavía hipotético, aunque algunas experiencias recientes podrían atestiguar su credibilidad. Pero lo que aquí es notable es la convergencia, constatada una vez más, entre un proyecto sostenido científicamente y un contenido mítico muy antiguo. Parece como si, en el fondo, el primero fuera mantenido y estimulado por el segundo. Así, las conquistas técnicas de la humanidad son tanto más espectaculares en la medida en que están contenidas en germen en los deseos más arquetípicos; es sin duda el caso del feto «ectogenético», manifestación moderna del homúnculo andrógino soñado por los alquimistas.

c) El angelismo estético

¡Bienaventurado andrógino, pues, al que el discurso mítico sitúa en el alba de la humanidad a la vez que lo proyecta, con múltiples variantes, al final de los tiempos!

Cuando entra en el campo de las representaciones y sobre todo de las imágenes, ese estado beatífico se ve investido de un valor estético que es entonces su designación o su vestimenta. Si el andrógino es el ser en el que se resuelven las tensiones dolorosas, si es la sede de las cualidades específicas que acabamos de analizar, entonces la apariencia que mejor le conviene —aunque sea de naturaleza iconográfica— es, indudablemente, la de la belleza. Es bello el ser que, elevado al conocimiento y la práctica del bien, está imbuido de una euforia transcendente: es como una ecuación general por la que se expresa el lenguaje del deseo. *El banquete* de Platón, en especial, parece jugar constantemente con la asimilación de tres términos: la Belleza, el Bien y la Verdad, a los que se añade, pero casi de manera implícita, un cuarto término que sería aproximadamente el equivalente del término «Felicidad». Porque «el Amor es amor a las cosas bellas», pero también «el Amor es el deseo de poseer siempre el Bien». Y además: «La verdadera vía del amor... no es otra que la ciencia de la Belleza absoluta, a fin de conocer lo bello tal como es en sí». Y aquel que llega a aproximarse a ese estado no está lejos de experimentar una especie de súmmum de gozo, pues «si la vida vale la pena alguna vez de ser vivida es en el momento en que el hombre contempla la Belleza en sí».

Ser excepcional y privilegiado, sustraído a las vicisitudes de la condición humana, el andrógino parece pues destinado también a la belleza. Pero esta relación es a veces reversible: y sucede que la representación de la belleza tiende a su vez hacia una especie de ideal andrógino. Así, la estatua griega del período helenístico parece tender progresivamente hacia un perfil andrógino, y la representación de las divinidades está presidida cada vez más por el modelo indeciso del efebo. Es como si la diferenciación sexual fuera un factor de desequilibrio estético, de disarmonía. Esta tendencia a una cierta uniformización del tipo escultórico en el período helenístico ha llamado la atención de los observadores: «Los escultores de esta época —escribe Salomon Reinach— tienden a realizar una especie de síntesis en la que vienen a fundirse la belleza del hombre y la de la mujer»[328]. A veces, ciertamente, la tentación de la paradoja es demasiado fuerte y la representación se vuelve abiertamente hermafrodita: siluetas claramente femeninas están provistas de órganos sexuales viriles. Pero sin llegar a esas extrañas criaturas, cuya función será también de transgresión, se manifiesta aquí la preferencia artística de esta época por un prototipo humano sexualmente indefinido. No se trata de un fenómeno accidental en la historia del arte occidental. En el Renacimiento, por ejemplo, las tendencias manieristas de la pintura multiplicarán de nuevo los perfiles andróginos[329]: esto es flagrante en el caso de Leonardo da Vinci, que añade a su interés por la belleza equívoca toda una metafísica de la sexualidad.

Por otra parte, el pensamiento cristiano, a su manera, proporcionará al arte temas que se prestan fácilmente a sueños de androginia. Así, Cristo escapará con frecuencia a una determinación que sería demasiado humana, en este caso demasiado masculina[330]. La exigencia de los artistas coincide así, por una búsqueda de gracia y equilibrio, con ciertas especulaciones frecuentes en gnósticos y alquimistas.

El tema del ángel será también un terreno privilegiado. Imagen fascinante de una cierta beatitud, objeto de una singular reiteración dogmática y de una clasificación propia para excitar la imaginación, el ángel reúne sobre sí ciertas tendencias fundamentales de la psique: anulación de toda sexualidad delimitada, armonización de los «principios» masculino y femenino, conciliación del poder y la gracia. No es dudoso que el artista, en vena angelológica, haya tenido en mente la doble imagen de un Espíritu autoritario, garante de la Ley divina —el ángel que lucha con Jacob en el célebre fresco de Delacroix—, y de una tendencia femenina, protectora y envolvente.

Más allá o al margen de la esfera religiosa propiamente dicha, parece también como si el ángel hubiera servido a veces de modelo a ciertas tendencias antropomórficas de la representación pictórica. Esto se produce cuando la pintura se deja ganar por una exigencia «simbólica». Por el contrario, cuando domina más bien una exigencia «realista», cuando, sean cuales sean las modalidades y los matices, es el aquí y ahora lo que es pretexto para pintar, entonces el artista tiende más bien a diferenciar mucho las representaciones de los dos sexos: así, en Rubens, Hals, Courbet, por ejemplo, en los que las carnes de las mujeres florecen en blancuras y redondeces mientras que los hombres llevan barba, tienen piel más oscura y rasgos más acusados.

En cambio, cuando se anuncia una exigencia «simbólica» el mundo fenoménico externo tiende a difuminarse ante las producciones «internas» de la psique. Los arquetipos ascienden a la superficie y alimentan la producción de los artistas. Un hermoso ejemplo de ello es el proporcionado por toda una corriente estética que aparece a finales del siglo XIX y que se encuentra en la pintura de Odilon Redon, Gustave Moreau, Ferdinand Knopf, etc. El perfil andrógino resurge ahí con claridad: es, por ejemplo, el del poeta muerto llevado por un centauro, debido a Gustave Moreau; es también, en el mismo autor, el de Adán y Eva, cuyas siluetas son significativamente intercambiables. En un caso como en otro, se advierte la misma silueta afilada, el mismo rostro lánguido, la misma cabellera «crística», el mismo pecho menudo. La idealización del cuerpo va a la par con una desaparición de sus diferencias sexuales.

Es más, hubo en esa época un literato para codificar y expresar con fuerza esas tendencias de la representación pictórica. Se trata del Sâr Péladan, que no solamente titula una de sus novelas *L'Androgyne*, sino que vuelve más tarde sobre el tema escribiendo un ensayo al que daría el mismo título. Es, como observa Carris Beaune, «un verdadero manifiesto de la androginia»[331]. El Sâr condena abiertamente las artes que no representan más que cuerpos masculinos o femeninos. Son artes de alguna manera mutiladoras, pues la verdadera belleza es, según el autor, de naturaleza necesariamente compuesta: «La belleza de un hombre es lo que tiene de femenino, la belleza de una mujer es lo que tiene de masculino, en una proporción informulable pero concebible»[332]. En consecuencia, tal axiomatización estética ve resurgir la fascinación de la adolescencia, período transitorio pero privilegiado, puesto que el ser humano vive en él, de hecho, una especie de desorden andrógino (el niño, como arquetipo, es andrógino, señala C. G. Jung; se sigue de ello que la adolescencia es, a la vez, la explicitación y la superación de esta ambigüedad original). Esto invita al Sâr un comentario lírico: «El andrógino comienza en el monaguillo, en el niño que recibe la primera comunión, y no pasa de la adolescencia: siete años, de los trece a los veinte... El andrógino es la flor de la humanidad, y, sea cual sea la nobleza de su fruto, para admirarla se escogerá siempre ese estado incomparable que pone fin al crecimiento sin alcanzar la fructificación»[333].

No es sorprendente que planee sobre tales textos un verdadero clima de «angelismo». «¿No es fácil comprender que el hombre sea la sombra del ángel? ¿No es ésa también la única concepción ante la que queda abolida la sexualidad? Las vírgenes son todavía mujeres, el ángel está fuera del sexo o constituye un tercer sexo, el de la espiritualidad y la eternidad.»[334] Así pues, el andrógino, aproximación humana hacia el ángel, está liberado del deseo, y esto se traduce por la quietud de su belleza específica. Para terminar, ésta suscita al final del libro un encantamiento apasionado.

La visión angélica del Sâr no es accidental. Además de estar relacionada con toda una tradición angelológica, ya había encontrado derecho de ciudadanía en el *Serafita* de Balzac. Esta obra se presenta a la vez como una novela centrada en el andrógino y como un ensayo sobre las teorías místicas de Swedenborg. El personaje central, Serafitus-Serafita, ejerce sobre los seres humanos con los que se topa un ascendiente poco habitual. Ahora bien, su transcendente belleza, que no es ajena a ello, es la expresión de un hermafroditismo purificado de toda trivialidad. Así lo ve Minna, la joven: «La imaginación de Minna era cómplice de esta alucinación constante bajo cuyo dominio todos caerían, y que atribuía a Serafitus la apariencia de las figuras soñadas en un sueño feliz. Ningún tipo conocido podría ofrecer una imagen de esta figura majestuosamente masculina para Minna, pero que, a los ojos de un hombre, habría eclipsado por su gracia femenina las más bellas cabezas debidas a Rafael»[335]. Vemos así que ese ser hermoso y ambiguo no es completamente humano. Y descubrimos, al hilo del libro, que su esencia es nada menos que angélica. Ahora bien, es necesario saber que «los ángeles están siempre en el punto más perfecto de la belleza»[336]. «Celebran el matrimonio con ceremonias maravillosas. En esta unión, que no produce hijos, el hombre ha aportado el entendimiento, la mujer ha aportado la voluntad: devienen un solo ser, una sola carne en este mundo; después, van a los cielos tras haberse revestido con la forma celestial... La pareja convertida en el mismo Espíritu encuentra en sí misma una causa incesante de placer.»[337] ¿Y quién se preguntará aún sobre el sexo de los ángeles después de haber leído esto?

El andrógino de Balzac, como vemos, desdibuja toda referencia a la sexualidad humana para terminar radicalmente con ella. Y este desvanecimiento se convierte, significativamente, en acceso a una beatitud de la que el placer carnal no era sino el reflejo, o, más bien, la pantalla.

d) Las ensoñaciones euforizantes

El andrógino no sólo se encuentra proyectado en la representación mística del ángel, no es solamente un contrapunto del encuentro amoroso, concebido por André Breton sobre un fondo de platonismo, sino que surge también en el fondo del ensueño solitario del individuo separado, impregna el movimiento de la ensoñación individual cuando ahonda en sí misma y descubre los esquemas fundamentales que la estructuran y dinamizan. Aparece así en la ejemplar «ensoñación sobre la ensoñación» que le consagra G. Bachelard.

Ahora bien, sabemos que Bachelard ve en la meditación sobre el ensueño la propedéutica de lo que podríamos llamar una «eufórica».

Bachelard trata de sustituir los desgarros y conflictos del inconsciente, puestos al día por el psicoanálisis, por las reconciliaciones que un psiquismo soñador es susceptible de realizar en sí mismo si se deja moldear por la dinámica propia de ciertas imágenes poéticas fundamentales. Esas imágenes tienen como destino una expansión del ser, de manera que en ellas se disuelven las separaciones y se armonizan las tensiones. El conflicto entre el principio del placer y el principio de realidad, entre el yo que sueña y el yo que piensa, se encuentra ahí anestesiado, si no abolido[338]. La ensoñación va en contra del «proyecto» inquieto de la conciencia analizada por los existencialistas. Así, «si se quiere dar a la ensoñación su carácter fundamental, si se la quiere tomar como un estado, un estado presente que no necesita amontonar proyectos, hay que reconocer que el ensueño libera a todo soñador, hombre o mujer, del mundo de las reivindicaciones. El ensueño va en sentido inverso a toda reivindicación. En un ensueño puro, que lleva al soñador a la tranquila soledad, todo ser humano, hombre o mujer, encuentra su reposo en el *anima* de la profundidad, descendiendo, siempre descendiendo, por "la pendiente de la ensoñación". Descenso sin caída»[339].

La referencia al vocabulario junguiano es significativa, y Bachelard la explica. La dicotomía *animus/anima* tiene para él el mérito de apartar toda connotación demasiado funcional o demasiado marcada sociológicamente por la oposición masculino/femenino. *Animus* y *anima* designan dos polos del psiquismo humano y no sólo dos funciones sexuales a las que desbordan ampliamente. Pero mientras que la investigación junguiana desvela y revela en el trabajo del análisis la constitución andrógina del psiquismo, cuya bipolaridad es primero de naturaleza inconsciente, la meditación bachelardiana es en sí misma el elemento revelador de su propio fundamento andrógino. El «yo es otro» de Arthur Rimbaud aparece con una coloración bisexual. «Cuanto más se desciende a las profundidades del ser parlante, más simplemente la alteridad esencial de todo ser parlante se significa como alteridad de lo masculino y lo femenino.»[340] El diálogo interior del hombre ante las cosas se dirige subrepticiamente a un interlocutor cuyo sexo es distinto al del locutor. Pero ese interlocutor no es el fugitivo extrínseco que amenaza siempre con la ruptura y el abandono al sujeto parlante y amante, sino el correlato interno de éste, la expresión en él mismo de una androginia onírica. «Nada de sorprendente hay entonces en que en la ensoñación solitaria nos conozcamos a la vez en masculino y en femenino.»[341]

Este sorprendente «descenso» a uno mismo es, según Bachelard, lo contrario de un descenso a los infiernos. Ninguna frustración viene a turbar la autorrevelación andrógina; ningún accidente perturba —en principio— la curvatura de una trayectoria soñadora cuyo principio dinámico de realización es la disolución de los obstáculos, la desaparición de los hiatos. Por eso su destino es el apaciguamiento del ser, y vemos hasta qué punto la meditación de Bachelard alcanza la consagración de una androginia liberada de la tiranía del conflicto y del deseo. Sin duda ese estado en alguna medida ataráxico está amenazado en su principio por el recuerdo de los hechos, a saber, la sorda agresividad que rige la relación de los sexos en una práctica separada del principio de ensoñación. También hay que ver en él como un hogar umbilical, un frágil centro de gravedad de la conciencia soñadora que la prosa del mundo amenaza siempre con perturbar para el soñador distraído. «Nosotros, que limitamos nuestras investigaciones al mundo de la ensoñación, podemos decir que, en el hombre como en la mujer, la androginia armónica preserva su papel, que es mantener la ensoñación en su acción apaciguante. Las reivindicaciones conscientes, y por consiguiente vigorosas, son agitaciones manifiestas para ese reposo psíquico. Son entonces manifestaciones de una rivalidad de lo masculino y lo femenino en el momento en que ambos se apartan de la condición andrógina primitiva. Desde que deja sus moradas —como es la de la ensoñación profunda—, la condición andrógina se torna desequilibrada. Se ve abandonada entonces a oscilaciones. Son estas oscilaciones las que observa el psicólogo, marcándolas con el signo de la anormalidad. Pero cuando la ensoñación se hace más profunda, esas oscilaciones se amortiguan, el psiquismo encuentra la paz de los géneros, aquella que conoce el soñador de palabras.»[342]

Ese microcosmo pacificado —¿nueva manifestación del mito del andrógino?— parece sin embargo abocado a una especie de dialéctica expansionista. La euforia conquistada en lo hondo de la psique tiene necesariamente vocación cósmica, y el microcosmo del soñador es la réplica isomorfa del macrocosmo, o viceversa. ¿Quién puede decir exactamente si el soñador proyecta su propia bipolaridad sobre el mundo[343] o, por el contrario, si toma del cosmos el esquema bisexual heredado de las antiguas cosmogonías y mitos del Huevo primordial? De todos modos, el ser susceptible de hacer la paz en sí mismo quiere extender ésta al resto del universo. Su propia serenidad conquistada deviene el lugar de una inmensa ósmosis en la que la interioridad y la exterioridad se interpenetran, dejan de oponerse una a otra, casan sus polaridades masculina y femenina. No es sorprendente que Bachelard haya tomado en consideración las meditaciones de los alquimistas: ¿no es el atanor el lugar donde el iniciado asume la esencia de lo real, encuentra el secreto de la naturaleza, reconcilia el espíritu y la materia? Es a una especie de transmutación alquímica, de conversión andrógina, a lo que nos invita el autor cuando dice: «Cuando, en nuestras lecturas, somos bastante libres como para vivir como hombre y mujer, sentimos que la vida entera se duplica, que todos los seres se duplican en su idealización, que el mundo incorpora todas las bellezas de nuestras quimeras»[344]. Y entendemos que esa «duplicación» no es separación, sino, muy al contrario, reconocimiento de una «bisexualidad» fundamental armonizada en sí misma, explicitación de una simbiosis resueltamente distendida.

Por lo demás, un texto así puede dejarnos perplejos. Podemos preguntar si el autor evoca la «realidad» de una ensoñación vivida en la aceptación completa de su camino imaginario, o si se deja llevar al escribir por una instancia arquetípica que se abre en el discurso según un modo jubiloso puramente intrínseco. Se diría que hay una dimensión mítica en esta apertura onírica. Tal vez no sea cierto que nos soñemos a nosotros mismos como andróginos; pero es sin duda cierto que nos gustaría poder hacerlo.

En todo caso, no es solamente en la expansión cósmica del soñador donde Bachelard descubre la atracción del andrógino, sino también –y quizá sobre todo– en el lenguaje mismo. Por otra parte, ¿son separables Cosmos y Logos?

Por la realidad de los géneros gramaticales, la lengua está impregnada de una androginia fundamental que, sin embargo, el uso, y también a menudo los filólogos, no toman muy en serio[345]. Olvidamos, por rutina y por exceso de «sensatez», el sexo de las palabras, el modelo antropomórfico que habita el lenguaje. Ya Schelling veía presente la obsesión arcaica de la dualidad de los sexos en el proceso de denominación: «¿No es toda denominación una personificación? Y dado que todas las lenguas designan mediante diferencias de género los objetos que implican una oposición, dado que nosotros decimos, por ejemplo, *el* cielo y *la* tierra..., ¿no estamos singularmente cerca de expresar así nociones espirituales a través de divinidades masculinas y femeninas?»[346].

La perspectiva bachelardiana no se detiene en el reconocimiento de una dualidad de géneros inherente a la lengua. Más sutilmente, se interesa por los efectos de sorpresa y fascinación que están ligados a esta confrontación o interferencia de los géneros masculino y femenino. Así, ciertos pares o parejas de palabras parecen emerger de un denominador común bipolar, análogo al Rebis de los alquimistas. Para Bachelard, el prototipo es sin duda el par constituido por el sueño/la ensoñación *[le rêve/la rêverie]*, pues «el sueño es masculino, la ensoñación es femenina»[347], pero el subsuelo onírico de esta dicotomía no impide que cada término esté cuidadosamente diferenciado del otro y, en resumidas cuentas, en «rivalidad» con él. A la áspera masculinidad del sueño, que expresa los conflictos y maneja los símbolos endurecidos por el uso psicoanalítico, opone el autor la fluidez acuática de la ensoñación, que tiende naturalmente hacia el reposo y el silencio.

Por otra parte, la rivalidad de lo masculino y lo femenino se esfuma cuando es asumida por la ensoñación de las palabras y cuando se resuelve en la dulce anfimixis de la imagen poética. El placer que de ahí resulta no está exento de algunos hiatos que son a su manera constitutivos de la euforia del lenguaje. No basta que un nombre sea del género femenino para que sea verdaderamente femenino. Los léxicos contienen pequeños monstruos; por ejemplo, la lengua germánica feminiza el sol *—die Sonne!—*. Pero, a la inversa, una lengua extranjera nos restituye a veces el sentido de una palabra que habíamos perdido. Así, «palmera» es femenino en alemán[348], lo que según Bachelard le devuelve su verdadera naturaleza de «sirena de las arenas». Vemos qué de juegos de intercambio y fenómenos de travestismo se perfilan aquí hasta el infinito. Así aparecen complementariedades y contrariedades, y el andrógino se presenta a veces como síntesis luminosa, y a veces, como veremos, como aberración hermafrodita. Y Bachelard puede escribir: «¡Qué turbación entonces cuando, al pasar de una lengua a otra, se tiene la experiencia de una feminidad perdida o de una feminidad disfrazada por sonidos masculinos! C. G. Jung llama la atención sobre el hecho de que "en latín los nombres de árboles tienen una terminación masculina y son, sin embargo, femeninos". Ese desacuerdo de sonidos y géneros explica de alguna manera las numerosas imágenes andróginas asociadas a la substancia de los árboles. La substancia contradice en este caso al substantivo. Hermafroditismo y anfibología se entretejen. Acaban por sostenerse uno al otro en las ensoñaciones de un soñador de palabras. Se empieza por equivocarse al hablar y se acaba gozando de la unión de los contrarios»[349].

Poco importa que esta unión se tiña a veces de curiosas ambivalencias, incluso de sutiles perversiones. Así, el fuego fatuo, que puede ser a la vez maléfico y seductor, goza de un prestigio andrógino. Es, según el caso, *flamboire* o *flambette*[350]. Se puede entonces apreciar el juego de espejos que actúa en el dicho:

> *¡Cuidado con* les flamboires, *chiquilla!*
> *¡Cuidado con* les flambettes, *necio!*

Es el mismo placer de la ambivalencia sutilmente sexualizada lo que hace decir a Paul Eluard:

> *Y la medianoche madura los frutos*
> *Y el mediodía madura las lunas*[351].

Bachelard supone, siguiendo a Schelling, que las lenguas arcaicas estaban más fuertemente sexualizadas, tanto en su forma gramatical como en su impacto sobre el espíritu humano. La «desexualización» relativa del lenguaje le parece entonces un fenómeno de empobrecimiento. Como en el relato de Aristófanes, las palabras han perdido sus «mitades» extraviadas en un rompecabezas babélico. El género «neutro» que existe en ciertas lenguas sería el signo de una «desapasionalización» del lenguaje[352]. En cuanto a la poesía, sería precisamente una tensión de las palabras hacia su androginia perdida, a imagen de un mundo golpeado por la separación y que sufre de una intensa nostalgia intrínseca.

La sobredeterminación de componentes cualitativamente positivos hace del andrógino una referencia excepcional y privilegiada. Se revela, fantasmáticamente, como el ser *liberado*. En el repertorio mitológico esto va acompañado de ciertos excesos, y las representaciones andróginas pueden encubrir una propensión a la violencia y la crueldad. Pero el significado dominante es sin duda el de un poder apaciguado, sustraído a las vicisitudes de las pasiones e incluso del devenir. Ese poder, parece, es devuelto a su disponibilidad gnoseológica y demiúrgica. Sin duda no es por azar por lo que la novelista Virgina Woolf estima que todos los grandes creadores han sido espíritus andróginos. Pues «en cada uno de nosotros dominan dos fuerzas, una masculina, otra femenina... El estado normal y satisfactorio es aquel en el que los dos sexos viven en armonía y cooperan en el orden espiritual... Es cuando tiene lugar esta fusión cuando la inteligencia es fertilizada por completo y puede hacer uso de todas sus facultades»[353]. A esta visión casi tranquilizadora de la creatividad, tendremos ocasión de oponer el desgarro del ser parlante; pero es interesante observar que una meditación sobre la creación literaria coincide aquí espontáneamente con la idea mítica de la plenitud bisexual, que se autorreproduce y expresa así la naturaleza pletórica de su constitución.

Cuarta parte
La androginia como transgresión

A lo largo del discurso mítico analizado en las páginas precedentes hemos podido comprobar cómo la imagen del Andrógino presenta de manera evidente valores positivos. El sistema reiterado de representaciones que gravita a su alrededor es de naturaleza promocional: un deseo se inscribe en él, su promesa fantasmática de realización está colocada bajo el signo de la satisfacción simbólica. Esto es particularmente claro en el marco de lo que hemos denominado las «escatologías androgínicas»: la historia del mundo, o, más bien, la del ser humano, parece tender ahí hacia la restauración de un estado primordial beatífico que sería como la clausura y la superación de un ciclo en cuyo interior la prueba del tiempo se confundía con la del deseo.

Pero en el momento en que el andrógino abandona el campo mítico y se manifiesta, de facto, en el seno de la naturaleza, parece producirse una formidable inversión de valores. Lo que era el soporte de atributos prodigiosos se rebaja súbitamente de manera radical y se convierte en objeto de escándalo, incluso de oprobio. Se desarrolla así toda una serie de anatemas (cap. 1), cuyas formas y cuyo alcance vamos a analizar. Sin embargo, por un curioso giro, el hermafrodita natural va a suscitar a su vez toda una fantasmagoría teñida de teratología, que se manifestará en modos de expresión que van desde el arte a la leyenda; en resumen, reaparecen embriones del discurso mítico cuya significación es, por decirlo así, diametralmente opuesta a la estudiada hasta el momento (cap. 2). Además, lo que la naturaleza produce como aberración será asumido y mimetizado por la cultura: surgirán entonces ritos en los que la obsesión por la transgresión bordea sin duda la fascinación, ya estudiada, del equilibrio andrógino (cap. 3). Que una transgresión de la necesidad está activa en ciertas representaciones andróginas es algo que se nos mostrará todavía con mayor claridad cuando pongamos de relieve los lazos que unen estas representaciones con otros fenómenos marcados con el signo de la aberración: gemelos, incesto (cap. 4). Por último, nos preguntaremos si la fascinación por la androginia no desemboca a su manera en lo que constituye la mayor transgresión del orden vital, a saber, la muerte.

1. El andrógino repudiado: el anatema legal

La toma de conciencia de que el objeto de un discurso mítico surge a veces, aunque sea de forma aberrante, en el campo de la realidad empírica, no es un tema menor de asombro. La historia, o más bien la prehistoria de la tierra, ha conocido sus diluvios y sus apocalipsis que no pertenecen ya enteramente al orden del discurso. Sin embargo, es importante subrayar que el objeto «mítico» y el objeto «natural» no pertenecen en absoluto al mismo plano. Uno incumbe al «lenguaje» del inconsciente y, como tal, es efigie del deseo; el otro surge en la opacidad brutal de una empiria que el discurso razonable se esfuerza en suavizar. Que haya analogía —no sin distorsión— entre uno y otro es más bien una coincidencia. Por regla general, el acontecimiento real no nos instruye sobre el discurso mítico y, a la inversa, éste no tiene valor informativo en cuanto a la esencia de la realidad. Sir James Frazer lo observaba ya, haciendo notar que el mito es sin embargo expresión de contenidos mentales: «...Aunque los mitos no explican nunca los hechos que tratan de elucidar, proyectan incidentalmente luz sobre la condición mental de los hombres que los inventaron o que creyeron en ellos»[354]. Más recientemente, Claude Lévi-Strauss, cuya orientación metodológica es sin embargo muy diferente, emplea un lenguaje semejante: «Hay que resignarse: los mitos no dicen nada que nos informe sobre el orden del mundo, la naturaleza de lo real, el origen del hombre o su destino... En cambio, los mitos nos enseñan mucho sobre las sociedades de los que proceden»[355].

Tampoco pensamos que el mito del Andrógino se haya elaborado fundamentalmente a partir de la observación de algunos objetos del mundo. Sin embargo, se constata que esos objetos existen y que, por consiguiente, la androginia se manifiesta de alguna forma en el campo natural. Los naturalistas los localizaron en la zoología, y el ejemplo del caracol es conocido desde la escuela primaria. En realidad, ése es, típicamente, un conocimiento falso, oscurecido a priori por una seducción de orden psicológico. Un fenómeno análogo se produce ante las primeras experiencias de química que ponen en juego, como bien subraya Bachelard[356], el gusto por el espectáculo y lo sensacional más que un interés propiamente «químico». De esta manera, la fascinación del escolar por el hermafroditismo del caracol es, epistemológicamente hablando, profundamente impura. Induce una idea que no es ni clara ni distinta, pero que está tanto mejor incrustada en la «cultura» común cuanto que pone en juego un elemento de violenta paradoja. El universo zoológico nos reserva a veces otras sorpresas, enseñándonos que existen casos de hermafroditismo lábil o, si se prefiere, de transexualidad animal[357].

En el orden humano, los hechos de hermafroditismo han sido señalados desde hace mucho tiempo. Lucien Lévy-Bruhl ha llamado la atención sobre las tendencias a la exclusión que afectan al surgimiento de fenómenos excepcionales, o supuestamente tales, en las sociedades «primitivas» y establece una lista de ellos tan ecléctica como impresionante[358]. Así, lo que primero sorprende a los antiguos es el carácter anormal, y por tanto maléfico, de los hermafroditismos aparentes. Éstos se manifiestan a veces, bien bajo la forma de una ambigüedad sexual anatómica, en la que sólo uno de los dos sexos está por otra parte perfectamente desarrollado, bien bajo la de una anormalidad que afecta solamente a los órganos externos, apareciendo entonces el verdadero sexo en el momento de la pubertad (en tal caso la ambigüedad no se revela más que en ese momento, y éste es el hermafroditismo aparente o hipospadias). En uno y otro caso, los sujetos afectados de malformaciones son gravemente sospechosos: atestiguan la irritación de los dioses contra la ciudad. Marie Delcourt[359] refiere que la supresión de los sujetos hermafroditas era la regla: se dejaba morir al recién nacido, expuesto en algún lugar sacrificial; en cuanto al adulto, era víctima a veces de muerte violenta. Si se da crédito a un relato de Diodoro de Sicilia, hacia el año 90 a. C., una mujer de los alrededores de Roma se convirtió en hombre; el marido, confuso, expuso el asunto al Senado y, después de prácticas adivinatorias, se decidió que la mujer híbrida sería quemada viva. De forma general, convenía evitar el contacto directo con el cadáver; de ahí la elección de medios supresivos: abandono, deportación a una isla desierta, consunción por el fuego.

Los testimonios de Plinio son notables. Sobre la existencia de un pueblo andrógino cerca de Escitia, Plinio parece algo escéptico. Por el contrario, afirma que en ocasiones nacen seres que tienen los dos sexos, y ofrece esta interesante precisión terminológica: «Nosotros los llamamos hermafroditas; en otro tiempo se les llamaba andróginos»[360]. Añade que no se trata de una fábula. Varios casos de androginia manifiesta, dice, han sido observados después de los terrores causados por la ocupación cartaginesa. El desorden engendra el desorden, y los excesos conducen a aberraciones que no pueden suscitar más que repulsión. Así, «todas esas cosas parecían ser el resultado de una naturaleza que había confundido y mezclado los gérmenes. Sobre todo, se tenía horror de los hermafroditas y fueron conducidos al mar»[361].

No puede menos que sorprendernos el contraste que se manifiesta entre la exaltación de las «virtudes» andróginas, tal como se expone en todo un contexto mítico-religioso, y el rechazo radical de los hermafroditas que surgen efectivamente del seno de la naturaleza. ¿Cómo interpretar esa cesura?

En primer lugar, parece que el contenido del mito, necesariamente investido de una sacralización esencial, no sufre al ser asumido por una realidad profana. El proceso, a priori impensable, que hace aparecer al hermafrodita *in re*, es una degradación sacrílega. En efecto, la androginia es privilegio de los dioses, de los héroes, de los antepasados; en el mejor de los casos será, como entre los románticos alemanes, patrimonio del hombre futuro. Que ese privilegio sea impartido de buenas a primeras a un ser humano cualquiera, aquí y ahora, responde a una usurpación profana. Sin duda el pensamiento antiguo aceptaba simbólicamente la intrusión andrógina en la ciudad a condición de que fuera modelada y canalizada por una ceremonia religiosa equivalente a una institución lícita: de ahí, por ejemplo, la existencia de travestismos rituales. Pero cuando esta intrusión se produce fuera de un marco susceptible de legitimarla y de darle un sentido, es recibida como una verdadera transgresión que provoca como reacción la sanción, inductora de un regreso al orden.

Sin duda a esta transgresión sociorreligiosa viene a superponerse, en el inconsciente colectivo que la recibe, una transgresión del orden natural. Ciertamente, esos dos tipos de transgresión se distinguirán difícilmente uno de otro en tanto la «naturaleza» no haya adquirido estatuto autónomo y no constituya el objeto de un saber específico. Sin embargo, el nacimiento de un hermafrodita es un fenómeno visible y, como tal, perturba el orden visible, la «naturaleza». Lo que quiere decir, en otras palabras, que pertenece al campo muy rico de la teratología y polariza sobre sí las reacciones que normalmente se manifiestan ante la figura del «monstruo». Evidentemente, el hermafrodita anatómicamente constituido como tal está considerado una excepción aberrante, lo que implica ya lo monstruoso; y a ello se añade una especie de aberración secundaria que radica en la provocadora yuxtaposición de dos órganos sexuales heterogéneos: monstruosidad, pues, redundante de alguna manera y que se designa como particularmente *contra natura*. Ahora bien, sabemos que de forma general más fascina el monstruo cuanto más horror causa[362]. Su exclusión, según las normas de la ciudad antigua, es tanto más inevitable cuanto que su presencia es no solamente poco tolerable como espectáculo, sino sobre todo consecuencia de la cólera divina provocada por alguna falta cometida en la ciudad. Si observamos además que las teratologías de tipo sexual suscitan una redhibición particularmente marcada –pues «interesan» al inconsciente en el más alto grado– se comprende que los anatemas contra los hermafroditas hayan sido, si damos crédito a los relatos de Plinio, particularmente rigurosos.

De todas formas, es grande la distancia que separa la androginia mítica del hermafroditismo anatómico-fisiológico. En el primer caso, la bisexualidad está lejos de ser considerada literalmente; es más bien el símbolo de un Poder no desdoblado, no separado de sí mismo; o también, la coalescencia de los contrarios armonizados, conciliados, en el seno de una entidad que los engloba transcendiéndolos. En el segundo caso, la bisexualidad está brutalmente inscrita en una materia que no parece hecha para recibirla: se sabe que en el hombre no existe un hermafroditismo verdadero y que, por consiguiente, la yuxtaposición en un individuo de los dos sexos, masculino y femenino, se hace siempre a expensas de uno de ellos, si no de los dos. De manera que el hermafrodita surge como un error, una síntesis trucada y truncada. En tales condiciones, el hermafrodita reconocible biológicamente aparece como desilusión del mito del andrógino. Que el primero sea objeto de odio y de rechazo se comprende a fortiori en esta perspectiva de un mito frustrado. El inconsciente que actúa en el trabajo mitológico soporta mal ser «engañado» por una realidad que lo desaprueba. Más que reajustar sus representaciones –lo que sería la emergencia de la condición científica– borra fantasmáticamente el objeto perturbador.

Es interesante señalar que el hecho de que el discurso médico se haga cargo del hermafrodita atenúa el rechazo contra él, pero no por ello lo anula. El problema se encuentra desplazado más que substancialmente modificado. Es lo que se traduce en la lectura de los sugerentes documentos seleccionados por Carris Beaune[363] referentes al planteamiento del hermafrodita visto por el médico a finales de la Edad Media. Esos documentos atestiguan que el hermafrodita visto por el médico es menos objeto de horror que de curiosidad. Las viejas pulsiones de exclusión se encuentran de alguna manera suavizadas por el prejuicio «comprensivo» del científico. Sin embargo, esta curiosidad sigue gravada por toda una serie de prejuicios despectivos.

Cuando se trate de explicar la formación del hermafrodita, se echará mano preferentemente del sexo femenino, y puesto que sobre él pesa una sospecha latente, la concepción del hermafrodita estará marcada, de entrada, por una connotación desfavorable en la que se mezcla una «fisiología» precientífica con una misoginia profundamente arraigada en el pensamiento medieval. Así, para Bartolomeo el Inglés, cirujano del siglo XIII, es la conformación del útero lo que hace posible el nacimiento de seres ambivalentes: «El libro de anatomía dice que hay tres pequeños recintos en el *anmaris* (útero) para los niños y tres para las niñas, y uno en medio en el que lo que se concibe tiene naturaleza de niño y niña y es lo que los filósofos llaman "hermafrodita"»[364]. Esta caprichosa descripción anatómica se propone sin duda compensar el desconocimiento radical del aparato sexual femenino, casi todo él «interior», y objeto de curiosidad por antonomasia; pero, al mismo tiempo, apela a la extraña configuración, marcada por el carácter impar del número siete, de ese órgano generador que permite así la gestación de seres sexualmente ambiguos.

Tres siglos más tarde Ambroise Paré se interesará por la cuestión en términos que parecen rechazar de entrada una concepción tan discriminatoria. Y, en efecto, recurre también al papel del sexo masculino en la procreación de los hermafroditas: el argumento invocado es el de la proporción de las semillas, que, llegado el caso, está lo suficientemente cerca de la neutralidad para engendrar lo sexualmente mixto. Sin embargo, en el capítulo 7 de su libro *Monstruos y prodigios*, cuando Paré compila relatos relacionados con los fenómenos de cambio de sexo, privilegia claramente el paso de la feminidad a la masculinidad porque este paso, a pesar de su carácter aberrante, no deja de consagrar una especie de proceso promocional. Más aún, parece no conceder crédito más que a ese tipo unívoco de transexualidad. El argumento que ofrece es perentorio:

«Ahora bien, como tal metamorfosis tiene lugar en la naturaleza por las razones y ejemplos alegados, jamás encontraremos una historia verdadera de que hombre alguno se haya convertido en mujer, porque la naturaleza tiende siempre a lo que es más perfecto, y no, por el contrario, a hacer que lo perfecto se haga imperfecto»[365]. De esta manera, el fenómeno de transexualidad –que constituye la versión diacrónica del andrógino– sólo es tolerado cuando expresa una finalidad concebida ideológicamente como positiva. En el caso contrario –paso de hombre a mujer– la «mirada» del médico prefiere negar que esto sea posible. Aquí, la aparición de una bisexualidad de facto no suscita ya una exclusión tan radical como en los relatos de Plinio; esta exclusión es solamente selectiva y se hace según un esquema de misoginia implícita. Se diría que Paré está a la vez irritado y seducido por los fenómenos de los que nos habla: de ahí la necesidad de dar la razón a uno u otro de esos sentimientos y trazar así una línea de demarcación que haga posible tal ambigüedad; el antifeminismo virulento que impera desde Aristóteles a Tomás de Aquino pasando por San Agustín pudo servirle de respaldo.

Por otra parte, esa ambigüedad se manifiesta de otra manera en Paré. Cuando se ocupa de las cuestiones taxonómicas distingue tres tipos de hermafroditas: los verdaderos (macho o hembra), con uno de los órganos bien desarrollado y apto para la generación, los falsos y, por último, los hermafroditas «machos y hembras», «aquellos que tienen los dos sexos bien formados y se pueden ayudar y servir de ellos para la generación»[366]. Ahora bien, aquí Paré se deja llevar por el poder de sugestión de un fantasma, dando crédito al sueño de una auténtica bisexualidad contra toda constatación positiva; el tercer género citado por Paré no tiene existencia *in re*.

Pero, de este modo, asigna paradójicamente a ese ser imaginario una legislación draconiana. No podría ser que el hermafrodita que transgrede las leyes naturales gozara abusivamente de una prerrogativa que escapa radicalmente al ser «normal». Por eso deberá optar por una identidad monosexual y atenerse a ella bajo pena de castigos ejemplares. Paré recuerda que en ese dominio la legislación no ha bromeado jamás: «Y a éstos (que tienen los dos sexos bien formados) las leyes antiguas y modernas hicieron y siguen haciendo elegir cuál de los sexos quieren emplear, con prohibición, so pena de perder la vida, de no servirse más que de aquel que han elegido, por los inconvenientes que de ello podrían derivarse»[367].

Veamos cuáles son: «Pues algunos han abusado de ello de tal suerte que, por un uso mutuo y recíproco, se entregan al libertinaje con uno y otro sexo, ora de hombre, ora de mujer, pues tienen naturaleza de hombre y de mujer proporcionada a tal acto, e incluso, como describe Aristóteles, su teta derecha es como la de un hombre y la izquierda como la de una mujer»[368]. Se adivina que un fantasma de gozo redundante atraviesa el texto del cirujano, pero que ese fantasma suscita también su propio rechazo, articulando la necesidad de una ley represiva sobre el «orden natural». No se puede aceptar que cualquiera juegue impunemente a Tiresias. El hombre, una vez más, no es digno de sus héroes.

Curiosamente, las reticencias de Ambroise Paré sobreviven en el siglo XIX en el pensamiento médico de la era positivista. Al leer los testimonios, vemos a los terapeutas animados por una curiosidad febril a la que contradice sin embargo una secreta repulsión. Así, los sujetos afectados de hermafroditismos diversos son despreciados: se dice que sufren de «infantilismo» y de «feminismo»[369]. El «infantil» está aquejado de un cuadro clínico poco brillante: se localizan en él los síntomas que aparecen con frecuencia entre los «idiotas, cretinos, gentes con bocio, imbéciles y retrasados»[370]. En cuanto a las determinaciones etiológicas de esos casos aberrantes, hay que buscarlas, llegado el momento de hacerlo, ¡en los excesos lúbricos cometidos por los padres o por los propios jóvenes![371] De esta manera, la perfidia del marco clínico es realzada con una advertencia de orden moral. El hermafroditismo, fenómeno de degeneración, es interpretado como consecuencia de una *hybris* de los sentidos. También ahí nos encontramos lejos del andrógino angélico que aparece en la pintura simbolista de la misma época. Incluso se podría decir que el «objeto» bisexual sirve de elemento contrastante para resaltar su símbolo.

Por lo demás, los médicos que observan a los hermafroditas y toman nota de sus observaciones dan la impresión de estar invadidos por una mala conciencia. En esa época, la referencia a los hermafroditas esculpidos por los artistas antiguos les servirá frecuentemente de respaldo. Así, el profesor Meige escribe: «Para los hermafroditas, como para otras divinidades antropomórficas, la naturaleza ha proporcionado el modelo, el artista lo ha idealizado... Sin erigir en regla general esta idea sobre el origen de las representaciones bisexuadas del arte antiguo, se puede suponer que numerosos hermafroditas, Baco, Apolo, Eros, Ganimedes, de sexo indeciso o doble, quizá fueron inspirados por el encuentro fortuito de una anomalía de desarrollo hoy bien conocida, la feminización»[372]. Meige se desliza subrepticiamente de la teratología a la historia del arte, lo que es menos malsano para el lector receloso. Pero, al mismo tiempo, el mito andrógino y su carácter paradigmático permanecen ocultos, pues en lugar de ver en la estatua antigua la realización de un viejo sueño mítico, se ve solamente en ella la imitación de una curiosidad natural aberrante. La búsqueda de la belleza plástica por el escultor habría debido conducir al profesor Meige a una mayor clarividencia.

Básicamente, el hermafrodita, representado o encarnado, es objeto de oprobio[373]. Tal vez detrás de esta exclusión se oculta una visión maniquea del mundo, que es la del sentido común y la mentalidad arcaica. Se separa el Bien y el Mal para que tanto en uno como en otro las responsabilidades estén claramente definidas. Igualmente, conviene que lo masculino y lo femenino permanezcan separados en la realidad, para que funcione el orden del mundo, aun cuando en el inconsciente esta separación equivalga a una herida irremediable. El hermafrodita presenta alguna analogía con el héroe trágico. Este último está enredado en los meandros de una responsabilidad que es forzosamente equívoca, puesto que surge sobre un fondo de necesidad en el que los sombríos designios de los dioses están fuera del alcance del pensar humano. Contrariamente al «malvado» del drama burgués, es a la vez culpable y no culpable. El hermafrodita se despliega desde el paradigma a la aberración: es a la vez ejemplar e inaceptable. Simbólicamente, nos remite al ser-completo anterior a culpables cesuras; pero, encarnado, designa al mismo tiempo la *hybris* del retorno imposible a la armonía original. La lógica corriente, prendada de la simplicidad binaria, le repudia.

2. Las fantasmagorías de lo monstruoso

Objeto a la vez de curiosidad y de oprobio, el hermafrodita *in re* es un objeto eminentemente fascinante. Hay que esperar, pues, que se constituya a su alrededor toda una gama de representaciones que traducirán menos la rareza del objeto que la prodigalidad imaginaria del sujeto, poco importa que dicho sujeto se disuelva aquí en el inconsciente colectivo. Así, el andrógino podría encontrarse reinvestido en tanto que monstruosidad en una serie de discursos e imágenes míticos, centrados esta vez en un elemento teratológico.

Sería sin duda abusivo pretender que ese discurso deriva estrictamente de la sola realidad empírica. Si admitimos con las tesis psicoanalíticas que el inconsciente funciona según un proceso fundamentalmente ambivalente, tenemos derecho a suponer que el mito de la androginia paradigmática es susceptible de engendrar en sí mismo el mito contrario de la androginia aberrante. El deseo que actúa en el inconsciente modela imágenes ejemplares que no sólo centellean tanto más cuanto que se oponen a las imágenes que son a la vez semejantes y contrastantes, sino que quizá suscitan también esas mismas representaciones «antinómicas» por el doble juego de la decepción y la inaccesibilidad «aquí y ahora». Y es que el «objeto» elegido por el deseo siempre se sustrae, engendrando una frustración inextinguible que deviene a su vez generadora de un «objeto» aborrecible. Podría decirse que este último sirve de garantía y objetivo a una agresividad urdida en la ausencia, trágicamente experimentada, de la perfección en vano deseada. Es así como Dios necesita del diablo[374], como el héroe combate al monstruo, que es su fin y su justificación, como la virgen inocente se muda en temible bruja[375]. Es así tal vez como la androginia ejemplar de los estados edénicos originales se amplía con toda una bisexualidad discordante, desenfrenada y grotesca.

Ahora bien, si es cierto que el mito de la androginia paradigmática ha sido formulado de forma decisiva, especialmente por Platón, pero también por Jacob Böhme o Franz von Baader, no se puede decir otro tanto del mito de la androginia mórbida. Ésta parece haber quedado en estado de esbozo; se encuentran aquí o allá fragmentos suficientemente numerosos para ser tomados en consideración pero poco acreedores de una lectura sistemática. Esto se puede comprender si se admite que el mito eminente es el de una androginia feliz[376], que expresa plenamente la arcaica aspiración beatífica del hombre, y que el mito antagonista, cuya estructura hemos perfilado a priori, no podría ser sino un mito derivado. Además, en este caso parece obligado tener en cuenta la existencia empírica del hermafroditismo, que viene, si no a sustituir al discurso mítico, sí al menos a sembrar la confusión y a descoyuntar su dinámica interna.

Dicho esto, podemos descubrir algunos interesantes ejemplos de correlación entre la androginia y un elemento teratológico, en el seno del discurso mítico en general.

Las grandes tradiciones cosmogónicas, ricas en esquemas bisexuales, ponen frecuentemente en escena a gigantes, cíclopes y otros titanes cuya dimensión teratológica es patente. A la idea de los grandes desórdenes demiúrgicos y los poderes andróginos que en ellos subyacen viene a asociarse el tema de los seres hiperbólicamente constituidos y dotados de una morfología aberrante; el fragmento 61 de Empédocles evoca aquellos tiempos en que proliferaban combinaciones arbitrarias de monstruos dignos de El Bosco. Lévi-Strauss subraya la idea de que, en la mitología, los hombres nacidos de la Tierra están a menudo aquejados de malformaciones[377]; ahora bien, ya hemos señalado cómo la Tierra Madre está cargada de toda una polivalencia sexual en la que los temas de la bisexualidad se entremezclan con los de la «supersexualidad». Naturalmente, la androginia y la teratología no mantienen aquí simples relaciones de causa a efecto o viceversa; simplemente son correlatos frecuentes de los estados primordiales, de manera que la androginia no se conjuga siempre necesariamente con un esquema de perfección, sino que se articula igualmente sobre un esquema de aberración.

En algunos casos, esta articulación está claramente marcada. El ejemplo del Zeus polimástico, analizado por Marie Delcourt[378], es notable. Sin duda se ha podido decir que la polimastia del dios designaba, a la manera de la de Artemisa de Éfeso, el poder y la fecundidad. Pero esto es quizá racionalizar demasiado lo que procede sin duda de una fascinación más secreta. Además del hermafroditismo del dios que esa circunstancia implica, la pluralidad de mamas se inscribe en una especie de insistencia complaciente respecto del desarrollo pletórico de los órganos sexuales, y especialmente de los senos. Tal complacencia, en tanto que fantasma, tiene dinamismos tan generales que un sexólogo contemporáneo no vacila en hablar del «mito de la polimastia»[379]. En cualquier caso, si entre los griegos la polimastia es más bien una prerrogativa divina, parece como si ésta sufriese una inversión de valor en ciertas supersticiones cristianas. Marie Delcourt[380] se refiere a la creencia de que las brujas tienen tres senos, y los hombres marcados por el diablo, cinco pezones; cuestiones de número aparte, asistimos a la permanencia de un fantasma.

El ejemplo del Zeus bisexuado, pero provisto, o afectado, de un pecho monstruoso, no es ciertamente un caso aislado en su género. Así, el célebre Príapo, con una hipertrofia fálica legendaria, es sin embargo confundido en ciertos casos con... ¡Hermafrodito! Aquí la desmesura converge con la bisexualidad, que participa entonces menos del equilibrio ideal que del énfasis licencioso.

En otros casos, el elemento «monstruoso» parece manifestarse más bien por defecto. Así sucede con las amazonas que, asumiendo sus instancias viriloides, practican la autoablación del seno izquierdo. Este fenómeno de mutilación legendaria podría compararse con algunas heridas rituales que no son ya del todo legendarias y cuyo significado estudiaremos en el próximo capítulo. En todo caso, las amazonas representan el tipo de la mujer depredadora y terrible, claramente teñida de hermafroditismo, y caracterizada por un elemento morfológico aberrante. Ahora bien, también ese tipo es generador de una mitología universal[381].

Se puede señalar, además, que algunos «monstruos» típicos de la mitología presentan rasgos de hibridación cuyo carácter sexual es plausible, si no evidente. Tal es el caso de la esfinge, leonina en sus orígenes egipcios, pero dotada frecuentemente de rostro femenino en el arte griego arcaico, aunque sus alas desplegadas evoquen más bien una dimensión masculina. Tal es también el caso de Medusa, de cabellera serpentina, interpretada por la escuela freudiana[382] como una especie de reivindicación fálica que precisamente conviene cortar para reducir al monstruo a un estado inofensivo. Este repertorio no está, evidentemente, cerrado y en absoluto se limita a la mitología griega. Viviana Pâques narra un mito de Malí en el que el primer herrero «es un albino, mitad hombre, mitad mujer, que se presenta en forma de mono rojo de larga cola»[383].

Ahora bien, el primer herrero es una figura tan típica como respetable en el panteón mitológico. El hecho de que aparezca aquí como hermafrodita pero dotado también de elementos aberrantes y contradictorios lo hace particularmente sugerente. Este personaje compuesto y grotescamente sobredeterminado no deja de ser por ello el señor de las armas.

Lo «monstruoso» florece en la demonología cristiana, que ha engendrado una iconografía particularmente exuberante. Cierto es que esta iconografía se debe en gran parte a la imaginación de los glosistas y que ha sido alimentada por el iluminismo, particularmente el del final de la Edad Media, mientras que los textos de la Escritura son, en cambio, de una gran sobriedad respecto de la cuestión satánica. Sin embargo, Satanás es primero un ángel investido de una función eminente; usurpando sus prerrogativas, rebelándose contra el Creador, Satanás se convierte en la figura negativa del angelismo. Tal vez por eso se encuentre investido al mismo tiempo de la ambigüedad que preside la figura del ángel en general. Pero no parece que la dogmática judeocristiana se haya expresado con mucha precisión al respecto[384].

Lo que es cierto es que Satanás es una figura compuesta: amalgama la serpiente del Génesis[385], Belcebú —príncipe de las moscas y los mosquitos—, Lucifer —nombre atribuido por burla al rey de Babilonia—, y se convierte finalmente en la Bestia del Apocalipsis. En esas condiciones, era inevitable que esta figura se revistiera por extensión con toda una imaginería desenfrenada. Así, se han podido ver representaciones de diablos andróginos. Henri Dontenville, por ejemplo, muestra un dibujo medieval particularmente sorprendente[386]: se trata de un diablo con un solo cuerno, cubierto de escamas, provisto de una cola que tiene precisamente la forma de una serpiente; posee también un lengua colgante en el lugar del sexo y mamas bien formadas. De todas formas, el tema del diablo con pechos no es raro en la pintura de los siglos XV-XVI[387]; significa tal vez el recuerdo de la responsabilidad femenina en la decadencia del hombre. Pero también puede sugerir el interés en un enfoque particularmente incongruente: el diablo, con frecuencia cornudo y provisto de un apéndice caudal (signos de masculinidad), pasa a ser abiertamente bivalente cuando está provisto de mamas. Hay ahí promesas de licencias tan turbadoras como reprensibles para el hombre de la cristiandad postmedieval. Sabemos también que entre las «diabluras» de Satanás está la de poder privar a los hombres de su virilidad. Sin embargo, algunos exegetas niegan que pueda transformar a los hombres en mujeres; escrúpulo de pensamiento que traduce singulares fobias: pero ¿no son éstas equívocas? La imaginería del diablo podría nutrir grandes volúmenes. Entre los múltiples disfraces que utiliza el Maligno, el que consiste en aparecer con rasgos femeninos goza ciertamente de un prestigio muy particular. La simbólica del disfraz está aquí aliada con un elemento de transexualidad, pues, al menos en la tradición folclórica, la connotación masculina del diablo parece ser la norma. Cuando éste, ser repulsivo por excelencia, se muestra con los rasgos de una bella muchacha, la promiscuidad de los contrarios cumple plenamente su efecto de sorpresa sobre el fondo del maleficio andrógino. Así, una leyenda española cuenta que, en el siglo XVI, un famoso jugador de ajedrez llamado Paolo Boi fue invitado a mostrar su talento por una joven de gran belleza, que le desafió a jugar una partida nada más salir de misa; cuando la joven estaba a punto de ser derrotada, pese a que jugaba con una terrible destreza, transformó súbitamente la dama negra en dama blanca, lo que le devolvió indiscutiblemente la ventaja; Paolo Boi, se nos dice, no dudó que ese día se había medido con el diablo[388].

Por otra parte, y de forma general, el diablo, que es por excelencia un seductor, tiene relaciones con la naturaleza femenina. Wolfgang Lederer señala que las víctimas de los procesos de brujería fueron en su gran mayoría mujeres[389]. Los relatos de reuniones sabáticas –poco importa por lo demás que se alimenten de rumores puramente legendarios, que procedan de personajes iluminados o que hayan sido arrancados mediante la amenaza o la violencia por jueces no menos iluminados– expresan claramente los fantasmas de hermafroditismo diabólico. Se supone que el Maligno en persona orquesta excesos colectivos, heterosexuales y homosexuales, y él mismo marca la pauta. Más aún, cambia ostensiblemente de sexo según las circunstancias a través de esos «delegados» que son, en el lenguaje de la leyenda, los íncubos y los súcubos; por otra parte, reina una cierta confusión incluso sobre el sexo que conviene atribuir a unos y a otros. Es curioso observar que esta creencia no procede de la sola fantasmagoría popular, y que la Iglesia la tomó en serio, como testimonia esta declaración del papa Inocencio VIII en 1484: «Hemos sabido recientemente con tristeza que en ciertas partes de Alemania del Norte, en las provincias, ciudades, territorios o localidades de Maguncia, Colonia, Tréveris, Salzburgo y Bremen, cierto número de personas de ambos sexos, olvidando su salvación y contrariamente a la fe católica, se han entregado a los demonios aparecidos bajo forma de íncubos y súcubos»[390]. Las relaciones entre satanología y obsesión sexual reprimida son tan evidentes que no ha lugar aquí glosar mucho de ello: el hermafroditismo, concebido como monstruosa perversión, parece encontrar ahí su lugar de manera natural.

La propia bruja pertenece al universo de la ambigüedad sexual. Gezà Roheim no vacila en ver en ella una de las manifestaciones de la mujer fálica. Expone para apoyar su tesis un material empírico procedente del folclore de la Europa central. Elementos viriloides se mezclan con otros de orden teratológico; la bruja, a menudo polimástica y más bien ninfomaníaca, emprende el vuelo en la legendaria escoba, pero presenta también otros rasgos significativos: «Encontramos —escribe Gezà Roheim— en las creencias medievales y modernas relativas a las brujas y la brujería numerosos datos que proyectan una cierta luz sobre el tema. La bruja es la madre fálica»[391]. Así parece constituirse, en el seno del folclore demonológico, toda una antología de elementos bisexuales que actúan en el sentido de una teratología repulsiva sobre la que se articulan.

A decir verdad, la monstruosidad —esté adornada o no de tendencias hermafroditas— no es verdaderamente repulsiva, sobre todo cuando la exuberancia del discurso mítico se hace cargo de ella. Existe también una secreta tentación de lo monstruoso. El monstruo es sobreabundancia de formas, afirmación desenfrenada de una combinatoria indefinidamente renovable. Por lo monstruoso, una pulsión vital pletórica, paradójica, fluye libremente según una creatividad que transgrede secretamente el orden natural, repetitivo y triste. En ese sentido, el monstruo no es solamente la figura hipostasiada de nuestros terrores arcaicos, sino también aquello por lo que el héroe merece existir; es sobre todo lo que se perfila en la imaginación creadora cuando ésta desprecia los modelos que le son proporcionados por la «realidad». Designa por tanto una figura a la vez profundamente mítica, pero también una especie de excitación cultural que tiende a promover lo virtual. El monstruo es pues ambivalente por excelencia, como observa con precisión Jean Brun: «El monstruo posee el misterioso poder de aterrorizar y atraer a la vez, es odioso y seductor, se huye de él y sin embargo fascina, es lo que se oculta y también lo que se exhibe. Si no se retiene de él más que el aspecto repugnante, el arquetipo del monstruo será el dragón matado por San Jorge; si, por el contrario, no se retiene de él más que el carácter maléfico, será el que nos tienta, y veremos sus jaurías atacando a San Antonio. Objeto de terror y repulsión, el monstruo encarna sin embargo el deseo»[392].

Si a la teratología en general se añade una dimensión sexual, habrá que esperar entonces una intensificación del prestigio. G. R. Hocke ha mostrado cómo las propensiones a lo insólito, a lo anormal, a lo extraño, integraban fácilmente toda una fantasmagoría sexual[393]. «Manierismo» y delirio erótico se atraen mutuamente y se refuerzan en el seno de una tendencia en la que lo «monstruoso» es la finalidad implícita. El hermafroditismo representa un fantasma de transgresión tan fascinante, una rebelión de tal magnitud contra nuestra finitud monosexual, que no se puede considerar solamente como un mitema surgido del inconsciente colectivo. Es engendrado también por la voluntad consciente de algunos artistas, especialmente en las artes plásticas. En este sentido, la obra de arte puede entenderse, de algún modo, como un mito, o un fragmento de mito, hipostasiado. La obra de arte, que transmite, si no el lenguaje, al menos la emergencia del deseo, viene a constituirse en soporte de nuestras obsesiones: intenta a su manera colmar nuestras frustraciones y exorcizar nuestras fobias. En ella actúa toda la teratología que surge de la ambigüedad del mundo: pues el mundo bulle de monstruos escondidos de los que hay que dar cuenta; pero, también, el mundo se abisma en la chata insignificancia de las finitudes a las que el hombre se siente encadenado y que él llama «tiempo», «espacio», «cuerpo», etc. Por eso el arte rompe esa clausura de lo real sin por ello dejar nunca de encontrar nuevas fuentes en esa realidad. En este sentido, el surrealismo es, a su manera, de siempre[394].

Ya vimos que el tipo andrógino puede surgir en el arte bajo la forma de un ideal estético que trata de crear un tipo morfológico único, heredando las formas plásticas adecuadas a cada sexo pero tendiendo a amalgamarlas en una síntesis armónica en la que las diferencias sexuales vienen a diluirse más que a acentuarse. Es lo que se produce especialmente en la estatuaria helenística, en ciertas pinturas del Quattrocento o en el «angelismo» de finales del siglo XIX.

Pero, muy al contrario, el hermafrodita de ciertas representaciones pictóricas puede inscribirse en la discordancia y lo monstruoso, signos probables de alguna transgresión o de alguna violencia sacada a la luz por el proceso creador.

Mientras que William Blake, alimentado por la teosofía böhmiana, exalta las virtudes y la euforia de un hombre reconciliado en su propia naturaleza andrógina, su contemporáneo Johann Füssli se deja ganar por los ensueños mórbidos en los que se trama en ocasiones una bisexualidad inquieta. Así, en *Le succube* –tema que trata dos veces–, un demonio huye a caballo, abandonando a dos mujeres, dos durmientes, en un lecho deshecho; el rostro de una de ellas expresa claramente sufrimiento, quizás angustia. El tema de la homosexualidad femenina[395] está tratado aquí a través de un sentimiento de culpabilidad complicado por la presencia de un elemento demoníaco. Por otra parte, un análisis minucioso de la obra de Füssli muestra la presencia de elementos «perversos» que forman una serie coherente[396]: la de la cortesana, de cabellera a menudo fálica, que a veces atormenta o incluso mutila a un personaje de sexo masculino. En Füssli, la mujer, que se vincula así con las antiguas ménades, está hecha a imagen de los sueños monstruosos que alumbra, como en la célebre *Pesadilla* en la que la durmiente es asaltada por un gnomo repugnante y una cabeza de caballo de ojos fulgurantes.

La obra de Füssli está sin embargo marcada por la alusión y la lítote. Pero después de la difusión de las tesis freudianas, y especialmente en el seno del movimiento surrealista, la representación de una androginia escandalosa o aberrante se convierte a veces en objeto de una decisión deliberada. Si *El reloj de arena andrógino* de André Masson[397] está básicamente teñido de humor y espíritu lúdico, en cambio el *Sueño del andrógino*[398] de Magritte recuerda ciertas representaciones zoomorfas del repertorio de Jurgis Baltrušaitis[399] y no deja de inspirar una secreta repulsión: a una sirena dormida se acerca su «doble», que es, al mismo tiempo, su imagen simétrica, a saber, un cuerpo y una cabeza de pez prolongados por dos piernas de mujer; el tema inquietante de la sirena, suavizado por toda una tradición, vuelve a ser aquí bruscamente escandaloso por el juego de una inversión morfológica que contiene un esquema de bisexualidad subrayado por el título.

Seres sexualmente indecisos pueblan el universo de Léonor Fini. Son, según el caso, y en definitiva indiferentemente, los «esfinges» y las «esfinges», de los que se puede temer alguna manifestación de crueldad. La androginia que reina de manera indudable en el universo pictórico de Léonor Fini parece a veces ampliarse a las cosas exteriores, engendrando curiosas coalescencias semivegetales, semiminerales. La transformación de un ser humano por un desarrollo vegetal, que parece ser la metáfora de un proceso de hermafroditización, se produce en otros pintores surrealistas. Así, en Paul Delvaux las mujeres se enraízan en el suelo, convertidos sus miembros inferiores en tronco de árbol[400]. En Dorothéa Tanning se encuentra una imagen sorprendente titulada *Birthday*: una joven pensativa, con los senos desnudos, tiene la espalda cubierta con una especie de inmensa raíz vegetal; a sus pies se encuentra un pequeño monstruo alado y con garras; la escena se desarrolla en un apartamento desierto, en el que se abren en perspectiva innumerables puertas[401]. Todo este cuadro −particularmente insólito− se sitúa bajo el ángulo de la metamorfosis, que parece atentar contra la identidad sexual de los personajes.

Pero es ciertamente en Hans Bellmer donde se manifiesta con más fuerza turbadora el tema teratológico que estamos evocando. Sin duda las preocupaciones por la androginia en este artista no son separables ni de la estética bellmeriana, ni de su implicación metafísica; igualmente hay que decir que se inscriben en una perspectiva que hace del cuerpo humano −y sobre todo del cuerpo femenino− el lugar eminentemente trágico de donde surge el deseo, el cual a su vez lucha con encarnizamiento contra aquello en lo que se origina. Sabemos que Bellmer, para dar cuenta de esta aporía, creó un grafismo específico en el que se despliega el juego vertiginoso de anamorfosis, sinécdoques, encajaduras y enroscamientos sin fin, de manera que casi recuerda alguna ilustración −escandalosa− de ciertos pasajes de la monadalogía leibniziana; por ejemplo: «Se ve así que cada cuerpo vivo tiene una entelequia dominante que es el alma del animal; pero los miembros de ese cuerpo vivo están llenos de otros seres vivos, plantas, animales, cada uno de los cuales tiene también su entelequia, o su alma dominante»[402]. Lo que sin embargo se sustrae en Bellmer es la armonía preestablecida. El cuerpo está lleno de otros cuerpos posibles sólo porque él mismo puede descomponerse. También los dibujos de Bellmer oscilan entre la angustia de la dislocación y la tentación de una recomposición combinatoria siempre renovada.

En estas hechizantes teratologías el hermafroditismo surge con singular brutalidad. ¿Se habían visto ya, antes de Bellmer, esas «niñas» provistas de un miembro viril en ostensible erección? Nos encontramos aquí lejos de cualquier angelismo, enfrentados más bien con la imagen de una incongruencia radical −en el sentido literal[403]− cuyo carácter provocador el artista no trata en absoluto de atenuar. Por lo demás, la obra de Bellmer contiene representaciones todavía más inadmisibles: una de ellas, titulada

Desnudándose[404], muestra el cuerpo de la mujer, en el movimiento de quitarse la ropa, como un falo. En otra, es el conjunto del cuerpo femenino el que se identifica con un monstruoso falo en erección[405].

En estas representaciones hay algo así como una violencia y un vértigo latentes que las distancia radicalmente de toda imaginería banalmente pornográfica. La superposición del falo al cuerpo femenino representa en cierto sentido la última tentativa por hacer inteligible lo que se podría llamar la dialéctica del deseo, la identificación del hombre con la mujer por la mediación inevitable, y sin embargo irrisoria, del órgano masculino, el único que posee, de facto, la prerrogativa de la penetración[406].

Por eso la aparición del andrógino en el arte de Bellmer no es en absoluto contingente. Ni siquiera se puede decir que se reduzca a una simple fascinación teratológica. Es en primer lugar la expresión de la más radical de las permutaciones posibles: la que al pervertir la existencia de los sexos transcendería su diferencia en una fusión y una síntesis superiores. En un primer momento encontramos el ideal andrógino paradigmático caro a ciertos teósofos, y es lo que parece atestiguar la afirmación del mismo Bellmer: «Lo masculino y lo femenino se han convertido en imágenes intercambiables: uno y otro tienden a su alianza en el hermafrodita»[407].

Pero parece que en un segundo momento la emergencia del fantasma viene a tropezar con la irrecusable realidad. No hay en Bellmer ninguna complacencia escatológica, análoga a la que se encuentra, por ejemplo, en los románticos alemanes: es como decir que el andrógino se deja modelar sólo por el lenguaje del deseo, lo que le confiere a priori un carácter de imposibilidad. No hay una verdadera promesa andrógina en el arte de Bellmer. Y tal vez sea eso lo que otorga al deseo un carácter tan áspero, y a la representación del hermafroditismo una dimensión tan turbadora. Jérôme Peignot resume bien ese fondo de aporía cuando, reflexionando sobre el significado del andrógino en la obra de Bellmer, escribe: «Es su violencia, su violencia que lleva a la locura, lo que confiere al deseo su carácter sagrado. Si un deseo no desembocara en lo imposible no se podría hablar de deseo»[408].

El deseo trastorna el orden del mundo: entendamos por eso que el mundo —y sobre todo el objeto del mundo que provisionalmente se hace también objeto del deseo— deja para él de ser neutro y, sobre todo, de ser inocente. Pero esta transgresión es vana. Lo que el mito del andrógino permitía esperar es que el objeto del deseo fuera soluble en una especie de conjunción transcendente; pero, al mismo tiempo, se revela, en el juego reiterado del deseo, la imposibilidad radical de su satisfacción; de ahí esa especie de furor que, recorriendo el dibujo bellmeriano, hace de él el lugar fantasmático de la contestación del cuerpo, dejándolo proliferar en combinatorias inimaginables donde el hermafrodita encuentra su lugar, pero en tanto que escándalo manifiesto. Como dice Jean Brun: «La obra de Bellmer constituye la ilustración más extraordinaria del encarnizamiento del deseo contra la realidad; encarnizamiento cruel que adquiere todas las apariencias de una terrible desesperación»[409].

Con Bellmer, accedemos a una especie de metafísica trágica de la sexualidad. Pero, de forma general, lo que se manifiesta a través de las representaciones andróginas que acabamos de mencionar es la aparición de una subversión y de un malestar. El andrógino, no controlado por el mito paradigmático del origen o por las especulaciones idealizantes de la teosofía, se convierte en hermafrodita monstruoso asociado, en el universo legendario o demonológico, a diversos elementos teratológicos que surgen así en la obra de arte. Tal vez se deba a que el hombre genérico, en tanto que ser sexuado, está inquieto por lo que es, pero no menos por lo que no es. En otras palabras, lo que no es no puede ser dicho de otra manera que en un distanciamiento simbólico. La representación cruda del no ser deviene rápidamente un elemento de farsa o una provocación insostenible.

3. Las transgresiones rituales

El monstruo-hermafrodita, ya surja como un escándalo entre los fenómenos observables o aparezca como fantasma en el envés del discurso mítico, o bien en la praxis de la representación artística, trastorna el orden natural y provoca un terror pánico que se transforma paradójicamente en una tentación poderosamente sugerente. Lo que la naturaleza «tolera» en sus producciones, lo que el mito cultiva en sí como un sortilegio venenoso, ¿no se insertará a su vez en las producciones concretas de la cultura? ¿No será imitado en esa práctica ejemplarmente simbólica que constituye el rito?

Esos elementos rituales han sido ya señalados en el marco de la taumaturgia androgínica, estudiada desde la perspectiva de una función promocional. Pero también se producen ritos de tinte androgínico en el sentido de una transgresión manifiesta, estando ésta sostenida por una poderosa instancia deseante, y manifestándose por otra parte bajo una forma que incluye una violencia *real*.

¿A qué apuntaría, a decir verdad, esa transgresión? Apuntaría al hecho de que el ser humano, por regla general, está marcado desde su nacimiento por una configuración sexual determinada. Este aparente truismo está más cargado de consecuencias de lo que inicialmente parecería. Pues esta determinación viene dada de entrada como una coerción diferenciadora, grabada en la anatomía y que pesa de alguna forma sobre el destino posterior del individuo. Igual que el espacio y el tiempo constituyen las formas a priori de la sensibilidad, la pertenencia a un sexo determinado constituye el terreno irrecusable a partir del cual se despliega el desarrollo psicofisiológico del individuo, pero también la coloración general de su universo afectivo-intelectual. No pensamos, al contrario de lo que parece estar implicado en la tradición filosófica, que el *homo sapiens* sea asexuado. Sin duda la razón, considerada como función crítica, epistemológica y normativa, lo es. Pero sabemos —y los trabajos de Gaston Bachelard nos lo han mostrado abundantemente— que la razón no viene dada de entrada y que no funciona en estado puro. Jung afirma con claridad que la psique masculina no coincide con la psique femenina. Hay un matiz sexual específico que penetra el universo mental del hombre como penetra el de la mujer. Evidentemente, quedaría por determinar hasta qué punto se ejerce esta influencia. Sea como fuere, nos parece que se puede afirmar que, antes incluso de desarrollar a su alrededor una serie de prohibiciones sociales, el sexo es antes de nada una especie de «prohibición» ontológica, o, si se quiere, un insuperable *a priori* y la expresión fundamental de un límite. Contra ese límite, ¿no se urden impulsos ariscos surgidos del inconsciente?

Aquí no es ya la fascinación teratológica lo que está en juego (anteriormente, las manifestaciones o producciones aberrantes del hermafroditismo se inscribían en la tentación general de lo monstruoso). Pero no deja de subsistir por ello un esquema de transgresión virtual: si antes considerábamos la transgresión del orden por el accidente teratológico, ahora veremos surgir la transgresión de la monosexualidad por una conducta sociológica, mitad simbólica, mitad real.

¿Cómo se puede decir que la determinación sexual es un límite «insuperable» y tratarla por otra parte en términos de transgresión? ¿No hay ahí una contradicción? No, si se considera que en el orden sexual la transgresión de una determinación no podría realizarse íntegra y positivamente (incluso una práctica tan radical como la autoemasculación no crea una nueva dimensión sexual: es puramente negativa). De esta manera, los ritos de transgresión no podrán sino imitar los cambios radicales a los que apuntan; incluso si se efectúan en prácticas concretas, pactarán necesariamente con una dimensión simbólica, deudora de un código sociológico. Por otra parte, es sin duda la naturaleza misma de lo «insuperable» lo que estimula y mantiene la instancia transgresora. Como señaló Georges Bataille, la relación entre lo prohibido y la transgresión es interna, y es tanto más estrecha cuanto que lo prohibido es menos convencional, cuanto que pertenece a un orden mucho más ontológico que cultural. Esto quiere decir que esta relación es ya imposible de romper: los ritos de transgresión sexual surgen necesariamente del compromiso.

La existencia de esos ritos, la naturaleza de su funcionamiento, su articulación sobre el mito del andrógino, están particularmente resaltadas en la obra de Bruno Bettelheim titulada *Heridas simbólicas*. El autor utiliza como punto de partida su experiencia clínica, especialmente las producciones fantasmáticas de niños esquizofrénicos. Como esas producciones pertenecen, de alguna manera, al lenguaje del deseo, Bettelheim elabora un paralelo entre ese universo de fantasmas y el de ciertos ritos «primitivos» (este método encuentra su fuente, sin duda, en la vía abierta por Freud en *Tótem y tabú*). Postula, no sin cierta vacilación de orden epistemológico, que esos dos universos, tanto uno como otro, tienen una función «económica»: si el fantasma representa un fenómeno de activación energética –por lo tanto, el retorno del elemento reprimido de un deseo contrariado–, el rito representaría una tentativa de armonización de los deseos individuales con el funcionamiento del grupo social. En ambos casos se trataría de una tentativa de «solución» –aunque fuera radicalmente imperfecta e inestable– al conflicto fundamental que se urde entre el deseo y la realidad.

En lo que concierne al universo de los fantasmas –encontrándose éstos liberados de alguna manera por la situación patológica, situación que equivale precisamente a una retirada del principio de realidad–, la expresión de deseos transexuales es sorprendente. Es conocido el ejemplo del presidente Schreber, que, en su delirio, estima necesaria su transformación en mujer a fin de que la humanidad sea regenerada. Esta metamorfosis sexual, cuyos progresos sigue con perplejidad, no está exenta de una cierta voluptuosidad. En un primer momento, sin embargo, parece aceptarla de mala gana, estimando que atenta contra su honor viril. Después, se deja dar forma –y fascinar– por ese cambio, cuyo objetivo es grandioso: convertido en mujer, Schreber tendrá por misión dar luz a unos descendientes cuyo padre será Dios en persona; fantástica procreación que irá acompañada de un estado permanente de gozo. La sobredeterminación de elementos significativos es aquí notable.

Pero el caso del presidente Schreber no es sino una excepción aberrante. Bettelheim señala que los fantasmas de cambio de sexo –o de acumulación de sexos– son frecuentes, aunque generalmente están disfrazados fuera de la situación clínica. Recuerda que el deseo de la mujer de tener un pene se ha convertido en lugar común de la literatura psicoanalítica: «La envidia del pene en las niñas es tan conocida y se ha descrito con tanta frecuencia que es casi superfluo insistir en su universalidad. Los niños profundamente perturbados van simplemente más lejos en su expresión que los niños normales»[410]. Añade que el deseo, en el niño, de tener órganos femeninos o una configuración femenina, no es sin duda menos frecuente, pero se encuentra más velado por el modelo androcéntrico de las sociedades occidentales. El deseo de acumulación de los sexos es también frecuente, y Bettelheim se expresa categóricamente a este respecto: «Más persistente aún que el deseo de tener órganos femeninos era la envidia obsesiva de poseer a la vez los dos órganos, masculino y femenino»[411]. Parece que a la presunción fálica –que podría ser más un hecho de naturaleza que de cultura, independientemente de lo que piensen al respecto las ideologías según la moda del momento– viene a añadirse el prestigio mágico del otro sexo; algunas circunstancias observadas por el autor parecen incidir, en todo caso, en ese sentido: así, ciertos muchachos consideran superiores (pero ¡de qué forma!) los órganos sexuales femeninos; otros creen que los senos de la mujer están investidos de un poder específico y que le permiten especialmente ¡amamantarse a sí misma!

Ahora bien, los rasgos observados por Bettelheim no son «excepcionales» o aislados; encontramos otros semejantes en la obra de Ferenczi, de Abraham, etc. Además, hay que añadir que los deseos no están dirigidos sólo hacia los órganos sexuales, sino también, de forma más amplia, hacia la personalidad sexual en general, con sus componentes biológicos, sus pompas de indumentaria, sus prerrogativas sociales, sus codificaciones culturales. Da la impresión –pero volveremos a ello– de que se desarrolla una especie de atracción irrecusable por la alteridad, cuya manifestación más radical viene quizás ilustrada por la diferencia de los sexos. Por eso Bettelheim desarrolla su libro sobre una hipótesis fundamental, sobre «el axioma de que un sexo experimenta envidia de los órganos sexuales y las funciones del otro sexo»[412].

A partir de ahí, el psiquiatra se erige en antropólogo y trata de proyectar una luz nueva sobre los ritos de mutilación que existen en numerosas sociedades primitivas y que con frecuencia han intrigado a la literatura etnológica. Según Bettelheim, esos ritos serían profundamente funcionales en el seno del grupo social y estarían destinados a procurar satisfacciones alucinatorias al superar simbólicamente las separaciones y las contradicciones que se manifiestan en el interior del grupo: separación entre el niño y el adulto, pero, sobre todo, en el caso que aquí nos interesa, separación entre el hombre y la mujer. Por la mediación del rito, cada sexo se encontrará investido, parcialmente en cualquier caso, con las prerrogativas del otro (aunque esas prerrogativas sean, llegado el caso, imaginarias). Pero esta transgresión ritual de lo que se podría llamar el «orden sexual» (a saber, la diferencia natural de los sexos) constituye una violencia contra el principio de realidad; como tal, parece que debe adoptar las formas, sacralizadas, de una violencia real: de ahí el carácter mutilador de las heridas infligidas[413] a los iniciados con ocasión de ritos específicos que se realizan sobre los órganos genitales (o sobre otra parte del cuerpo, pero, en tal caso, ¿corresponden estos ritos al mismo proceso?). Parece que el corpus social quiere imprimir sobre el cuerpo del individuo la marca ambigua de su poder; y si la calificamos de ambigua es porque, por una parte, permite al iniciado realizar fantasmáticamente una excursión al terreno de la alteridad sexual del hombre o la mujer adulta, pero, por otra, limita al mismo tiempo esta excursión a alguna herida metonímica, sabiendo que una transexualidad radical se enfrentaría a una resistencia natural y a una prudencia cultural que trata de encerrar en la forma controlada del rito toda tentación desenfrenada de perversión.

Concepción funcional, pues, y que supone la puesta en acción de un compromiso en el que el deseo de transgresión encuentra su lugar sobre el fondo de los fantasmas androgínicos. Así, según Bettelheim, la interpretación de Freud, que ve en la circuncisión una manera simbólica de concretar la amenaza de castración que pesa sobre los hijos potencialmente «rebeldes» contra el Padre arcaico, es demasiado mezquina. Por el contrario, el examen de algunos grupos de mitos convergentes podría hacer pensar que la circuncisión fue impuesta a los hombres por las mujeres (siendo esta afirmación, por supuesto, de orden mítico). Entregándose a una exégesis de los contenidos de estos mitos, Bettelheim sugiere dos interpretaciones posibles: o bien las mujeres habrían impuesto a los hombres la circuncisión para crear una analogía con la sangre menstrual (con la reserva mental, quizás inconsciente, de que la menstruación es un perjuicio al que conviene conceder una reparación); o bien los mismos hombres, envidiosos de los poderes femeninos específicos, atribuirían a las mujeres el origen de esta vejación (vejación por lo demás muy ambigua, puesto que –y esto está atestiguado por los observadores– es también deseada).

¿Cómo se deben interpretar esos poderes femeninos específicos? Aquí se perfila un tema importante, pues rige tal vez toda una serie de ritos fundamentados en la conciencia de la diferencia sexual y que tienen por finalidad una reabsorción, al menos alusiva, de esta diferencia. Ya hemos señalado hasta qué punto el hombre arcaico ignora el papel del varón en la procreación. A partir de ahí, parece que se encuentra en una situación de inferioridad radical con respecto a la mujer, fantástica proveedora de la vida, que concibe en el abismo misterioso de su aparato genital. Esto explicaría que el varón alimente una envidia acre respecto de las funciones gestantes de la mujer, y Bettelheim suscribe esta hipótesis. Según él, los hombres de las sociedades sin escritura tratarían de participar en la procreación, sea negativamente, reduciendo el papel de las mujeres, sea positivamente, con su propio cuerpo.

Ya hemos mencionado a este respecto la sugerente costumbre de la *couvade*. Pero un rito mutilador, como el de la subincisión observada especialmente entre los australianos, es susceptible de ser estudiado desde una perspectiva similar, a saber, la del hombre que imita las funciones o los órganos de la mujer. Así, la herida ritual infligida en el momento de la subincisión en el pene es llamada con frecuencia «vulva»: Bettelheim cita algunos testimonios lingüísticos en ese sentido. Por su parte, Gezà Roheim observa, en la mitología australiana, una asimilación de la sangre procedente de la subincisión con la leche materna[414]. Esos esquemas verbales nos invitan a pensar que nos enfrentamos a fenómenos de transferencia que descansan en deseos de identificación de un sexo con otro y que son asumidos por el código simbólico del grupo social.

Bettelheim cita otras observaciones en apoyo de su tesis. Así, el rito del renacimiento –subrayado también por Mircea Eliade[415]–, en el curso del cual el iniciado es provisionalmente separado del mundo en una choza o una fosa artificial y después llevado de manera solemne a la vida social, sería una manera de sustraer al adolescente a su nacimiento natural por las vías maternas; en el curso de este «renacimiento», los hombres se verían investidos de un papel específico que los asemejaría a los procreadores, y eso sería, de alguna manera, semejante a una revancha de la cultura contra la naturaleza. Se sabe que de forma general los hombres de las sociedades sin escritura tienen tendencia a cultivar secretos, mítico-rituales, de los que se mantiene cuidadosamente aparte a las mujeres, hasta el punto de que éstas se granjean castigos si cometen, voluntaria o involuntariamente, una infracción de la prohibición.

Pero suponiendo que los hombres experimenten efectivamente una envidia celosa respecto de las funciones reproductoras, o de los órganos sexuales femeninos, conviene evidentemente preguntarse si existe reciprocidad en este fenómeno. Ahora bien, de entrada percibimos que tal reciprocidad no podría adoptar la forma de una simetría rigurosa, puesto que el hombre es extraño a la función reproductora, bien esté «totalmente» excluido de ella, como en la mentalidad arcaica, bien su participación se mantenga en un plano secundario por razones fisiológicas objetivamente reconocidas pero que son por añadidura reforzadas por las instituciones culturales[416]. Además, Bettelheim reconoce que los ritos que se refieren a las jóvenes son en general menos marcados, menos numerosos y menos complejos que los referentes a los muchachos. Es como si las satisfacciones alucinatorias implicadas en el rito estuvieran muy confiscadas por un poder masculino que se resarce así de su impotencia fundamental para crear vida. Ciertamente existen prácticas que pretenden acentuar la importancia de los elementos anatómicos que, en el sexo femenino, presentan analogías con el sexo masculino. Pero ¿pueden éstos ser considerados significativos habida cuenta que las prácticas contrarias —especialmente los ritos de excisión— existen también y están incluso mucho más extendidos? Ahora bien, esas prácticas pretenderían no solamente negar las analogías viriloides del cuerpo femenino, sino también reprimir la tendencia específica de la mujer hacia el placer sexual[417].

Sin duda nos enfrentamos ahí a una determinación de la cultura, y de una cultura marcada por las prerrogativas del varón. Por consiguiente, podemos pensar que la nostalgia que la mujer tendría por no ser un hombre no deja, sin embargo, de subsistir en el inconsciente femenino; lo que ocurre es que esta nostalgia tendría, en la práctica ritual codificada por el varón, una mayor dificultad de expresión. En este punto, existe no obstante un hiato en la teoría de Bettelheim que no podemos ignorar. Y más teniendo en cuenta que esta teoría es muy seductora precisamente por hacer de la nostalgia recíproca de cada sexo con respecto al otro la piedra de toque de una fantasmagoría sexual que se enfrentaría inevitablemente a un principio de realidad cruelmente limitador y que encontraría su eventual exutorio en toda una ritología. «Teniendo en cuenta lo que más importa, la naturaleza concede a cada individuo solamente un sexo. Por eso el deseo de las características y las funciones del otro sexo conduce a un atolladero psicológico: devenir como el otro (lo que el individuo desea) implica la renuncia al propio sexo (lo que teme).»[418] Ese punto de vista debería sin duda ser matizado teniendo cuidado con el carácter disimétrico de la «naturaleza» en materia de sexualidad; a lo que corresponde otra disimetría correctora de la primera y moldeada por la cultura: sobre la fecundidad pletórica e inquietante de la mujer viene a articularse el poder erigido por el hombre para el hombre.

Esa disimetría está subrayada en la obra de J. T. Maertens, que critica ciertos aspectos de las afirmaciones de Bettelheim. Sin embargo, una lectura atenta de ese libro no nos ha convencido de que esa crítica sea concluyente, aunque la tesis de Bruno Bettelheim sea demasiado directamente seductora para no ser problemática. Ciertamente, J. T. Maertens plantea con toda justicia que el paralelismo de los sexos es una ilusión y que, «en la línea de salida, la mujer y el hombre parten en situación de desigualdad en la carrera contra la muerte»[419]; pues si la mujer se vive —y a menudo se muere— en el poder general del parto, en cambio el hombre es el organizador del discurso —el complejo mítico-ritual— que parece escapar al juego de la muerte. Más aún: ese discurso se articula fundamentalmente alrededor del falo, que por su misma presencia parece ofrecerse como «metonimia del cuerpo» y se presta desde ese momento al juego indefinido de las sustituciones; en otras palabras, el falo sería como el modelo mismo de todo significante. Jean Thierry Maertens cree poder deducir de ello que el mito general del andrógino, que implica una reunión fantasmática de los sexos en una unidad sublimada, no es en absoluto primario y que por consiguiente Bettelheim se equivoca al ver en él un referente a partir del cual esclarecer los ritos mutiladores de los que hemos hablado. En otras palabras, el mito del andrógino no podría fundamentar prácticas culturales, y su misma existencia no es posible sino a partir de un umbral cultural falocrático que, según el autor, diferencia y jerarquiza a los sexos: «Para que en una sociedad nazca el mito del andrógino, es necesario que antes un discurso sobre la sexualidad haya especializado y separado los sexos»[420]. Ese discurso, a la vez significado y estructurado por el poder fálico, sería el equivalente del paso de la naturaleza a la cultura. A partir de ahí, el autor cree poder afirmar que el mito del andrógino implica el fantasma de un retorno a más acá del discurso, tesis ingeniosa que suscribe en un contexto muy diferente Jérôme Peignot[421] y sobre la que tendremos ocasión de volver. Además, ese mito tendría por función desplazar los «valores sexuales»: pues en la naturaleza la mujer era soberana; ahora bien, lo que ella pierde en la cultura será recompuesto fantasmáticamente por el mito que da la ilusión de la igualdad y permite instaurar subrepticiamente un orden socioeconómico.

Todo esto es ingenioso. Pero ¿no es aún más aventurado que la tesis de Bettelheim que cuestiona? Por nuestra parte, nos parece vano afirmar que el mito esté más acá o más allá de la cultura. Toda la especulación que se hace sobre el paso de la naturaleza a la cultura es sin duda muy fascinante, pero es fundamentalmente aporética. ¿No se engendra el mito mediante la asunción por parte de la cultura de los conflictos surgidos en el encuentro de los instintos con la «necesidad», encuentro ineluctable que convendría denominar precisamente «naturaleza»? En este sentido, el mito es un discurso-bisagra y los arquetipos que manifiesta son desgastados y anulados pero no moldeados por la institución cultural.

Pues, ¿cómo suponer que un «discurso» que nombra e instaura la dualidad de los sexos puede ser «anterior» al mito del andrógino, como si mito y lenguaje no fueran contemporáneos y no estuvieran imbricados en una misma red arcaica? Es por tanto posible que los ritos mutiladores no se inscriban en la sola perspectiva señalada por Bettelheim. Sin embargo, se mantiene el hecho de que los órganos sexuales, sean masculinos o femeninos, son objeto de una agresión codificada. Es como si su existencia tuviera algo de obsceno —tienen algo de excesivo— o de inadecuado. El hombre, en el sentido genérico, vive en el conflicto su relación con su *determinación* sexual, tanto si envidia las prerrogativas del otro sexo como si construye fantasmas sobre una superación radical de la sexualidad. En ambas hipótesis, se trata de un deseo fundamentalmente transgresor: deseo de metamorfosear o de negar lo que se da sin embargo como ineluctable. Todo esto es a la vez el signo y la manifestación de una violencia urdida contra el orden natural.

4. Hacia los gemelos y el incesto

a) El incesto

Cuando se toman en consideración las «variaciones» a través de las cuales se manifiesta el arquetipo andrógino, no se puede dejar de señalar que el esquema androgínico parece entrelazarse en varias ocasiones y de una forma que no puede pasar por puramente accidental con el esquema del incesto y el de los gemelos. Ahora bien, de forma general, el incesto y los gemelos representan en la antropología fenómenos que polarizan sobre sí una gran afectividad; y, ya sean expuestos en el mito, o aparezcan de facto como figuras concretas, contienen —nos proponemos mostrarlo— una indudable dimensión de transgresión. Parece como si el poder subversivo de la tentación andrógina repercutiera sobre otras tentaciones fundamentales del inconsciente colectivo, las cuales tienen en común con la primera el hecho de estar en relación con la sexualidad. Puede incluso que la gemelidad y el incesto constituyan las metamorfosis posibles de la androginia, y todas esas figuras serían entonces recíprocamente reversibles y expresarían un mismo deseo secreto de retorno a alguna unidad perdida.

En principio, ¿qué es lo que autoriza a plantear la hipótesis de una posible continuidad entre el deseo andrógino y el deseo incestuoso? La importancia fundamental de la prohibición del incesto se ha convertido en una especie de lugar común de la antropología. Especialmente Claude Lévi-Strauss ve ahí el esquema, impensable pero sin embargo irrecusable, por el que la cultura se articula sobre la naturaleza. «Es cierto que, por su carácter de universalidad, la prohibición del incesto afecta a la naturaleza, es decir, a la biología, o a la psicología, o a ambas a la vez; pero no es menos cierto que, en tanto que regla, constituye un fenómeno social y responde al universo de las reglas, es decir, de la cultura.»[422] Y un poco más adelante: «La prohibición del incesto no es ni de origen puramente cultural, ni de origen puramente natural; no es tampoco una dosificación de elementos compuestos tomados parcialmente de la naturaleza y parcialmente de la cultura. Constituye el proceso fundamental gracias al cual, por el cual, pero sobre todo en el cual, se realiza el paso de la naturaleza a la cultura»[423]. Sin duda, ese paso es en su misma esencia ininteligible. Pero lo que aquí hay que destacar es evidentemente el elemento de universalidad: la prohibición general del incesto —poco importan las determinaciones particulares de éste— parece implicar la existencia de una instancia deseante no menos universal. Tal era ya la idea rectora de Freud cuando, al escribir *Tótem y tabú*, planteaba de forma concluyente el problema de la relación entre la pulsión incestuosa fundamental (polo natural) y su represión en la institución exogámica (polo cultural), aunque por otra parte el andamiaje teórico concerniente al parricidio primitivo puede parecer más arriesgado que seductor.

Ahora bien, algo actúa en la reprobación institucional del incesto (sea en el plano de la célula familiar «biológica» o en el del grupo totémico) que no deja de recordar la prohibición general del hermafroditismo. Ya hemos mostrado hasta qué punto éste es rechazado cuando, aberración escandalosa, surge bajo una forma anatómica concreta. Pero debe observarse también que muy a menudo la institución refuerza y acentúa la dualidad de los sexos, y así ocurre sobre todo en las sociedades arcaicas donde los papeles sociales y las prerrogativas están cuidadosamente diferenciados. Sin duda se objetará inmediatamente que existe también una androginia institucionalizada: la del chamán o ciertos taumaturgos, por ejemplo, o también la que surge provisionalmente en el marco de la fiesta; pero precisamente esas figuraciones andróginas no son sino excepciones codificadas: no responden a ninguna espontaneidad ni a una fantasía licenciosa, son como la concesión que hace la cultura a su propia mitología. Por lo demás, se produce un fenómeno análogo en el caso del incesto: existen excepciones institucionalizadas, reservadas generalmente a personas que tienen una función social importante.

Dejando por tanto de lado esas excepciones y tomando en consideración el proceso cultural típico, se puede afirmar que las tendencias incestuosas, lo mismo que las tendencias a la confusión —o a la acumulación— de los sexos son objeto de reprobación. Pero ¿se puede llevar más lejos el paralelismo?

El sueño andrógino no es solamente promocional, como en la leyenda de Tiresias o en las especulaciones de los románticos alemanes: es principalmente restaurador de una unidad rota, como subraya de forma insustituible la fábula de Aristófanes; en él, por consiguiente, se modelan las imágenes de la amalgama, de la fusión, de la conmixtión. Ahora bien, ¿de qué se trata en la tentación incestuosa? En su acepción más amplia, esta tentación tiene también una naturaleza agregativa: se dirige, no hacia el prójimo, sino hacia la proximidad, hacia aquello de lo que ahora estamos desunidos pero también lo suficientemente próximos como para que se produzca un deseo de reintegración, un deseo de «existir con». Que la separación de la madre constituya así el fundamento radical de todo deseo incestuoso es una hipótesis de la que es difícil escapar. Más aún que Freud, Otto Rank, en *El trauma del nacimiento*, le confiere un peso considerable, aunque su tesis, inverificable, pueda fácilmente servir de blanco a detractores malévolos. En una síntesis sorprendente, Rank franquea el paso que separa el mito filosófico del andrógino de la catástrofe sufrida por el niño en el momento de su expulsión del vientre materno. Escribe especialmente: «cuando Platón, de acuerdo con las tradiciones orientales, dice que el amor no es otra cosa que la atracción que experimentan entre sí dos partes que, después de haber estado unidas en otro tiempo, han sufrido una separación, no hace más que describir bajo una forma de admirable belleza poética el intento más grandioso de vencer el traumatismo del nacimiento por el amor verdaderamente "platónico", el del hijo por la madre».

En su esencia original, el deseo incestuoso será pues deseo de reabsorción en una protección englobante. Pero, en una fase derivada, nos está permitido suponer que el deseo incestuoso sufre una especie de extraversión, convirtiéndose a su vez en deseo de englobamiento, o, en cualquier caso, de coalescencia con el ser-otro inmediato: tal sería entonces la naturaleza de los lazos afectivos fraternos, especialmente entre hermanos y hermanas. Que esos lazos se desarrollen sutilmente, en las sociedades arcaicas, en el interior del grupo totémico —deudor de una «represión» exogámica— no cambia nada, puesto que se supone que los hermanos «totémicos» participan de una misma ascendencia. En el límite, se puede suponer que el deseo incestuoso no se dirige solamente hacia las personas, sino que representa una especie de tentación inconsciente de fusión generalizada con el mundo inmediato, el «mundo-de-alrededor»; si esa tentación, dejando de urdirse únicamente en las profundidades del inconsciente, viniera a emerger en la dinámica del imaginario, comprenderíamos mejor tal vez la naturaleza de ciertas ensoñaciones intimistas tan hábilmente evocadas por Gaston Bachelard[424].

Aunque esta extrapolación cosmológico-onírica puede parecer algo aventurada, no deja de ser cierto que el deseo incestuoso lleva en sí mismo la nostalgia de una reconstrucción, de una reunificación que sería a la vez una disolución del principio de separación y una promoción ontológica, y que, en ese sentido, se asemejaría al deseo androgínico.

Ahora bien, esta analogía se encuentra confirmada por ciertos autores, y en ocasiones incluso asimilada a una especie de identidad. De esta manera, escribe Groddeck: «La mujer encinta es la aproximación más exacta al andrógino»[425]. Y sin duda no se trata, en efecto, más que de una aproximación. Pero esa imagen realza singularmente el texto de Otto Rank anteriormente citado: si es cierto que el incesto es una tentativa de liquidar, por vía regresiva, el «traumatismo del nacimiento», entonces es también, en el lenguaje de Groddeck, como la promesa de una posible restauración andrógina.

Sin duda la imagen utilizada por este autor no constituye en sí misma una prueba. Pero es sin embargo notable que, por su parte, el universo literario haya producido espontáneamente imágenes semejantes. Un buen ejemplo es el que nos proporciona una tragedia de John Ford, autor inglés contemporáneo de Shakespeare. La obra pone en escena la pasión incestuosa de un hermano por su hermana. Ahora bien, el protagonista, para justificar su inconfesable inclinación, se refiere a la idea de una común pertenencia al cuerpo de la madre, que constituiría como el receptáculo de una unidad andrógina original. Así, el protagonista exclama: «Esas palabras convencionales, esas palabras insignificantes de "hermano" y "hermana", ¿son un obstáculo fatal para mi felicidad? Un mismo padre nos ha engendrado, un mismo vientre. ¡Estamos, por naturaleza, tanto más próximos uno del otro! Por el espíritu, la sangre, la religión incluso, por el alma, la carne, el amor, el corazón, no somos más que uno»[426]. Y algo más adelante: «Anabella, hermana, la naturaleza ha querido hacerte mía. Los lazos de sangre estrechan los lazos del amor. Y es un crimen innoble arrancar a la belleza la mitad de su alma»[427]. Textos notables por más de un motivo y cuyo tinte platónico aparece particularmente al final del segundo fragmento citado[428]. Por lo demás, no se puede considerar este ejemplo como un simple accidente, pues el tema de los amores incestuosos florece entre los autores ingleses de la época de Jacobo I[429]. Pero también en otras épocas surge la filiación entre el mito del andrógino y la tentación incestuosa. En Charles Baudelaire por ejemplo, pues el poeta, cuando invoca a la mujer ideal, la llama «mi hija, mi hermana»[430]; y ésta no es nada menos que la muy platónica compañera[431], la otra mitad del andrógino perdido, a partir de la cual se despliega toda la ensoñación de un viaje del que se podría decir que es metacósmico, habida cuenta de que se trata para el poeta amputado de escapar, de huir «a cualquier lugar fuera del mundo»[432]. O también en un texto sorprendente de Robert Musil[433], extraído de *El hombre sin atributos*; el héroe, Ulrich, se dirige a su hermana Ágata, de la que está enamorado: «Imagina dos peces rojos en un bocal... No nos preocupamos de saber si son dos o uno solo en realidad... Lo que me pregunto es cuándo podrán tener ese sentimiento... Para ellos, a cada instante del ser doble que forman, corresponden dos posiciones del mundo que, psíquicamente, pueden coincidir; es decir, que no se les ocurrirá nunca realizar un movimiento para pasar de una a otra; jamás tendrán la impresión de una distancia entre los dos, ni nada semejante. Me parece que no sería imposible encontrarse en un mundo así».

Esta sorprendente alegoría de los peces rojos está de algún modo reforzada por la pasión incestuosa que la subyace. Es como si tal pasión, normalmente reprobada, encontrara de manera natural para expresarse el esquema androgínico del ser doble que extrae de su misma dualidad el elemento que constituye su paradójica unidad. La continuidad que va del texto de John Ford al de Robert Musil es sorprendente. Y ciertamente, no se trata de decir que el mito del andrógino tenga una trama necesariamente incestuosa; sino que, al revés, la propensión incestuosa, sobre todo cuando es asumida por el discurso literario, parece habitar adecuadamente ese mito que le sirve entonces de receptáculo. La pasión fraternal, más quizá que cualquier otra, se enraíza en el esquema de la unidad original. Pero como todo deseo fundamental, cuya dinámica es necesariamente regresiva, hasta el punto de que tenemos buenas razones para pensar que su destino es la muerte[434], esa pasión no puede ser tolerada por el grupo social cuyo funcionamiento normal va en el sentido de un mantenimiento del ser. Por eso el incesto es, como el hermafroditismo, un fenómeno tabú y reprimido: perturba la dinámica vital del grupo social y transgrede la expansión de la vida. En ese sentido, se puede decir perfectamente que es *contra natura*.

Finalmente, la antropología puede aportar ciertas garantías a las filiaciones y analogías que nos ofrece la literatura. Así, al analizar algunos relatos míticos griegos que tienen relación con fenómenos de transexualidad, Marie Delcourt observa en ellos ciertas variantes de las que se contenta con señalar que «ilustran curiosas contigüedades entre la androginia y el incesto de hermano y hermana»[435]. La Gran Diosa de las religiones arcaicas mediterráneas, cuyos rasgos o poderes andróginos hemos señalado en la Primera parte, se une frecuentemente con su propio hijo; y, de forma general, complejos elementos incestuoso-bisexuales están presentes en los grandes desórdenes cosmogónicos primitivos. Esos desórdenes, parece, son los de una naturaleza de la que nos habla el mito, pero a la manera de una nostalgia irrecusable, pues la cultura ha introducido su orden propio, que no tolera ya las «teratologías» iniciales. Como observa J. T. Maertens, algunos mitos parecen indicar que el paso del estado incestuoso al estado exogámico es el correlato de una herida sobrevenida al sexo del hombre, y el rito de circuncisión sería como el recuerdo de esa herida; lo que quiere decir, en otros términos, que el hombre afirma su poder, y al mismo tiempo su diferencia, paralelamente al hecho de instaurar la cultura y repudiar la sexualidad entre los «allegados». La cultura es entonces la adaptación activa a una realidad enteramente socializada, y esto en detrimento de los deseos arcaicos reflejados en los mitos.

b) La gemelidad

El tema del incesto contiene virtualmente el de los gemelos; tal vez incluso encuentra en él su expresión más acabada, aunque la proposición recíproca parezca igualmente plausible. Esto se manifiesta en un rasgo mítico importante, señalado por Otto Rank y anotado en su estudio sobre el tema del *doble*: «La idea de que los gemelos se han creado a sí mismos —escribe el autor— me parece manifestarse de manera evidente en la muy extendida creencia de que los gemelos de sexo diferente pueden realizar el acto sexual ya antes de su nacimiento, en el cuerpo de su madre, y transgredir así el tabú de la exogamia»[436]. Señalamos de paso el tema de la autoprocreación, cuya connotación hermafrodita ya hemos apuntado. Además, las parejas gemelares juegan un papel importante en las diversas tradiciones cosmogónicas[437]. Por último, el culto de los gemelos, según los trabajos del antropólogo escocés Harris, pertenece a las instituciones más antiguas y más universales[438]. Por tanto, tenemos por una parte un verdadero arquetipo —el de los gemelos—, y por otra el esquema incestuoso de los gemelos apasionadamente consagrados uno a otro por una situación original completamente excepcional: la imbricación intrauterina. Si, como sugería Groddeck, la mujer encinta es la mejor aproximación al andrógino, entonces la mujer encinta de gemelos representa una especie de redundancia: es el andrógino que se abarca a sí mismo.

En el lenguaje de la creencia, hemos visto que el Andrógino es el prototipo del equilibrio y la unidad primordial. Esto se extiende también a la gemelidad, al menos en tanto pertenecen al orden mítico. Un artículo de Louis-Vincent Thomas[439] muestra la importancia de la referencia gemelar en todo el complejo mítico-ritual africano; además, su interferencia con el esquema bisexual es patente. Así: «La personalidad negro-africana se conjuga frecuentemente en el modo de lo dual. No solamente cada sujeto y hasta la iniciación (circuncisión y excisión) presentan una doble valencia masculina y femenina, siendo el hombre mujer por su prepucio y siendo la mujer hombre por el clítoris, sino que también el ser humano se duplica la mayor parte del tiempo con un álter ego inmaterial, "una imagen de sí mismo", un "gemelo etéreo" que representa la parte consciente de su ser y que, muy a menudo, parece ser de sexo opuesto al alma o al principio vital»[440]. Esta creencia en la existencia de un gemelo «etéreo» es notable. Es como si el individuo, radicalmente frágil, tuviera necesidad, para no vagar desesperadamente en la existencia, de estar religado a un referente que participe a la vez de lo mismo y de lo otro; como el ser mutilado en *El banquete* de Platón, vive en la búsqueda inquieta de su mitad perdida. El hecho de que el doble gemelar sea concebido de sexo opuesto es evidentemente significativo, aunque este tema del doble esté investido de toda una polisemia que supera la sola determinación sexual (la sombra, el alma, el aliento, el animal totémico, constituyen otros tantos significados posibles). En cualquier caso, requiere una obsesión suficientemente marcada para que en ciertas etnias el nacimiento único sea vivido como un nacimiento fallido de gemelos[441]; o para que se suponga que todo hombre tiene almas gemelas de sexos opuestos. Lo que se manifiesta a través de todo esto es que la existencia individual es un escándalo, un error; y a mayor abundamiento la existencia del individuo sexuado, provisto de un sexo que no ha escogido y contra el que sin embargo el grupo social no deja de ejercer coacciones: ritos mutilatorios, códigos matrimoniales, etcétera.

Sin embargo, es importante subrayar que la pareja gemelar andrógina no es paradigmática más que en el orden del mito. Cuando aparecen gemelos en el orden «natural», ese fenómeno estadísticamente excepcional y que parece precisamente transgredir las leyes habituales del nacimiento es a menudo acogido con sospecha. Esta intrusión, de alguna manera «forzada», del arquetipo sacralizado en la prosa cotidiana está considerada como un sortilegio generalmente inquietante. Lévy-Bruhl[442] ya había recogido el nacimiento de gemelos entre los presagios funestos más frecuentes. A esta violencia ejercida por los «poderes invisibles» sobre el ritmo normal de la «naturaleza» responde generalmente una violencia purificadora, variable según las costumbres locales, pero que puede llegar hasta la muerte de uno o de los dos gemelos. Pero, cosa aparentemente curiosa, si uno de ellos muere espontáneamente, conviene que el otro sea inhumado también y en la misma tumba que el primero: sorprendente símbolo de un doble retorno al útero y a la Tierra Madre, o, en otras palabras, de la reconstrucción andrógina. Tales prácticas, que Lévy-Bruhl consideraba ilógicas, se comprenden mejor a la luz de la ambivalencia de los arquetipos y de las relaciones que mantienen con los fenómenos naturales.

Cuando, más raramente, el nacimiento de gemelos en las sociedades arcaicas es vivido de manera eufórica, no por ello deja de ser objeto de una fuerte corriente afectiva y ritual. En todos los casos, hay una verdadera fascinación alrededor de esos dos seres tan semejantes que parecen el desdoblamiento de una entidad única, misteriosamente concebida en ese horno alquímico que es el vientre materno. En nuestras sociedades tecnificadas y desengañadas, el nacimiento de gemelos sigue siendo, al menos, objeto de bromas.

En cualquier caso, no es sorprendente que este tema se difunda a veces en la literatura y se tiña de androginia. Aparece alusivamente como al trasluz en el mito de Narciso visto por André Gide[443]. Ante el espectáculo heraclitiano de la mutabilidad de las cosas, el héroe supone que las formas están en busca de su paradigma: «Así pues, son imperfectas, puesto que recomienzan continuamente... y todas —piensa—, se debaten y tienden hacia una primera forma perdida, paradisíaca y cristalina»[444]. Pero he aquí que él mismo se halla implicado en esta búsqueda. Y cuando encuentra su propia imagen en la superficie del agua, verdadero «sím-bolo» de sí mismo, y ve hasta qué punto se rompe cuando trata de alcanzarla, entonces permanece callado, replegado sobre su identidad al fin descubierta; ¿qué otra cosa podría amar sino a sí mismo, andrógino reencontrado por la mediación del espejo? Al mismo tiempo, parece surgir la posibilidad de un tiempo domesticado, y esto especialmente en la última frase del texto: «Grave y religioso, asume de nuevo su calma actitud: se queda allí —símbolo que crece— e, inclinado sobre la apariencia del mundo, siente vagamente en él, reabsorbidas, las generaciones humanas que pasan»[445]. La dimensión andrógina de este relato está atestiguada por la evocación en su centro del Adán primordial, «único, todavía no sexuado», anterior a la aparición del tiempo. En cuanto al tema gemelar, permanece un tanto latente, pero no es menos fácilmente discernible si se observa, con Otto Rank, que ciertas versiones tardías del mito de Narciso hacen de este último un enamorado inconsolable tras la muerte de su hermana gemela que se le asemeja exactamente[446]. De todas formas, sin llegar hasta ahí, es lógica la continuidad que va del mito de Narciso a la pasión gemelar. Y si Narciso paga a veces con su vida la «incestuosa» fascinación por su imagen-gemelo, es porque ha cometido alguna transgresión redhibitoria.

El hermafroditismo latente de la pareja gemelar es también una obsesión en la obra literaria de Michel Tournier, impregnada toda ella de un perfume de perversión. En una obra de autorreflexión si no de autobiografía[447], el escritor confiesa su fascinación por el tema de los gemelos. Éste aparece ya en el preámbulo de su novela *Viernes o los limbos del Pacífico*, y su correlación con el mito del andrógino es a partir de ese momento flagrante. Aparece en labios de un capitán de barco que se entrega a la cartomancia e interpreta las figuras del Tarot: «Arcano decimoquinto: los Gemelos... Están representados unidos por el cuello a los pies del ángel bisexuado. ¡Recordemos esto!»[448]. Y algo más adelante: «Volvemos a encontrar la pareja de los Gemelos en el decimonoveno arcano mayor, el arcano del León. Dos niños cogidos de la mano ante un muro que simboliza la Ciudad solar... En la Ciudad solar —suspendida entre el tiempo y la eternidad, entre la vida y la muerte— sus habitantes están revestidos de una inocencia infantil, habiendo accedido a la sexualidad solar que, más aún que andrógina, es circular. La serpiente que se muerde la cola es la representación de esta erótica cerrada sobre sí misma, sin pérdida ni sobrante»[449]. Reconocemos aquí la imagen antigua de la serpiente Uroboros, hermafrodita y símbolo de la eternidad. Preludia el destino de Robinsón, arrancado a su pesar a la norma cultural y destinado al encuentro con Viernes, su gemelo astral. El elemento de transgresión es aquí que el náufrago se deja ganar por una sexualidad marginal y se niega a volver a la civilización cuando se le presenta la ocasión. Otra novela, *Los meteoros*, está consagrada de manera aún más explícita al mito gemelar. Tournier opone en ella, por una parte, a la pareja mixta tradicional, angustiada por el tiempo y sus estragos, agarrándose a modelos inoperantes (Tristán e Isolda, Romeo y Julieta), y, por otra, «la pareja de dos hermanos gemelos, indiscernibles, pareja de seres idénticos, estéril, eterna, inalterable»[450]. Esta última afirmación indica claramente que, en el imaginario de Tournier, los gemelos constituyen una de las manifestaciones de la Unidad-dual arquetípica, sexualmente autosuficiente, que transgrede así las leyes biológicas de la reproducción, escapando al mismo tiempo a la obra del devenir. No estamos lejos del sueño de los alquimistas y de su simbolismo hermafrodita.

De esta manera, el androginato, el incesto y la gemelidad podrían constituir los elementos reversibles de una misma familia mitógena. Cada uno de estos términos, de cierta manera, transgrede un orden, se opone a lo dado, se erige en fantasmagoría. Cada uno de ellos supone la abolición de una distancia, y anula, en cierta medida, una dualidad. Cada uno de ellos restituye una intimidad perdida. Pero, al hacerlo, aspiración ilusoria de una imposible abolición del principio de realidad, cada uno sufre a cambio la reprobación del cuerpo social, se ve relegado al museo de los tabúes o las curiosidades. Pertenece a la esencia del mito no poder soportar el contacto con la prosa del mundo. Por eso el mito, cuando de alguna manera se encarna, es desposeído y anatematizado.

¿Y qué sucedería, por otra parte, si el hombre tomara sus mitos al pie de la letra, si se le ocurriera «realizarlos»? Tenemos todo el derecho a suponer que no soportaría el desencantamiento que de ello se seguiría. Se marchitaría entonces su instinto de vida y sufriría quizás una especie de manía suicida colectiva, como esos indios yaruro de los que nos habla Mircea Eliade, que, por la nostalgia del retorno a la Tierra Madre, habían renunciado a la lucha por la vida[451].

El mito del andrógino, encrucijada paradójica de un paradigma excepcional y de una excrecencia teratológica, es el signo de que la realidad vivida por el hombre no le conviene, que no es a la medida de su ser. Tras él se perfila también algo que se asemeja a una renuncia a la vida: el andrógino es el grado cero del deseo, la realización del principio del nirvana. Por eso el pensamiento del andrógino nos lleva por etapas hacia el pensamiento de la muerte.

Quinta parte
Hacia una metafísica de la sexualidad

La permanencia obsesiva del esquema de la androginia, su repetición proteiforme a lo largo del discurso mítico, la teosofía, la literatura y el arte, así como el respaldo eventual que le proporcionan los recientes descubrimientos de la antropología y la «psicología de las profundidades», todo esto autoriza a postular la manifestación de un deseo fundamental, enraizado en lo que la escuela junguiana llama el inconsciente colectivo, y susceptible por tanto de ser denominado «arquetipo». Pero ¿de qué deseo se trata que así multiplica las figuras del Andrógino primordial, sea atribuyéndolas a esos «seres de los orígenes» que son los dioses, los héroes y los ancestros, sea haciendo de ellas un modelo de equilibrio y plenitud, sea también polarizando sobre ellas las coartadas de la transgresión? Parece como si el andrógino no se sintiera a gusto más que en el seno del discurso mítico, como si la «realidad» resultara inadecuada para acogerlo o soportar sus formas; en otras palabras, el andrógino parece ante todo la expresión fantasmática de alguna *imposibilidad*. Acumulando los sexos, o más bien anulándolos con mucha frecuencia al superarlos en una sutil síntesis, el arquetipo andrógino, ¿no implica fundamentalmente el deseo de negar la diferencia de los sexos —inscrita en una especie de «necesidad» natural— y de abolir al mismo tiempo el drama ontológico que a partir de ahí se desarrolla? Desde esa perspectiva, ¿no habría que considerar que el mito del andrógino es, en su esencia fundamental, como el *negativo de la sexualidad*? Éste será el objetivo del capítulo 1 de esta Quinta parte. Esta negación supone que el sexo es el equivalente de una caída, de una pérdida de ser. Analizaremos a continuación sus componentes, y lo haremos en varias etapas. En el capítulo 2 se considerarán las aporías del deseo. El capítulo 3 pondrá de relieve la dimensión fundamentalmente agonal que se manifiesta en la relación entre los sexos. Por fin, en el capítulo cuarto y último, mostraremos por qué vemos perfilarse tras la condición sexual del hombre la sombra inquietante de Tánato.

1. El mito del andrógino: un «negativo» de la sexualidad

Objeto mítico aureolado de nostalgias, el andrógino parece desplegar sus sortilegios en torno a un «hueco», en un espacio situado «en otra parte». La bivalencia que contiene, ¿no es privilegio de los «tiempos» sagrados de los orígenes? Y ¿no ha sido proyectada, en la pluma de ciertos autores, hacia una escatología fantasmática que sería como el final del Tiempo? Emergencia del deseo que brota del inconsciente colectivo, el andrógino es la expresión de lo que no somos o, se podría decir también, de lo que ya no somos, de lo que «querríamos» ser (dando por supuesto que ese «querer», con mucha frecuencia, no reviste una forma claramente consciente). El texto de Platón puesto en boca de Aristófanes puede servir una vez más de paradigma: «Según nuestra antigua naturaleza éramos un todo completo: el deseo y la persecución de ese todo se llama amor»[452].

«Un todo completo»: ésta es la expresión clave que es como el trasfondo de todo el corpus mítico relativo a la androginia. Un *todo*: es decir, una unidad que contiene e integra una pluralidad virtual, ordenada según un perfil latente apropiado, en otras palabras, una armonía; y ese todo es necesariamente *completo*, es decir que no le falta nada que no tenga ni para subsistir ni para gozar de sí. A partir de ahí, el arquetipo andrógino significa positivamente a la vez una autarcía y una euforia ontológica de tal suerte que su simbólica transciende naturalmente cualquier referencia que sea exclusivamente sexual. Es así como lo entiende Mircea Eliade en la conclusión de su estudio titulado *Mefistófeles y el andrógino*. Según él, el andrógino no es solamente la reunificación de sexos diferentes, es también la síntesis reconciliadora de todas las oposiciones que se enfrentan, es la *coincidentia oppositorum*[453] que resuelve y anula todas las tensiones nacidas de la división y de la existencia correlativa de parejas de opuestos. Lo que así se afirma en la persistencia del mito andrógino –sean cuales sean, por otra parte, la naturaleza y la variedad de los pares de opuestos que se trata de integrar en una síntesis superior– es el deseo de curar un sufrimiento que no está ligado a tal o cual vicisitud existencial, sino que se encuentra inscrito en una especie de *a priori* ontológico. Eliade lo afirma claramente; según él, la proliferación histórico-etnológica de referencias androgínicas revela, «ante todo, una profunda insatisfacción del hombre ante su situación actual, lo que se llama la condición humana. El hombre se siente desgarrado y separado»[454].

Paradójicamente, no sabe claramente de qué está separado. Pero lo que presiente, a menudo de forma oscura, es que hay un desfase entre su ser y el ser del mundo. El hombre, esa «creación del deseo»[455] según la célebre fórmula de Bachelard, es perpetuamente rechazado de un mundo que no funciona a la imagen de su deseo. Esto es cierto en primer lugar del hombre arcaico, cuyos mitos se refieren incansablemente a la desaparecida Edad de Oro. Pero es cierto también del hombre comprometido con los imperativos del Logos.

Pues todo el discurso filosófico, aunque se encierre en el racionalismo sosegado de los grandes sistemas, parece atestiguar en su misma aparición una irreductible inquietud, la de la consciencia que busca la comprensión de lo Mismo mientras está confrontada al eterno retorno de lo Diferente; o también la del individuo que, fijado en la doble determinación del espacio y el tiempo, acecha a través de lo Múltiple que mueve los signos eventuales de la permanencia de lo Uno, en lo cual y por lo cual él podría articular y justificar su ser propio. A Nietzsche le es fácil condenar la impudencia del espíritu de sistema, expresión hipócrita de un refugio intelectual y, al mismo tiempo, de una voluntad de poder disfrazada[456]. Pero la filosofía nos interpela más bien por sus comienzos y sus fulgurantes intuiciones de nuestra separación ontológica. Hay, en el impulso inicial dado a la filosofía occidental, algo que se expresa de entrada en términos de dramaturgia y dislocación. Es Heráclito, cuyas aparentes paradojas parecen querer colapsar de algún modo la existencia, quien nos advierte por ejemplo de que, «cuando nacen, los hombres quieren vivir y encontrar la muerte, o, más bien, quieren descansar y dejan hijos para la muerte»[457]. Es Empédocles quien nos habla de los avatares de lo Uno en lo Múltiple[458], avatares orquestados por la grandiosa lucha cósmica del Amor y el Odio, hasta el punto de que «todos los miembros del dios fueron quebrados uno tras otro»[459]. Es también Anaxágoras, cuando, al evocar el Tiempo de antes de la separación, afirma que, «en esas condiciones, hay que admitir que en el todo coexistían todas las cosas»[460].

Las mismas líneas de fuerza circulan a través de esos fragmentos que son como las reliquias de lo que fue nuestra manera primordial de filosofar. La pluralidad y la separación de los seres es considerado un enigma obsesivo, una catástrofe misteriosa; y correlativamente, aparece la nostalgia de la Unidad perdida, sentimiento de encontrarse en un estado errático. Este tema, que aparece con frecuencia en las especulaciones de los filósofos presocráticos, se prolongará en los neoplatónicos, en los místicos medievales después, y resurgirá con fuerza entre los románticos alemanes[461].

Pero sin duda habita también secretamente en toda conciencia inquieta por existir. Así, es objeto de una intuición cosmológico-literaria particularmente sorprendente en el *Eureka* de Edgar Allan Poe[462]. Al reflexionar sobre la teoría física de la gravitación universal, el autor de las *Historias extraordinarias* no vacila en ver en el universo sideral el resultado de una irradiación dislocadora, a la que responde la tensión compensadora de las fuerzas gravitatorias, que aparecen entonces como el equivalente de un deseo ontológico-cósmico de retorno a la Unidad primordial. Y Poe subraya así el carácter transitorio de esas fuerzas atractivas, previendo al mismo tiempo un fin del mundo en forma de caída generalizada de todas las estrellas y todos los planetas hacia el centro extraespacial original. Naturalmente, nada impide que renazca entonces un nuevo universo, de forma expansiva, dando así un ritmo empedocliano a una visión que, por otra parte, parece curiosamente retomada por ciertas concepciones de la astrofísica moderna[463]. Este texto de Poe es particularmente sugerente porque ofrece de manera audaz una dimensión y una ampliación radicalmente cósmicas a una problemática que los filósofos reservan habitualmente a la conciencia —la conciencia desdichada— y que los psicoanalistas, más humildemente, remiten al ser traumatizado por el nacimiento, por todo nacimiento. Como señala Jean Brun: «En Poe, el Universo entero trata de curarse de su dislocación espacial por un retorno a su fuente original, implicando una especie de palinodia que recorre en sentido inverso el camino del nacimiento»[464].

El mito del andrógino, en su reiteración y en su diversidad, testimonia a su manera que el hombre sufre por un desgarro irrecusable —sufrimiento cuyo fundamento es plural en su misma unidad[465]—, y eso es, en efecto, lo esencial. Sin embargo, toda esta polisemia no debería ocultarnos que el mito tiene, en su etimología misma, una connotación sexual.

Y lo que aquí querríamos destacar es que el mito, en su aptitud *general* para traducir el deseo de unidad armónica, perfila en *particular* el malestar del hombre genérico frente a su determinación sexual. Tal vez sea incluso ésta lo que constituye el foco de su malestar; y así el tiempo, el espacio, etc., son vividos como trágicos por relación a una instancia sexual que se expresa y se pierde en ellos. En ese sentido, podemos aceptar que el mito del andrógino sea por excelencia metafórico, a condición de que su figura prototípica sea la del ser en el que queda abolida toda diferenciación sexual (sea por anulación, sea por síntesis).

Además, hay que decir que la filosofía, por muchas precauciones que tome para asegurarnos que nuestras determinaciones transcendentales son objeto de una posible inteligibilidad, permanece presa de un extraño pudor (pero ¿es ésta la palabra que conviene?) respecto del sexo[466]. Así, cuando por excepción un texto como el que Platón pone en boca de Aristófanes parece darnos que pensar sobre la cuestión, se diría que los comentadores se apresuran a aplanar esa dimensión del texto y a remitirla a otra cosa. Es lo que hace Léon Robin cuando comenta *El banquete*[467]. Pero, exegeta más reciente, Pierre Boutang se entrega también a un curioso juego de manos cuando considera que el andrógino del texto ha ocultado la reflexión sobre el destino del hombre ¡en provecho de la sexualidad![468] ¿No es más bien a la inversa? O, en todo caso, ¿no es preciso leer radicalmente las dos perspectivas en su relación recíproca? En cuanto a la lectura propuesta por Marsilio Ficino, por sugerente que sea, no deja de utilizar un esquema exegético que vacía el relato de parte de su contenido (la felicidad de los amantes es sólo discretamente evocada, a título de comparación, al final del cuarto discurso).

¿Está, pues, el hombre tan molesto por su sexualidad como para que, al filosofar, la acalle hasta ese punto? Parece como si, oscuramente, experimentara la presencia del sexo en él como una intrusión extraña, como una falsa naturaleza sobreañadida a su naturaleza profunda, que le impusiera, subrepticiamente, sus propias exigencias. Lo que se manifiesta por tanto como un peligro crucial es el objeto de una radical tentativa de evicción. Pero el desarrollo del psicoanálisis nos ha enseñado a considerar como más peligroso todavía el retorno inopinado de lo reprimido. Por eso, a la ambigua condescendencia de los filósofos hay que preferir el reconocimiento de la instancia perturbadora, delimitar si es posible sus puntos de emergencia y calibrar sus poderes eventuales.

Los pensadores románticos, más dóciles que sus antecesores a las demandas del inconsciente, experimentaron a veces, sin tratar no obstante de teorizarla de manera sistemática, la tragedia existencial que aflora en la condición sexual del ser humano. Así, para Karl Ritter la diferencia de los sexos es la causa de todos nuestros males, de manera que la venida futura de un androginato generalizado es lo único susceptible de abolir nuestra desdicha ontológica. Ese punto de vista, tan enérgicamente expresado por Ritter, no deja de ser el de todo un linaje de pensadores —ciertamente menos filósofos que poetas— para los que el hombre bordea en su condición sexual una especie de riesgo existencial radical. Pero aquí es necesario precisar: lo que está en juego en la «inquietud» de los románticos no es tanto el conflicto de lo que la escuela freudiana llamará más tarde el principio del placer con el principio de realidad, como el desconcierto que se apodera del ser en el momento de un cierto encuentro con el otro sexo. La sexualidad, en los románticos, está casi siempre sublimada en el lenguaje de la pasión —aunque, llegado el caso, como hemos visto por ejemplo en Friedrich Schlegel, se pueda manifestar de forma bastante directa—, y no está menos intensamente presente bajo la forma de esa exaltación pánica que, de alguna manera, deconstruye al hombre frente a la mujer (y viceversa), dejando al ser humano totalmente expuesto, poniéndolo bruscamente en presencia, por rechazo, de su irrecusable fragilidad, de su soledad.

Todos esos temas impregnan las líricas exhortaciones del protagonista a su amada en el *Hiperión* de Hölderlin. Y desde el principio es patente que los amantes están unidos por alguna predestinación andrógina, pues «antes de que uno u otro lo supiese, ya nos pertenecíamos»[469]. Lo que justifica que el encuentro sea una gran conmoción, pues equivale a una congruencia de los seres. En ese gran desorden que se instaura, la agitación de los cuerpos no está ausente en absoluto: «¡Un estremecimiento de voluptuosidad ardiente me recorrió, todos mis sentidos se turbaron y las manos me ardieron como ascuas al tocarla!»[470]. Sin embargo, el deseo de fusión de los amantes va mucho más allá de la sensualidad y necesita entonces, para expresarse, una figura metafórica: «Uno querría hacerse melodía y unirse con el otro en celestial contrapunto»[471].

Pero este verdadero deseo de restauración andrógina está, en esta existencia que se nos otorga, abocado a un fracaso tanto más trágico cuanto que el protagonista enamorado ha visto centellear la imagen platónica de la Belleza, y el estar privado de ella en adelante será para él la separación más cruel que exista. Pero sin duda desconocía que nuestra existencia está fragmentada en un marco espaciotemporal y que los cuerpos no se unen nunca de forma definitiva. Es lo que la amada, Diotima, le recuerda: «Lo comprendí muy pronto: yo no podía ser todo para ti. ¿Podía librarte de las cadenas de la condición mortal?»[472]. Es como si la pasión cristalizada en un ser sexualmente diferente no hiciera sino revelar más profundamente la soledad ontológica del ser. Esto arranca al héroe del poeta una confesión sumamente significativa: «Por ricos que seamos, lo que nos empobrece es la incapacidad de estar solos; que el amor no muera en nosotros por mucho tiempo que vivamos»[473].

Vemos que el amor, por idealizado y sublimado que se encuentre en el discurso romántico, no deja de ser un remedio para salir del paso, el signo de que, a nivel profundo, hay algo en el ser humano que no va. El amor procede de un sufrimiento original —el hombre movido por el juego del deseo experimenta que está fundamentalmente «separado»— pero parece también volver a él, pues es mucho más la exacerbación del sufrimiento que su curación. El amor, más que cualquier otra pasión, hace brillar la ilusión de que la existencia es una enfermedad curable; de este modo, la disipación de la ilusión y la recaída en el tormento de la separación resultan entonces más crueles todavía. Autores como Heinrich von Kleist o Novalis parecen haber sido eminentemente conscientes de ello. Por eso, por ejemplo, el autor de los *Himnos a la noche* puede escribir, sin ninguna complacencia mórbida sino reconociendo solamente la trama de una necesidad, que el amor es como la revelación y la elucidación de un tormento ontológico: «Cuando se huye del dolor, es que ya no se quiere amar. Quien ama deberá sentir eternamente el vacío que le rodea, y mantener abierta su herida»[474].

A fortiori, si se mide hasta qué punto la dimensión propiamente sexual del amor enfrenta al ser a singulares aporías —lo que se desarrollará en el capítulo siguiente— se comprende que los románticos, de forma general, hayan mantenido un poco en la sombra esta dimensión del amor, o que la hayan diluido en el juego indefinido de las metáforas. Pero ya esté el sexo enmascarado por el lenguaje de la sublimación, o tenga un lugar exacto problemático en el interior del mecanismo pasional, lo cierto es que la presencia conjunta del hombre y la mujer es una tragedia suficientemente intensa, fundamental, para que aparezca como el polo alrededor del cual se articulan las otras dimensiones trágicas de la existencia. Así, el espacio no es solamente una forma a priori de nuestra sensibilidad, sino aquello a partir de lo cual se determina el drama de todas las separaciones posibles; es lo que amenaza la frágil comunicación de los amantes. Abierto más allá de los horizontes que lo limitan, el espacio romántico parece abrirse hacia las indeterminaciones donde se trama la virtualidad de alejamientos cada vez más irremediables. Esto se manifiesta en el universo pictórico, y especialmente en Caspar David Friedrich. Con frecuencia sus obras ponen en escena una pareja, vista de espaldas, que contempla un paisaje afectivamente sobredeterminado: claro de luna, crepúsculo por encima del bosque, orilla del mar, etc. Al dar la espalda al espectador, la pareja obliga a éste a inquietarse ante el espectáculo que se dibuja al fondo del cuadro, abandonando así el primer plano que se abre, irremediablemente, hacia «otra parte». ¿Nostalgia del viaje imaginario que a través de la totalidad de sus peregrinaciones reuniría el espíritu del viajero y la naturaleza recorrida en una misma unidad? Quizá, pero también angustia por esas partidas posibles sin promesa cierta de retorno. En Friedrich, las líneas del horizonte, las oscuras colinas, los bancos de niebla, materializan a nuestros sentidos, al mismo tiempo que la significan, la fragmentación espacial que hace fracasar la unidad andrógina de la pareja y que, como en el mito de Aristófanes, coloca a cada mitad «mutilada» en una situación de intolerable inquietud. Por otra parte, algunos cuadros de Friedrich parecen hacernos asistir a la (posible) dislocación de la pareja: a veces un tercer personaje hace de aguafiestas, haciendo surgir quizás algún drama latente (como sucede en el célebre paisaje de la isla de Rügen); otras veces, la pareja ha desaparecido completamente y no queda más que un personaje, cuyo desasosiego está expresamente subrayado por efectos pictóricos inequívocos (negrura «surreal» del «paisaje» atravesado sin embargo por un arco iris blanco; doloroso abatimiento del hombre en el *Sueño del músico*). El espacio deviene entonces no ya el lugar del viaje, sino el del trayecto errático, como en el *Viaje de invierno* de Schubert, donde el enamorado abandonado es rechazado de etapa en etapa hasta el total desamparo final.

Lo que se dice del espacio se afirma con mayor agudeza todavía cuando se trata del tiempo, afectado por un principio radical de irreversibilidad. Pues el andrógino truncado de Platón ya no puede hacer otra cosa que buscar con frenesí la mitad perdida; pero esa mitad está perdida en un segundo sentido, pues está extraviada en el seno de la humanidad, de manera que la búsqueda amorosa se expone siempre al gran riesgo de no encontrar su objeto y hundirse en un interminable proceso de identificación; entonces el tiempo que pasa se consume para nada, y el ser se degrada como quien está privado de su esencia.

Pero aunque llegue a realizarse el encuentro decisivo y parezca producirse para los amantes la gran restauración de la unidad perdida, el tiempo sin embargo seguirá haciendo pesar su amenaza, pues, volviendo la espalda a los mitos, moldea a los dos amantes según ritmos y duraciones sutilmente diferentes; y dado que el andrógino jamás se reconstruye realmente en una existencia sometida al devenir, las disimetrías y las fisuras amenazan el edificio de la pasión. La prueba es que ese tiempo que vivimos «para la muerte» no hace sin embargo surgir la muerte de manera sincrónica: fuera de la poesía es completamente excepcional que los amantes mueran juntos. Esta tragedia del tiempo la vivió alguien como Hölderlin hasta el extremo. Ya hacía decir a su Hiperión, después de la muerte novelesca de Diotima: «Y ahora, vago en mí y fuera de mí, y también más allá, y ya no sé qué hacer ni de mí ni del mundo»[475]. Y cuando el poeta se da cuenta de que su propia Diotima no está ya, descubre que el tiempo no tiene realmente sentido. Lo que era solamente inquietud cuando se trataba de restablecer el mito del andrógino, se torna absurdo ahora que la prueba de la muerte viene prosaicamente a deconstruir el mito sin dejarle ninguna oportunidad de resurgir. Por eso el poeta se abisma en el anacronismo; los poemas llamados «de la locura» están firmados con fechas extravagantes. Además, toda la linealidad del tiempo se ha hecho superflua, y el discurso poético de Hölderlin restablece casi una especie de tiempo cíclico: los poemas se contentan casi siempre en sus títulos con nombrar las estaciones –Primavera, Verano, Otoño, Invierno[476]– y salmodiar su «eterno» retorno en una extraña meditación casi desapegada: se diría que el mismo devenir ha devenido caduco.

Es por consiguiente más particularmente en tanto que ser sexuado, afectado por una diferencia susceptible de arrojarle en las peores turbaciones de la pasión, como el ser humano está fijado a la doble determinación del espacio y el tiempo. No es por azar por lo que el relato bíblico de la Caída, que trata de dar cuenta de la desdicha actual del hombre caído, hace aparecer conjuntamente, como elementos de desdicha, el sexo, el tiempo y el espacio. Después del acto de desobediencia, Adán y Eva «conocieron que estaban desnudos»[477] y se avergonzaron de ello. Esto se puede interpretar como la toma de conciencia de una fragilidad ontológica del ser humano, pero también, más directamente, como el descubrimiento del cuerpo sexuado en el modo del malestar y la culpabilidad; tal vez incluso deviene sexuado precisamente en ese momento, igual que en el texto de Platón el hombre dividido no ve su propio sexo más que después de una nueva intervención divina. Al mismo tiempo, Adán y Eva son excluidos del jardín de Edén: esto puede significar que su modo de inserción en el espacio deviene problemático y doloroso, pues el «jardín» implicaba el espacio cerrado y la habitabilidad, mientras que el espacio nuevo está a partir de entonces abierto a una «tierra maldita»[478] y parcialmente yermo. Por último, esta exclusión ofrece también al hombre la perspectiva dramática del tiempo, a partir del cual se desarrollará el proceso de envejecimiento y de «vuelta al polvo»[479].

En esta condición, el sexo es consecuencia de una falta fundamental, y es, en su misma esencia, castigo. Escoto Erígena lo subraya: «El hombre, agobiado bajo el peso de su prevaricación, sufrió la división de su naturaleza en masculina y femenina; y por no haber querido respetar el modo celestial de reproducción que le correspondía, fue reducido, por un juicio justo, a una multiplicación animal y corruptible por vía masculina y femenina»[480]. Por eso el hombre experimenta, más o menos confusamente, la presencia en él de lo sexual como una intrusión extraña. Y, en la tradición judeocristiana, esta intrusión induce un profundo sentimiento de culpabilidad: pues no solamente la sexualidad está ligada a la caída original, sino que se revela por añadidura como el lugar donde por excelencia se enraíza la redundancia de la falta, donde el hombre, olvidando las promesas redentoras que le han sido hechas, reitera la ilusión de la concupiscencia. Que precisamente haya ahí «alienación», que la sexualidad designe aquello por lo que el hombre está dividido respecto de sí mismo y en sí mismo, es lo que expresa claramente la reflexión de San Agustín, anticipándose a su manera al análisis freudiano de la simbólica del sueño; se inquieta, en efecto, por la escasa resistencia que ofrecemos a las imágenes oníricas lascivas durante el tiempo del sueño, y añade: «Esas ficciones tienen tal poder sobre mi alma, sobre mi carne, que, con todo lo falsas que son, sugieren en mi sueño lo que las realidades no pueden sugerirme cuando estoy despierto. Entonces, Dios mío, ¿he dejado de ser yo mismo?

¡Hay tan gran diferencia de mí mismo a mí mismo en el momento en que paso de la vigilia al sueño, o vuelvo a pasar del sueño a la vigilia!»[481].

Sin duda la tradición judeocristiana ha acentuado la mala conciencia que va unida a la realidad sexual, pero de todas formas ésta surge como instancia extraña y perturbadora. Por eso el deseo de anularla superándola alimenta necesariamente ciertas ensoñaciones escatológicas. Lo hemos visto ya en toda una tradición teosófica que va especialmente de Jacob Böhme a Franz von Baader: la sexualidad es ahí el negativo de la androginia. Ésta era al «principio» como será al «final», y entre esos dos estados andróginos anclados, si se puede decir así, en la eternidad, existe una doble cadena, depresiva, del tiempo y el sexo. Ambos dibujan la curva de una inflación ontológica en el seno de la cual el hombre, confusamente consciente de no ser él mismo, difunde los discursos de su inquietud. Androginia y sexualidad están unidas, sutilmente, como lo están la plenitud y el deseo; poco importa a este respecto que siguiendo la perspectiva mítico-religiosa se dé cuenta de la sexualidad por el desgarro de la androginia o que, siguiendo la lectura de los teóricos del inconsciente, se vea en la androginia la proyección sublimada de la sexualidad. En ambos casos, el hombre sigue siendo ese ser que no coincide consigo mismo y que se experimenta según el modo de una insatisfacción perpetua. Si bien la determinación sexual no constituye sin duda su único material, no por ello deja de representar un papel esencial.

André Gide ha evocado de forma sorprendente, a través de la imaginación, ese momento en que Adán es arrancado a su dulce torpor androgínico; porque quiso saborear el gesto de la «disonancia»: «¡Ah! ¡Coger! Coger una rama del Ygdrassil entre sus dedos engreídos, y romperla... Lo hizo». Pero el aprendiz de brujo puso en movimiento el mecanismo de la catástrofe que inauguraba así el tiempo de la cesura: «Hacia el cielo sube un vapor, lágrimas, nubes que caen como lágrimas y que subirán de nuevo como nubarrones: ha nacido el tiempo... Y el Hombre, espantado, andrógino que se desdobla, lloró de angustia y de horror, sintiendo sordamente en él, con un nuevo sexo, el inquieto deseo de aquella mitad de él casi semejante, aquella mujer surgida de repente, allí, a la que abraza, de la que querría apoderarse; esa mujer que en el ciego esfuerzo por recrear a través de sí el ser perfecto y detener allí esa raza, hará agitarse en su seno lo desconocido de una raza nueva, y pronto surgirá en el tiempo otro ser, incompleto también y que no se bastará a sí mismo»[482].

2. La recurrencia del deseo

Que la condición sexual del hombre implica para él una insatisfacción fundamental hasta el punto de que se sueña a sí mismo, original y escatológicamente, como un andrógino que ha perdido su unidad, merece ser explicitado en lo que se refiere al proceso del deseo. El capítulo anterior ponía el acento en la idea de separación. Se trata ahora de explorar las vicisitudes de ese deseo que se alberga en el «espacio» de la separación.

Recordemos la situación tragicómica a que se ven abocados los seres mutilados por el castigo de Zeus en el discurso de Aristófanes. Cada mitad se esforzaba vanamente por abrazarse a su simétrica, y «los hombres morían de hambre y de inanición, pues no querían hacer nada los unos sin los otros». Deseo doloroso de la reunión imposible, unido sin embargo a un atolladero anatómico que roza lo grotesco: sabemos que Zeus puso fin a esa situación mediante una nueva metamorfosis que permitía entonces la unión sexual. ¿Pero significa eso que ésta sea, literalmente hablando, una «reunión» de lo que fue desunido? La letra del texto nos induce a responder negativamente, si tomamos en consideración la intervención imaginaria de Hefesto. Efectivamente, suponiendo que se apareciera a los amantes, nos dice el narrador[483], y que les propusiera fundirlos y soldarlos de manera que más tarde, después de la muerte, se presentaran a Hades como *uno solo*, éstos responderían necesariamente que eso es lo que profundamente anhelaban. Dicho esto, es significativo que todo el pasaje se desarrolle íntegramente en condicional. Parece así que la unión sexual no proporciona más que la aproximación o el indicio de aquello a lo que efectivamente se aspira, a saber, la reconstrucción andrógina. En otras palabras, el deseo que impulsa a cada amante hacia el otro funciona en un primer nivel como engaño. No llega sino a un simulacro no duradero de androginia. En este dominio, se podría decir prosaicamente que todo debe siempre comenzar de nuevo.

Pero hay engaño también en un nivel más profundo, más sutil. Esto está expresado en la respuesta que Diotima da implícitamente a Aristófanes, cuando afirma: «Se dice a veces que buscar la mitad de uno mismo es amar; y yo digo, querido amigo, que amar no es buscar ni la mitad ni el todo de uno mismo... pues los hombres no aman más que el bien; ¿no piensas tú lo mismo?»[484]. En efecto, lo que enmascaraba el discurso no obstante sugerente de Aristófanes es que el deseo se dirige hacia la alteridad, no tanto hacia la alteridad como tal, sino como umbral de una perfección que el ser que desea no tiene y, sobre todo, no es. Por eso la perorata de Aristófanes se repliega en definitiva sobre un narcisismo ilusorio. Y lo que muestra la revelación de Diotima es que el ser amado, en su realidad de ser singular, no podría constituir un objeto adecuado del deseo; en otras palabras, la mitad del andrógino perdido es desvelado aquí como ilusión, al mismo tiempo que el propio andrógino es reconducido a su pura figura de mito. Si creemos a la iniciadora de Sócrates, la emoción pasional que se trama ante la presencia del cuerpo amado no es más que el primer escalón, la propedéutica de una extraña dialéctica ascendente que remite el objeto del deseo a los confines de lo alcanzable. Recordemos sus términos: «Pues la verdadera vía del amor, ya se siga por uno mismo o se sea guiado por otro, consiste en partir de las bellezas sensibles y ascender sin cesar hacia la belleza sobrenatural pasando, por decirlo así, por todos los grados de la escala de un solo cuerpo bello a dos, de dos a todos, después de los cuerpos bellos a las bellas acciones, posteriormente de las bellas acciones a las bellas ciencias, para llegar desde las ciencias a esa ciencia que no es otra cosa que la ciencia de la belleza absoluta y para conocer finalmente lo bello tal como es en sí»[485]. El tema de la mitad perdida se encuentra aquí relegado de alguna manera al rango de las curiosidades mitológicas, al mismo tiempo que el cuerpo amado no es más que el lugar transitorio del que parte una prodigiosa búsqueda anafórica. El carácter privilegiado de ese cuerpo particular se desvanece ante la pluralidad de los cuerpos bellos, que se inclina a su vez ante un «orden» que no es ya el del cuerpo. Es curioso observar que el texto no nos ilumina mucho sobre esta etapa de la pluralidad de los cuerpos y que los comentadores tampoco lo hacen. Y es que el texto encubre una dimensión escabrosa, ya que, evidentemente, se supone que el amor que elige un objeto particular funciona a un nivel inferior que el que se abre a la pluralidad. Pero lo que, de todas formas, se puede decir es que el deseo que se apega al cuerpo o a los cuerpos es un engaño, puesto que el verdadero objeto de su satisfacción está «en otra parte». El deseo del

Absoluto que actúa inconscientemente en el fondo de todo deseo –aunque sea tan agudo y perentorio como el deseo sexual– no podría encontrar su contenido ni en la determinación particular de un cuerpo, ni siquiera en la corporeidad en general. Por eso la sexualidad arrastra consigo un lastre inevitable de desencantamiento y de desdicha.

La dimensión muy exactamente «meta-física» del texto de Platón desilusiona el «mito» de los amantes colmados, tan bien mantenido por el inconsciente colectivo de nuestra civilización. Se diría que descalifica de antemano cualquier promesa de un Tristán feliz. Ya el relato de Aristófanes subrayaba discretamente la ceguera de los amantes, fascinados uno por el otro y atormentados no obstante por una fuerza cuyo origen extrínseco no comprenden. Por eso, después del gran momento de entusiasmo del encuentro, la pasión no escapa a una especie de opacidad que le es congénita: «Y hay quienes pasan toda su vida juntos, sin poder decir lo que esperan uno del otro, pues no parece que sea el placer de los sentidos lo que les haga encontrar tanto encanto en la compañía mutua. Es evidente que el alma de los dos desea otra cosa, que no puede decir, pero que adivina y deja adivinar»[486]. ¿Cómo esas almas que desean «otra cosa», y no saben el qué, podrían no estar, a pesar del acercamiento reiterado de los cuerpos, radicalmente inquietas?

En este sentido, el esquema platónico del deseo podría servir para mostrar que dos héroes fundamentales de nuestra cultura, Tristán y Don Juan, son víctimas, ambos, de una ilusión óptica que hace de ellos personajes trágicos por excelencia.

Tristán en primer lugar: si su destino es el sufrimiento y la catástrofe, es porque se hace cómplice del arquetipo andrógino que alimenta su psique y porque se adhiere sin reservas –de ahí el lado «fatal» de la pasión– a una imaginería que se cierra sobre él y le atrapa en la trampa de una fidelidad amorosa que, lejos de ser la de la institución matrimonial, se enraíza en una necesidad pánica de restaurar la unidad perdida. Lo que quiere decir, en otros términos, que Isolda es patológicamente sobrevalorada –como la Diotima de Hölderlin en *Hiperión*– e investida de un estatuto ontológico que no puede asumir. Tristán ama menos a Isolda que al Amor que consume todos los límites. En primer lugar, no ve que es la búsqueda furiosa de sí mismo la que le ha hecho vulnerable al mecanismo pasional; lo que hace decir a Denis de Rougemont: «Pero la desgracia (para Tristán e Isolda) es que el amor que los "agita" no es el amor al otro tal como es en su realidad concreta. Se aman mutuamente, pero cada uno ama al otro a partir de sí, no del otro. Su desdicha tiene así su origen en una falsa reciprocidad, máscara de un doble narcisismo»[487]. Y, en segundo lugar, como ya vimos anteriormente, el deseo así polarizado sobre una mujer no puede encontrar satisfacción profunda y enfrenta al héroe legendario con una aporía cuyos «tabiques» se endurecen a medida que el delirio amoroso se exacerba en un círculo cerrado, de modo que la única salida liberadora posible es la muerte.

Está luego Don Juan, ese «reflejo invertido de Tristán», como le llama Denis de Rougemont; según un primer planteamiento, este ser impertinente es casi un personaje de comedia, un «burlador», un tramposo. Pero es evidente que este personaje lúdico es susceptible de asumir otra dimensión: así, se le podría interpretar como aquel que ha tomado en serio la palabra iniciática de Sócrates-Diotima según la cual hay que pasar del amor a un solo cuerpo bello al amor de todos los cuerpos bellos. Esta apertura a la pluralidad le dispensa de la ilusión pasional en la que se encierra Tristán, pero no le impide ser engañado a su manera por una trayectoria de deseo de la que le sería imposible –¡más todavía que a Tristán!– alcanzar el final. En primer lugar, la pluralidad a la que se entrega está forzosamente más allá de todo inventario: de ahí el carácter grotesco de la «lista» de víctimas tal como aparece en la ópera de Mozart. Además, si es cierto que vuelve la espalda al mito del andrógino, no por ello está menos fascinado por una cierta idea –o más bien una imagen– de la feminidad que le condena a buscar una abstracción. Además de asumir los riesgos concretos de una existencia basada en la estrategia conquistadora, se expone a la inquietud fundamental del que se consagra a lo interminable. Hay necesariamente angustia –aunque aparezca disfrazada– en el camino de aquel que entra en la dialéctica indefinidamente abierta por Eros.

Sin embargo, en otro sentido, Don Juan se condena a sí mismo a un vagabundeo cuyo final es necesariamente dramático. En tanto que libertino, no se define solamente como experto en estrategia amorosa, es también quien, negando toda credibilidad a la apuesta de Pascal, juega su vida como una aventura hacia la muerte. En su análisis sistemático de las invariantes estructurales del mito de Don Juan, Jean Rousset recuerda la importancia de la estatua de piedra. Esta figura de la muerte viene siempre, antes del desenlace, a tender la mano a Don Juan, que no se esconde. Según Jean Rousset, conviene rehabilitar el papel temático de esta aparición que ha sido velada poco a poco por la creciente fascinación ejercida por el personaje de Don Juan, pero sin la cual el mito y sus variaciones no tendría sin embargo existencia o cambiaría de naturaleza. Por eso «Eros y Tánato están tan estrechamente asociados en esta aventura que si se los disociara se la desnaturalizaría; así pues, esta historia sólo adquiere su verdadero sentido por su final»[488]. En la «lógica» de Don Juan no hay lugar para ese término transcendente que se supone da sentido a la dialéctica erótica de *El banquete*. El camino ascendente se encuentra entonces decapitado y, en el vacío que le sucede, el protagonista se tambalea y se inclina hacia su pérdida.

Y si Don Juan es engañado es quizá también de otra manera, no solamente porque está anclado a las etapas inferiores de la ascensión erótica, sino porque, al decir «sí» al eterno retorno del deseo, no deja de ser un servidor involuntario de la naturaleza, de manera que su individualismo aparentemente victorioso palidece singularmente si se le lleva a sus bases biológicas reales.

Desde esta perspectiva, Don Juan podría ser susceptible de un análisis schopenhaueriano. Schopenhauer se jacta —no sin razón— de ser uno de los escasos filósofos que, con Platón, ha tomado en serio la importancia del instinto sexual. Sabemos que, no sin cierta ligereza teórica, Schopenhauer hace una incursión metafísica por el lado de la «cosa en sí» kantiana, asimilando ésta a lo que él llama «voluntad» y que se traduce sin duda de manera más pertinente por «voluntad de vivir». En cuanto a la asimilación de esa voluntad de vivir al instinto sexual, está casi incluida en esa concepción del autor que ve en el acto sexual la expresión de la esencia del mundo: «El mundo, en efecto, está extendido en el espacio, es viejo en el tiempo, y presenta una inagotable diversidad de figuras. Sin embargo, todo esto no es más que el fenómeno de la voluntad de vivir; y el centro, el hogar de esta voluntad, es el acto de la generación. Así, en ese acto se expresa con toda la claridad posible la esencia íntima del mundo»[489]. Además, el instinto sexual es asimilado al mismo tiempo al instinto de reproducción[490]. En él, por él, la voluntad de vivir se perpetúa y proyecta en la diversidad de las figuras vivas la recurrencia de su propia esencia[491]. Pero esta retención ontológica, confinada en un proceso cuya base es de naturaleza biológica, no tiene otro fin que sí misma; y una de las ilusiones básicas que denuncia Schopenhauer consistiría en plantear que el devenir —o, lo que viene a ser lo mismo, el «revenir»— del

Ser pueda ser investido por la razón según una finalidad o una coherencia inteligibles. «De ello se sigue que el mundo, con todo lo que contiene, parece ser el juego sin objetivo, y por ello incomprensible, de una necesidad eterna, de una insondable e inexorable *ananké*.»[492]

Por eso el individuo presa de una inclinación amorosa es víctima de algunas ilusiones superpuestas. Se podría hablar, a este respecto, de una redundancia del engaño. Inicialmente, en un primer nivel, se jacta de un sentimiento que él idealiza hasta el punto de ignorar en ocasiones sus bases profundamente sexuales. Schopenhauer, a este respecto, es categórico: «Toda inclinación amorosa, por etérea que sea su apariencia, se enraíza únicamente en el instinto sexual, y no es más que un instinto sexual más claramente determinado, más especializado y, rigurosamente hablando, más individualizado»[493]. Tal análisis reductor, sin embargo, no es sorprendente para un lector postfreudiano.

En todo caso, lo más reductor es la forma en que Schopenhauer convierte el estado amoroso en ardid de la Naturaleza, que se sirve del individuo para subvenir a sus fines, que son, fundamentalmente, la conservación de la especie.

Por un proceso que supera ampliamente tanto su voluntad como lo que él cree es su «buen gusto», el individuo se encuentra manejado por el banal mecanismo procreador y sometido a él: en todas las conductas amorosas, es la «ciega» voluntad de vivir la que subyace en el juego del deseo a espaldas incluso de las apreciaciones particulares. Si hay una ilusión radical que Schopenhauer repudia, no es la de que el enamorado escoja «libremente» el objeto de su pasión –pues de todas formas la propia pasión amorosa se piensa en términos de fatalidad–, sino la de que sea responsable por sus méritos del resultado feliz de su elección. En cuanto a Don Juan, que perturba el juego del amor porque superpone a la inclinación espontánea el proceso forzado de la conquista, no es, a pesar de sus grandes aires de cínico estratega, más que un potencial genitor que ignora su condición.

Por lo demás, los amantes tienen a veces la intuición de ser engañados en sus individualidades. Si con frecuencia utilizan el lenguaje sublimado de la «transcendencia», es precisamente porque confusamente tienen conciencia de estar subordinados a una instancia que los supera. Igualmente, el autor explica de esa manera la loca intensidad –generalmente suicida– que reviste la pasión si no alcanza su objetivo, a saber, en la lógica misma de esta «metafísica», la satisfacción sexual. Curiosamente, Schopenhauer reintroduce de forma subrepticia una especie de mito andrógino deformado: según él, en efecto, la pasión está en función del grado de perfección del individuo que será concebido –procreado– en ella y por ella, y esto implica que a un hombre determinado corresponda una compañera privilegiada y viceversa; es cuestión de la adecuada congruencia de las dos naturalezas individuales implicadas: «Puesto que no existen dos individuos completamente iguales, es una mujer determinada la que debe corresponder más adecuadamente a cada hombre determinado, siempre con vistas a la procreación. El amor verdaderamente apasionado es tan raro como la casualidad de ese encuentro»[494]. Pero esta androginia está falsificada de alguna manera, pues lejos de bastarse a sí misma y reconstruir una verdadera unidad, no tiene otro sentido ni finalidad que el nuevo ser que ella arroja sin saberlo a las garras de la voluntad de vivir y a la tiranía del deseo que le corresponde. El andrógino se abisma aquí en el ciclo animal de la reproducción.

En todo esto hay todavía sin embargo otro nivel de ilusión, sin duda más sutil y mixtificador. Schopenhauer señala que la naturaleza está tan bien adaptada a sus fines que al «utilizar» al individuo sin que éste lo sepa, le fascina por la aguda atracción del gozo sexual. Aquí, el autor sostiene su afirmación observando el espectáculo del mundo: es patente, dice, que los hombres hacen lo que sea por llegar a los placeres del amor. Ahora bien, ¿en qué consisten exactamente éstos? Uno no puede menos que sorprenderse, siempre según el autor, por la observación de la decepción e incluso la tristeza postcoital: ésa sería una prueba de que el individuo se siente intuitivamente embaucado en una operación cuya esencia es sólo el beneficio de la especie.

Sin duda es posible no seguir literalmente a Schopenhauer en el punto culminante de este análisis desencantador: el argumento anteriormente citado puede parecer muy subjetivo, incluso patológico. Sin embargo, no se puede sino constatar la desproporción que existe entre las formidables inversiones energéticas que los hombres consagran a sus actividades amorosas y la especie de precariedad que parece estar efectivamente unida a la realidad del placer sexual.

En este sentido, sigue en pie una pregunta, obsesiva en su repetición y en su formulación: ¿qué es pues el deseo que actúa en el acercamiento –en el sentido propio y figurado– de los sexos? Cuando Freud, lector de

Schopenhauer, retoma por su cuenta la pregunta[495], comienza por cuestionar la asimilación operada por la filosofía de la voluntad de vivir entre instinto sexual e instinto de conservación. El instinto sexual «apuntaría» a un objeto exterior, mientras que el instinto de conservación tendría por objeto el propio yo. Pero Freud reconocía que tal distinción no podía ser rigurosamente satisfactoria, puesto que se supone que una parte de la inversión libidinal se dirige también al yo, en tanto que libido narcisista. E incluso se pregunta, retomando una hipótesis de Jung, si en el límite no habría más que instintos libidinales: de manera que, si la hipótesis es aceptada, el «panvitalismo» de Schopenhauer se vería sustituido por una especie de «panhedonismo» pulsional.

Freud, sin embargo, contrariamente a Jung, tiende a acentuar el carácter dualista de la teoría de los instintos. La polaridad pulsión de vida/pulsión de muerte que él mismo elaboró, y no sin dificultades, le proporciona entonces —independientemente de su carácter epistemológicamente problemático— un marco posible. Pero si la muerte representa el único estado en el que quedan radicalmente abolidas las pulsiones vitales, si el instinto de muerte es por consiguiente la tendencia general de la vida para recuperar un estado anterior de «no vida», ¿cómo se puede comprender la verdadera naturaleza de la pulsión sexual, que acumula entonces la propensión erótica hacia el objeto amado, es decir, hacia el «desvanecimiento» coital, y la tendencia a la fusión reproductora de dos células germinativas, es decir, el deseo de creación, de afirmación vital? En efecto, en relación al poder subterráneo del instinto de muerte que estaría en acción tras el desarrollo de todos los seres vivos, la atracción sexual parece jugar el papel de un aguafiestas que trata enigmáticamente de prolongar lo vivo en su repetición, y esto sin tener en cuenta el principio del placer que parece actuar en el fenómeno general de disminución de las tensiones vitales. Se entiende que Freud no disimulara aquí su confusión[496].

Por eso, frente a la aporía radical que parece constituir para él el problema del origen de la sexualidad, se deja seducir por ese «modelo» cercano que constituye el mito platónico del andrógino[497]. Según él, ese mito tiene el mérito de hacer derivar el instinto sexual de la necesidad de restablecimiento de un estado anterior. De esta manera, se encontraría formulado un paralelismo entre las pulsiones de vida y las de muerte cuyo denominador común sería entonces un funcionamiento regresivo, lo que para Freud constituiría el carácter específico de todo instinto[498]. Pero es obligado reconocer que entonces la tendencia al encuentro sexual es muy enigmática, puesto que se asemeja a una especie de «doble» del instinto de muerte, y puesto que parece presentar al mismo tiempo un carácter extrañamente redundante. El problema de su especificidad no está resuelto.

En cambio, lo que el análisis freudiano permite subrayar de nuevo es el engaño de que es víctima el individuo presa del deseo. Pues, o bien su sexualidad actúa en el sentido —perfectamente inútil— de la procreación y la continuación de la vida, y entonces volvemos a caer en una perspectiva schopenhaueriana; o bien actúa, naturalmente sin ser consciente de ello, en el sentido de una especie de paralelismo tanatológico regresivo, y en ese caso fracasa, pues evidentemente la satisfacción sexual, de naturaleza muy específica, no es más que un simulacro de la muerte y está destinada a repetirse gran número de veces en el curso de una existencia humana. Por lo demás, Freud ha señalado muy bien ese desfase, jamás colmado, entre el «trabajo» del instinto y las posibilidades de adaptación del individuo a ese «trabajo»: «El instinto reprimido no deja de tender jamás a su completa satisfacción, que consistiría en la repetición de una satisfacción primaria; todas las formaciones sustitutivas y reactivas, todas las sublimaciones, son impotentes para poner fin a su estado de tensión permanente, y la diferencia entre la satisfacción obtenida y la satisfacción buscada constituye esa fuerza motriz, ese aguijón que impide al organismo contentarse con una situación dada, sea cual fuere, y que, para emplear la expresión del poeta, le "empuja sin cesar hacia adelante, siempre hacia delante" (*Fausto*, I)»[499]. Preso en la trampa de la recurrencia del deseo, buscando laboriosamente un equilibrio imposible entre represión, sublimación creadora y satisfacción sexual propiamente dicha, el hombre es así el Sísifo de su propio sexo, descuartizado entre pulsiones cuyo sentido en vano trataría de interpretar (especialmente en Freud, vida y muerte parecen imbricadas a veces en una enigmática tautología).

Por lo demás, una teoría de los instintos, por elaborada que sea, no dará jamás satisfacción al individuo. Una fenomenología del deseo vivido no es reductible a una teoría biológica. Sea cual sea la importancia del deseo en cuanto al destino de la especie, el fenómeno se impone al individuo bajo el doble aspecto de la extrañeza y la coerción. Extrañeza primero, y también carácter de lo que es ajeno, puesto que el deseo se da de entrada como el intruso, como lo no pensable. ¿Quién puede entonces decir lo que «quiere» exactamente? Coerción después, puesto que el deseo se trama más acá de la voluntad y, aunque sea hasta cierto punto encauzado por ésta, no por ello deja de perfilar la exuberancia de sus fantasmas, haciendo de San Antonio y de sus célebres tentaciones un caso menos aberrante que paradigmático.

Que el deseo sexual no sea objeto de una posible inteligibilidad explica quizás la condescendencia taciturna con que los filósofos lo han tratado con frecuencia[500]. En este aspecto, el discurso freudiano ha realizado un indudable y saludable trabajo de apertura. Sin embargo, leyendo los textos de Freud, no se puede dejar de experimentar la impresión de que su autor, al mostrar un objeto de reflexión hasta entonces prohibido, no deja de achatar sus contornos y sus implicaciones hasta el punto de que la pulsión sexual parece en él un proceso orquestado por la dialéctica mecanicista de tensión/distensión. Así: «El objetivo de una pulsión es siempre la satisfacción, que no puede ser obtenida más que suprimiendo el estado de excitación en la fuente de la pulsión... El objeto de la pulsión es aquello en lo que, o por lo que, la pulsión puede alcanzar su objetivo»[501]. Y, sin querer de ninguna manera esquematizar un pensamiento que no ha dejado de preocuparse por la pertinencia de sus propios conceptos, parece que los modelos epistemológicos del proceso pulsional sean más bien de naturaleza física o fisicoquímica.

Ahora bien, el deseo sexual no encuentra su término ni su satisfacción en la sola detumescencia. Sartre, a este respecto, realiza un análisis pertinente. Denuncia la tendencia a no ver en el deseo sexual más que la emergencia de un proceso fisiológico determinado por la configuración particular del organismo. Esta concepción dispensaría evidentemente a la meditación filosófica de interesarse por tal fenómeno, devuelto así a la banal contingencia. Pero Sartre parece criticar también un freudismo demasiado estrechamente sometido al imperialismo del «principio del placer». El esquema tensión-dolor/distensión-placer ofrece según él un marco insuficiente para dar cuenta de la fascinación ejercida por el «objeto» sexualmente deseado: «De entrada, hay que renunciar a la idea de que el deseo sería deseo de placer o deseo de hacer cesar un dolor. No está claro cómo podría el sujeto salir de ese estado de inmanencia para "unir" su deseo a un objeto»[502]. Es importante por lo tanto tomar en consideración la presencia específica del ser-otro, sobre el que se fija el deseo. Pero ¿se dirá entonces que hay deseo del cuerpo del otro? En un sentido, sí, pero en un sentido solamente, pues no sólo ese cuerpo es significante, por tanto sugestivo, únicamente si está comprometido en un proceso de deseo —volveremos en el capítulo siguiente sobre este esquema, profundamente hegeliano, del deseo de deseo—, sino que incluso la posesión efectiva de ese cuerpo no ofrece jamás la certeza de que la alteridad a la que remite deje de ser lo que es, es decir, en tanto que alteridad, un objeto independiente e irreductible al deseo del deseante. «Por consiguiente, el deseo, al no poder plantear su supresión como fin supremo ni elegir como objetivo último un acto particular, es pura y simplemente deseo de un objeto transcendente.»[503] Pero esta transcendencia, que no está como en Platón coronada por una hipóstasis suprema, es pura exterioridad; y por consiguiente se manifiesta como provocación-para-nada: eterna presencia no reductible por la que vuelve a aparecer el deseo en tanto se va consumiendo en ella. De manera que la sexualidad es menos consecuencia de la existencia del sexo que a la inversa: el sexo es el lugar que focaliza la relación con el otro en tanto que ésta afronta esencialmente la aporía de la diferencia, ofreciendo esa diferencia una coloración particularmente evidente cuando se trata del hombre y la mujer.

El punto de vista de Sartre recuerda oportunamente que el lugar del deseo no se reduce ni a un instinto de reproducción ni a una emergencia de la voluntad de vivir, ni tampoco a una especie de química libidinal. El hombre, andrógino caído, apunta vanamente[504] a amarrar su libertad en la simplicidad cálida y el repliegue de un en-sí: la fascinación sexual parece ofrecerle de manera particular la ocasión de cultivar esta ilusión, que se disipa al mismo tiempo que se autocontrola la conciencia abocada a existir, a proyectarse en el modo del no ser.

Queda sin embargo la experiencia irrecusable —y siempre reiterada— de lo que denominamos la «fascinación». Sería pretencioso un análisis teórico que pretendiera delimitar sus términos, hacer inventario de sus determinaciones y sus fines. Algo se trama, en el deseo erótico, que se hurta a todo discurso conceptual. No es sorprendente que la razón —y particularmente la de los filósofos— se arrugue ante ello. Pero, al mismo tiempo, se viene también abajo la tentación demasiado positivista de remitir ese deseo a una especie de fisicoquímica; así, la célebre teoría del vaso de agua —asimilando el acto sexual al estancamiento de una necesidad orgánica simple— no es más que una grosera añagaza que sin duda no ha convencido nunca a nadie. J. Evola, que insiste doblemente y a su manera sobre Platón, tiene razón al recalcar que la pulsión erótica es de naturaleza principalmente metafísica. Sin cesar, el lugar del cuerpo es transgredido hacia «otra parte» no dicha. Por eso las metáforas poéticas del amor sexual son con frecuencia las del viaje, pero éste toma de manera natural las figuraciones inquietantes de la caída o del ahogamiento. Insiste Evola en la extraordinaria atracción ejercida por el espectáculo de la desnudez, particularmente, según él, de la desnudez femenina[505]. Y también ahí volvemos a encontrar la idea según la cual una explicación por el «instinto» sería en sí misma poco satisfactoria. Pero tampoco el criterio estético, alegado por Platón, es fundamentalmente operativo. Así, nos dice J. Evola, «no se trata de "belleza" o de atracción animalmente carnal; en la fascinación del desnudo femenino hay un aspecto de vértigo semejante al provocado por el vacío, por lo sin fondo en el signo de la *hyle*, substancia primera de la creación y de la ambigüedad de su no ser»[506].

La imagen del vértigo es notable, pues da cuenta de una ambigüedad secreta: hay en el deseo una cierta mezcla de atracción y repulsión, a lo que se une quizá la reminiscencia de un terror primitivo[507]. Es como si el individuo presa del deseo se dejase llevar por una especie de hipnosis, aun teniendo el presentimiento de que será engañado, de que no logrará lo que busca. Mejor que el discurso teórico es el discurso mítico-poético, el menos inadecuado para traducir esas instancias contradictorias. Así, el carácter en definitiva irrisorio de un deseo que envuelve al hombre en la trampa de una coerción sin final constituye un esquema que permite clarificar ciertas imágenes míticas: por ejemplo, la de Ulises haciéndose atar al mástil de su navío. Hay ahí una especie de abdicación de la razón práctica: pues Ulises, el hombre precavido, el sabio, *sabe* que será engañado por la sirena, pero *sabe* también que sucumbirá si para resistir debe valerse solamente de sus propias fuerzas; de ahí el recurso a ese método artificioso.

En un sentido algo diferente, Orfeo es el hombre del vértigo erótico. Se deja «descender» a los Infiernos. Pero, mientras que Ulises, como hábil estratega, se sustrae a la temeridad que implicaría luchar con las manos vacías contra el deseo, Orfeo la afronta heroicamente y realiza el descenso a los Infiernos; esfuerzo vano: sabemos que el héroe –avatar de Tristán– no podrá mantener la promesa que ha hecho. «Sucumbe» al deseo no solamente por ceder a él, sino también y sobre todo porque es rechazado por él hacia el fracaso radical. Maurice Blanchot, que nos ha guiado aquí en esta interpretación, escribe de forma pertinente: «Orfeo es culpable de impaciencia. Su error es querer agotar el infinito, poner término a lo interminable, no sostener sin fin la dinámica misma de su error»[508].

Existe, sí, un infinito del deseo, pero un infinito «cerrado», una aporía, algo así como una rueda de Ixión. En otras palabras, diríamos que el «lago no tiene fondo»[509].

El deseo es radicalmente recurrente y renace de sus propias cenizas. A través de él centellea la búsqueda del andrógino imposible. Cuando aflora a la luz de la conciencia ese mecanismo de lo interminable, se produce algo que podría ser una rebelión y que responde a la violencia subversiva contenida en Eros. La obra de Bellmer, quizá más que ninguna otra, refleja la angustia de esas violencias confrontadas, lo trágico de esa aporía erótica. Lugar del vértigo por excelencia –ese vértigo del que habla Evola–, la obra de Bellmer multiplica las espirales, los enrollamientos helicoidales, las escaleras giratorias. Estamos en el dominio de la asíntota y a menudo el punto de convergencia matemáticamente inalcanzable es el sexo de la mujer que parece esconderse en la ligereza del grafismo. Pero este primer enfoque en forma de trayecto errático, análogo a la interminable excursión alrededor del castillo de Kafka, nos sumerge pronto en el cruel juego de las metonimias, y el sexo reaparece allí donde no se lo esperaba: a través de un rostro impensable o en el envés de una cabellera doblemente compuesta. En ocasiones, como ya vimos, los elementos fálicos vienen a superponerse o a sustituir las formas femeninas, sugiriendo monstruosos hermafroditas que llenan engañosamente la ausencia del andrógino mítico. De todo esto resulta una dislocación sin piedad, una violencia combinatoria proporcionada a la imposibilidad radical que estamos manejando: dar un sentido al deseo que atormenta los cuerpos y estremece los espíritus, en el juego sin fin de una producción delirante.

Pero quizás esta violencia tenga otra dimensión. La fascinación del otro sexo es también el enfrentamiento con lo radicalmente otro. Lo impensable se remite a la magia de una alteridad que lleva en su diferencia las premisas de una «guerra» inmemorial.

3. La guerra de los sexos

Ontológicamente hablando, y mucho más allá de toda referencia a la sexualidad, hay un deseo del otro. O, más bien, existe, como mostró magistralmente Hegel, un deseo de sí mismo por sí mismo a través del otro; en otras palabras: lo Mismo se concibe, se busca y se moldea solamente en la mediación de lo Otro. Y es que, en efecto, la alteridad –aunque sea la del objeto simple– se presenta como existencia independiente y como exterioridad radical a la del sujeto. De entrada, es aquello por lo cual la libertad del yo se experimenta como limitada. En la confrontación con el objeto, el yo hace consigo mismo la prueba de la carencia; en otras palabras, se revela a sí mismo como carencia de esencia, como aquello por lo cual se origina y se despliega el deseo sobre un fondo de «deficiencia» y en términos que a veces evocan la narración de Aristófanes, como en este pasaje: «Me mantengo en la existencia y trato de suprimir esa deficiencia. Así, yo soy deseo. El objeto del deseo es entonces el objeto de mi satisfacción, de la *reconstrucción de mi unidad*»[510].

Por eso el proceso del deseo encuentra el objeto-otro como obstáculo a mi libertad que debe ser superado, en otras palabras, dialécticamente negado, puesto que la supresión de la alteridad deviene constitutiva de mi identidad. También por eso, la explicitación del deseo y la destrucción dialéctica del otro son procesos entendidos por Hegel como verdaderamente correlativos: «Así, la consciencia del sí está segura de sí misma solamente por la supresión de ese Otro que se presenta a ella como vida independiente; ella es deseo»[511]. Sin embargo, en tanto la figura de lo Otro tome la forma del simple viviente, su resistencia a mi libertad no tiene más que la forma «pasiva» de la naturaleza inmediata. En ella, el Yo no podría encontrar más que una satisfacción puntual e ilusoria, pues lo que quiere es hacer la prueba de su libertad en toda la extensión de su poder. Es por tanto ineluctable que el momento negativo del deseo se dirija no hacia el objeto simple, sino hacia el objeto-otro en tanto que libertad. Sólo el encuentro con la libertad-otra puede asegurar al Yo el momento decisivo de su prueba. Lo que hace decir a Hegel: «En virtud de la independencia del objeto, la conciencia de sí puede pues llegar a su satisfacción solamente cuando ese objeto realiza en él la negación; y debe realizar en sí esa negación de sí mismo, pues es en sí el negativo y debe ser para el Otro lo que él es»[512]. Esta confrontación no puede efectuarse más que en la lucha de las conciencias, donde cada una debe poner en juego el punto extremo de su libertad, que es desapego de la vida. Ese momento del análisis hegeliano es, con toda justicia, tan célebre como dramático, puesto que el Yo que pone su vida en juego contribuye ipso facto a la negación radical del otro: «En tanto es operación del otro, cada una [cada conciencia de sí] tiende pues a la muerte del otro»[513].

El deseo de sí, mediatizado por la resistencia del otro, toma así la forma de una lucha cuya salida para uno de los dos protagonistas es la muerte o la esclavitud. El otro, en tanto que mediación a la que se dirige mi deseo, es la figura del Enemigo. Ahora bien, este célebre análisis hegeliano, cuyos términos esenciales se acaban de recordar brevemente, podría servir de modelo estructural a un análisis general de la relación que niega no ya la conciencia de sí a la conciencia-otra, sino el hombre a la mujer en tanto que seres sexuados. Los puristas juzgarán tal vez inoportuna tal transposición, al tener el texto de Hegel, como trama fundamental, una ontología del Espíritu que puede parecer extraña a toda diferenciación de orden sexual. Sin embargo, si bien el proceso «descrito» por Hegel culmina en la emergencia de la libertad del Espíritu, no es menos cierto que la dialéctica del deseo se enraíza en una base biológico-natural; de manera que ningún deseo, por particular que sea, escapa al deseo de ser reconocido. Como dice A. Kojève en una fórmula concisa: «La historia humana es la historia de los deseos deseados»[514]; y no por azar el mismo autor, cuando quiere esclarecer pedagógicamente el análisis hegeliano, toma el ejemplo del deseo sexual. Éste se dirige menos hacia la corporeidad del ser-otro que hacia su deseo virtual: en otras palabras, «desear» equivale a querer hacer nacer el deseo.

El modelo hegeliano, incluso desplazado de su centro de gravedad, puede permitir el esclarecimiento de la violencia latente que yace en el deseo sexual y que confiere a éste otra dimensión trágica. Si el deseo no existe más que como desdoblamiento de sí y provocación del deseo del otro, entonces la relación sexual —en el sentido muy general de relación entre los dos sexos— se expone a priori a un doble riesgo: o bien el otro puede hacer fracasar mi deseo al negarse a respaldarlo con el suyo propio que él me hurta, y entonces colapsa mi deseo haciéndolo literalmente obsceno; o bien me inflige su deseo, en contra de mi eventual libertad, objetivándome bajo su mirada deseante y reduciéndome a un objeto codiciado. En la relación sexual, más aún tal vez que en el enfrentamiento de las conciencias de sí, la libertad del ser está mediatizada por la del otro. Cada libertad deviene así el lugar posible donde la otra se aliena y se esclerotiza. Y la que así encalla tratará de escapar de la trampa mediante la violencia, una violencia más insidiosa y más operativa porque lleva en sí la marca irracional de las pulsiones fundamentales. Así, los sexos se enfrentan según el modo de una guerra crónica en la que cada protagonista teme tanto más a su oponente cuanto que está unido a él por una necesidad insuperable. Si a esto se añade que en el deseo sexual el ser humano no sabe nunca muy claramente lo que quiere –lo que hemos intentado mostrar en el capítulo anterior–, vemos que su dramaturgia sexual deviene como sobredeterminada. El *homo sexualis* es potencialmente un guerrero sin móvil aparente, un Sísifo de la conquista erótica.

El discurso psicoanalítico, con la terminología y los presupuestos que le son propios, ha subrayado también la dimensión radicalmente agonal de la vida erótica. La ambivalencia está, según la escuela freudiana, en el centro de la elección amorosa: el odio y la agresividad actúan siempre como contrapunto del apego erótico porque todo descubrimiento de la dependencia provoca, aunque sea inconscientemente, un sentimiento de inseguridad y de angustia. Aunque esta angustia sea de alguna manera constitutiva del sujeto –siendo todo sueño de independencia fundamentalmente utópico–, éste tiene tendencia a hacerla derivar de la presencia del objeto, el cual es entonces «acusado» de ser el elemento perturbador. En la vida amorosa, en la que el sentimiento de dependencia está estrechamente ligado a la impresión fundamental de fragilidad, las instancias agresivas encuentran un terreno en el que proliferar. Joan Rivière, en su estudio sobre *La haine et l'agressivité*, insiste en ese fenómeno y en sus connotaciones múltiples. Los objetos elegidos, dice en substancia, decepcionan al deseo, porque no lo agotan, y el sujeto del deseo proyecta entonces su animosidad y su desprecio sobre los objetos hasta entonces deseados. A esto se añade según la autora un tema ya visto[515]: hay celos respecto de lo que constituye el otro sexo como otro (en lo esencial, la mujer envidiaría la insolencia conquistadora del falo, el hombre envidiaría la capacidad procreadora de la mujer). Cuando, por añadidura, la fijación amorosa sobre un objeto elegido se ve rechazada, entonces la descarga reactiva es tal que corre el riesgo de buscar una escapatoria imposible en un proceso sádico-destructor: el objeto amado/odiado que aparece como la fuente de la desdicha es fantasmáticamente anulado, abolido. Ese riesgo de destrucción potencial sería vivido inconscientemente por la mayor parte de los sujetos y tendría como consecuencia una desconfianza muy extendida respecto de los fenómenos sexuales, desconfianza de la que por ejemplo nuestra historia judeocristiana se habría hecho eco de manera particular.

Por lo demás, el discurso psicoanalítico no hace quizá sino explicitar en un lenguaje técnico intuiciones muy antiguas. Si el hombre y la mujer están crónicamente en estado de guerra y se temen profundamente uno al otro, ¿tendremos a nuestra disposición indicios histórico-míticos de ese conflicto?

El discurso mítico, desde el seno de sus innumerables vicisitudes, atestigua bien la existencia de un profundo antagonismo sexual. El otro sexo es el enemigo, aquel que hace pesar sobre la integridad del ser los más graves peligros. Así, las ménades furiosas que laceran al desdichado Orfeo son también aquellas que, en el delirio, matan a Penteo. Pertenecen al tipo de las amazonas cuyas inquietantes hazañas aparecen en todas las áreas mitológicas[516]. Los poderes perversos de la mujer, su cruel malignidad, su sexualidad en forma de abismo, inquietan hasta tal punto el inconsciente viril que éste reacciona mediante una agresividad reactiva que parece revestir la forma de la legítima defensa. Pero, en ciertos casos, es una lucha a muerte lo que parece que debe emprenderse. La etnografía nos proporciona algunos ejemplos extremos: «Los ona de la Tierra del Fuego, por ejemplo, vivieron tanto tiempo en el terror a los misteriosos poderes ocultos de sus mujeres (a las que creían capaces de hacerlos enfermar a voluntad, e incluso de hacerlos morir) que concibieron el proyecto de asesinar a todas las mujeres iniciadas para reemplazarlas por una sociedad secreta de hombres brujos. Esta acción tuvo la ventaja de aterrorizar durante largo tiempo a todas las niñas que habían sobrevivido a la matanza, pero también a todas las mujeres por nacer»[517].

El tema de la amazona reaparece en el de la bruja, la mujer que pacta con las fuerzas del mal. Si este tema tiene una resonancia arquetípica, se puede decir sin embargo que ciertas excrecencias doctrinales del judeocristianismo le han dado un eco singularmente intenso. Pues, por la trampa de la reproducción sexuada, la mujer proporciona al hombre la ilusión de su perpetuación, mientras que la verdadera vía de acceso a la eternidad pasa en primer lugar por el desapego del cuerpo (se puede recalcar aquí que este punto de vista es el opuesto al expresado por Diotima en *El banquete* de Platón cuando dice: «Cuando nos llega la edad, nuestra naturaleza siente el deseo de engendrar, pero no puede engendrar en lo feo, no puede hacerlo más que en lo bello; y, en efecto, la unión del hombre y la mujer es alumbramiento. Es ésa una obra divina, y el ser mortal participa de la inmortalidad por la fecundación y la generación...»[518]). Además, los violentos desórdenes de la concupiscencia llevan al hombre a la animalidad y repiten la situación original que llevó a Adán a la pérdida de su integridad. Por eso no faltan las afirmaciones de los Padres de la Iglesia que vituperan a la mujer[519]. Y cuando la coyuntura histórica resulta ser propicia, se desencadenan los rayos contra ella y pueden llegar hasta su persecución de facto. Así, los procesos de brujería representan uno de esos momentos en los que el poder subterráneo de los conflictos arquetípicos sale a la luz. Esta explosión de odio contra la mujer sexuada viene preparada por textos de una causticidad sin límites. Así, los reverendos padres Henry Kramer y James Sprenger escribieron en su *Malleus* de 1486: «Se observa, tras un examen atento, que la mayor parte de los reinos de este mundo fueron arruinados por mujeres... Troya... debe su pérdida al hecho de que una mujer violada y miles de griegos perdieron la vida en los combates que de ello se siguieron. El reino de los judíos desapareció a causa de Jezabel... Roma a causa de Cleopatra... la peor de todas. Y así sucesivamente. No es pues por casualidad si el mundo ha sido ahora arrojado como pasto a la maldad de las mujeres».

Y añadían: «Veamos los deseos carnales que tanto mal han causado a la vida humana. Catón de Utique decía: "Si el mundo pudiera desembarazarse de todas las mujeres, ¿habríamos perdido a Dios por eso?". Y Valerio decía a Rufino: "¿No sabes que la mujer es la Quimera?; sábelo pues. Ese monstruo conoce tres formas: tiene el rostro noble y radiante del león, el vientre innoble de la cabra y en el lugar de los brazos sólo le salen horribles colas de serpiente". Quería decir que la mujer es bella de mirar, pero que pudre todo lo que toca y que su compañía es mortal», etc., etc.. Y algo más adelante: «Toda la brujería viene del deseo carnal que, en ellas, es insaciable... Para satisfacerse, no dudan en unirse con demonios»[520]. Aquí se ve perfectamente hasta qué punto es la sexualidad lo que está en juego y cómo suscita el odio del discurso viril. El «otro» sexo es pensado a la vez como lo desconocido temible y como el lugar de deseos hipertrofiados que, por contagio, someten al hombre a su vez al tormento culpable de sus propios deseos.

Pero ¿se da también lo inverso, a saber, que el ser viril sea asimilado por el inconsciente femenino con un potencial agresor? Aquí, el material parece menos abundante, o, en todo caso, menos explícito. Esto no quiere decir que no exista, pero está quizá más difuso. Los sátiros de la mitología griega son, al parecer, menos temibles que las ménades; no cometen por ello menos fechorías. Zeus lleva a cabo actos de afrenta, si no de violencia; le vemos perpetrar secuestros, el de Europa, por ejemplo. En el dominio del cuento, Barba Azul ilustra bastante bien el tema del hombre cuya sexualidad perversa redunda en una situación mortífera para la mujer; pero no es muy seguro que sus equivalentes sean numerosos. El personaje sádico parece encontrar más su lugar en el suceso o la crónica histórica que en la mitología propiamente dicha.

Quizás esto se puede explicar en la medida en que la violación y, sobre todo, la violación colectiva de la mujer por el hombre es una realidad inscrita en la historia y unida generalmente a fenómenos de conquista militar, de manera que los hechos serían suficientemente patentes y no tendrían fundamentalmente necesidad de un lenguaje mítico simbólico para ser expresados. El orden lingüístico, que es, por otra parte, en sí mismo significante, asimila con frecuencia el miembro viril a un arma o un objeto contundente.

Otra explicación posible estaría basada en lo que podríamos llamar la «metahistoria» del poder. Al conquistar el varón, grosso modo, el poder sociológico-político, el conflicto arcaico que le liga a la mujer se habría desplazado al plano de las instituciones, en el seno de las cuales el hombre no solamente gozaría de privilegios de hecho, sino que poseería la clave del discurso mitológico, que vería entonces cómo se produce un deslizamiento de sus propios significantes; en consecuencia, la dimensión agresiva del varón se encontraría algo desvaída, mientras que, correlativamente, la de la mujer sería resaltada. Además: la «ideología» viril tendría el máximo interés en reforzar esta dimensión que coloca a la mujer en situación de acusada y colapsa al mismo tiempo sus eventuales reivindicaciones. Podemos incluso suponer que tal estado de cosas constituiría la reminiscencia temerosa pero esencialmente inconsciente de lo que fue el reinado ginocrático primitivo. La antropología tiene, en efecto, alguna razón al postular la existencia de una estructura ginocéntrica compleja, a la vez sociológica y religiosa, que se pudo haber manifestado en una fase arcaica de nuestra protohistoria[521]. La mujer, en esa estructura, habría acumulado los poderes: el poder, supuestamente exclusivo y fundamental, de la procreación, el que codifica los cultos religiosos, el que distribuye las relaciones sociales. En el marco de esta hipótesis, se presiente que debió de inspirar a los hombres un terror sagrado, corroborado por otra parte por el carácter misterioso, «interior», de su sexualidad, y por su capacidad orgásmica naturalmente superior a la del hombre. Ese terror sobrevive sin duda en el inmenso repertorio de la misoginia.

En una perspectiva menos metahistórica que metabiológica, el psicoanalista Ferenczi señala que toda relación sexual no tiene lugar sin una lucha más o menos declarada. Este hecho es patente en el reino animal. Se manifiesta también en la especie humana, aunque el varón utilice más bien una estrategia seductora que Ferenczi relaciona muy sutilmente con una especie de hipnosis. Ahora bien, según el autor, ese estado de cosas sería el vestigio de una lucha arcaica. Después del gran traumatismo que habría tenido lugar cuando la vida pasó a ser anfibia, «probablemente los dos sexos sintieron despertar en ellos la tendencia a encontrar abrigo para las células germinales en el interior de un organismo que asegurara el alimento y la humedad, a guisa de sustituto de la pérdida del modo de vida marino»[522]. Se habría producido entonces, correlativamente, la tendencia de beneficiar las prerrogativas de las células germinales. Y el autor añade: «Es así como los dos desarrollaron un aparato sexual masculino y como nació quizás un furioso combate que debía decidir a cuál de los sexos incumbirían los sufrimientos y los deberes de la maternidad así como el papel pasivo de la genitalidad. De esta lucha, fue la hembra la que salió vencida»[523]. Esta visión es quizás más novelesca que científica, pero lleva en sí misma el sueño del andrógino primitivo y da una coloración singularmente fuerte a la idea de una sexualidad agonal.

¡Es probable que las cosas no hayan pasado exactamente como cuenta Ferenczi! Sea como fuere, cuando la virilidad accede al poder e impera en el panteón de los dioses, hay una inversión de las relaciones de fuerza, pero la guerra subterránea, la que se desarrolla más en el laberinto del inconsciente colectivo que en las relaciones sociales, sigue urdiendo sus maquinaciones sobre el fondo de un erotismo ambiguo. Pero los papeles no son simétricos (¿lo han sido alguna vez?). Si la vida amorosa es una «guerra» en la que siempre se corre el riesgo de perder, entonces, metafóricamente, hay que decir que el hombre, es decir, aquel que asume la función guerrera en la sociedad, dispone de una posición estratégicamente favorable. Denis de Rougemont advierte justamente que existe una notable analogía entre el lenguaje guerrero y el amoroso; este fenómeno es perceptible desde la Antigüedad, pero alcanza su pleno desarrollo, según el autor, en la fase cortés de la caballería medieval. La agresividad latente del *eros* se encuentra contenida por el formalismo cortés[524]; a consecuencia de ello, es parcialmente desviada de la mujer hacia el enemigo, en el sentido militar de la palabra. El caballero puede, a partir de entonces, arriesgar su vida por la Dama; será honrado según sus méritos. El combate se encuentra de alguna manera desplazado, anulado, pero la sexualidad no deja de desarrollarse sobre un fondo de violencia. Lo que hace decir a Denis de Rougemont: «Nuestra noción del amor, que incluye la que tenemos de la mujer, se encuentra unida por tanto a la idea del sufrimiento fecundo que halaga o legitima oscuramente, en lo más secreto de la conciencia occidental, el gusto de la guerra»[525].

Hay aquí como una transformación de la dialéctica hegeliana. El que va a poner su vida en peligro en el enfrentamiento esencial del combate se ha convertido en soberano; no solamente de su adversario, sino también de la mujer, que, sociológicamente hablando, no tiene derecho a la guerra y se encuentra así orillada a una situación de pasividad. La guerra sería entonces como un ardid por el que el hombre colapsa la hostil desconfianza que la mujer le dedica, y se hace para ésta «aceptable». Quizás estamos también en presencia de un viejo arquetipo: el del héroe que da muerte al monstruo que amenaza a la joven virgen. Pero, a través de este esquema idílico, se perfilan imágenes históricas más inquietantes: la guerra implica su parte de violencia sexual. El guerrero sigue subrepticiamente arreglando sus cuentas con la arcaica feminidad que le amenaza.

Ciertamente, en otro sentido, es concebible que la mujer elabore sus propias técnicas de defensa y practique, subrepticiamente, la «resistencia». René Nelli ha mostrado cómo la floración del «amor provenzal» —codificado por los trovadores de los siglos XII-XIII— representa una etapa importante en la emancipación de la mujer occidental. Según él, el sentimiento erótico-amoroso intersexual no tiene originalmente ningún prestigio en las sociedades dominadas por el hombre. El único sentimiento que le puede servir de modelo es la amistad viril, cuya forma ejemplar es la fraternidad sellada ritualmente entre dos guerreros. El «hermanamiento» es así un intercambio simbólico de sangre que implica fidelidad, admiración y protección recíprocas por parte de los contratantes.

De ello se sigue necesariamente que la mujer es expoliada en tal sistema de valores. Ni su feminidad en tanto que tal, ni sus tendencias eróticas son objeto de estima. Para eso sería necesario que pudiera inmiscuirse en la relación viril paradigmática, es decir, en la amistad: «Las mujeres han aspirado durante mucho tiempo a tener una relación de "amistad", de confianza, con el hombre, porque temen no ser para él más que un objeto sexual. Siempre han experimentado una animosidad instintiva —más o menos disimulada— contra las fraternidades viriles, las sociedades secretas de las que eran excluidas»[526].

Ahora bien, la estructura social de la sociedad feudal provenzal permitirá un debilitamiento de la furiosa misoginia que reina en el occidente medieval. Gracias a una sofisticación de la jerarquía social y a la condición privilegiada de que goza la soberana en relación a sus vasallos masculinos, se podrá establecer un nuevo tipo de relación entre la «Dama» y su eventual «admirador». El *eros*, aunque distanciado y contenido por el formalismo cortés, va a mezclarse en adelante, mediante complejas vicisitudes, con el sentimiento que valora la elección amorosa. «No fue sino cuando la feminidad —o más bien algunas damas de ilustre cuna— se hubieron liberado del complejo de inferioridad que les habían imbuido los hombres y a la vez del orgullo de casta que les prohibía amar abiertamente a sus adoradores, cuando pudieron manifestarse las aspiraciones (esencialmente femeninas) a la comunión anímica perfecta.»[527]

Según René Nelli, es por tanto la mujer quien va a favorecer activamente ese proceso, que los trovadores cantaron con posterioridad. Así, el amor provenzal representaría un episodio, no violento si se quiere, y aureolado de poesía, de la guerra de los sexos. «Pues el hermanamiento intersexual, impuesto primero por grandes damas a humildes pretendientes, en circunstancias excepcionales pero bien definidas, no solamente marcó, generalizándolo, el advenimiento de un nuevo sentimiento de amor, sino que representa también una de las victorias más importantes logradas por las mujeres en su lucha milenaria por la conquista de la igualdad.»[528]

Personaje más tardío en la historia, Don Juan rechaza significativamente con estrépito la carta de la cortesía. Don Juan es el hombre de las escaramuzas permanentes: se enfrenta a las normas, a los maridos furiosos, a la religión. También con las mujeres su relación no deja de ser agonal. Es temido por ellas, a veces odiado —aunque haya en ello una cierta ambigüedad—, y a la inversa, se puede pensar que también él las teme secretamente (sea porque tema tal o cual fracaso que hundiría su lógica, sea, más sutilmente, porque presiente la dimensión radicalmente aporética de su búsqueda). En cualquier caso, su lenguaje es el del arte militar, si se toma como ejemplo el personaje esbozado por Molière: «Por último, no hay nada tan dulce como vencer la resistencia de una hermosa dama, y yo tengo a este respecto la ambición de los conquistadores, que corren perpetuamente de victoria en victoria y no pueden decidirse a limitar sus deseos». Y Don Juan añade ipso facto: «No hay nada que pueda detener el ímpetu de mis deseos: me siento un corazón capaz de amar toda la tierra; y, como Alejandro, desearía que hubiera otros mundos y poder extender a ellos mis conquistas amorosas»[529]. Esa voluntad de poder está cargada de implicaciones; debemos suponer que el objeto de la conquista tiene un peso muy importante para suscitar un discurso tan desenfrenado: el contencioso entre Don Juan y el «eterno femenino» debe de ser inagotable.

Nuestra época parece asistir a un nuevo episodio de eso que hemos llamado la «guerra de los sexos». Pero lo que ahora está en juego son más bien las instituciones y el reparto de poderes: es decir que el conflicto tiene un cariz resueltamente sociológico-político que sin duda enmascara parcialmente las instancias inconscientes que en él se traman. La mujer es aparentemente el agente activo de este nuevo episodio que estalla en la contestación a la «falocracia» en adelante vergonzosa. Si los fundamentos éticos y jurídicos de esta contestación parecen legítimos en muchos aspectos, en cambio los términos en los que se expresan sorprenden por su violencia. Se diría que la mujer está arreglando una muy vieja cuenta y resucita los fantasmas de la mantis religiosa predadora. No es casualidad que la idea de una guerra efectiva entre el hombre y la mujer sirva de trama a algunas películas contemporáneas[530]: un fantasma arquetípico se manifiesta ahí, reengendrado por una disputa sociológica que tiene sin duda carácter de epifenómeno.

Desde un punto de vista jurídico, las reivindicaciones feministas son coherentes. Son, por lo demás, apoyadas por teóricos del sexo masculino[531]. Más aún: se puede pensar que la cuestión de la superioridad de un sexo sobre el otro no tiene, ontológicamente hablando, ningún sentido[532]. Es sin embargo en la creencia larvada de que estableciendo la igualdad jurídico-política de los dos sexos se aplacará la tensión que reina entre ellos donde corre el riesgo de deslizarse la ilusión.

Pues el deseo de lo Otro, que es también deseo de sí —complicado por un fantasma de identificación con lo Otro—, tiene como correlato la angustia. Y ésta crea agresividad contra lo que cree ser su causa. Así, la diferencia de los sexos se vive sobre un fondo de riesgo y de violencia. Su reabsorción reaparece fantasmáticamente en el mito del Andrógino pacificado, en el seno del cual todas las tensiones quedarían abolidas. Es significativo que audaces profetas nos anuncien la venida del Andrógino futuro, o que, de manera más prosaica, los *mass media* difundan consignas sobre la moda «unisex». El Andrógino nos obsesiona, como si por él se hiciera posible la domesticación de lo Otro y su reintegración en lo Mismo. Cuando se disipa la ilusión mítica —pero sin duda su disipación no hace sino alternar con su reaparición— queda la brutal fórmula de Nietzsche: «El amor: su medio es la guerra y oculta en el fondo el odio mortal de los sexos»[533].

4. Eros y Tánato

Si lo trágico es la búsqueda de un sentido que siempre se esconde, habrá entonces una tragedia del erotismo imbricada con la tragedia de la separación. Los capítulos precedentes han tratado de analizar las aporías, la vana aparición reiterada y el fondo de violencia que colorean toda la sexualidad humana, que aparece entonces como un *pathos*, como una caída o una pérdida ontológica de la que el Andrógino sería el arquetipo reparador. Lo que, para terminar, queremos mostrar es que la tragedia erótica tiene algo en común con la muerte, esa muerte que, por otra parte, permanecía siempre como entre líneas en nuestros análisis anteriores, pero que puede aparecer también como la «bisagra» paradójica por la que el mito del Andrógino viene a articularse sobre la sexualidad humana.

En la fábula de Aristófanes se recuerda la inquietud furiosa de las criaturas mutiladas tras el castigo, es decir, la división, que sufrieron. Esta inquietud es un tormento del ser lo suficientemente poderoso para que aparezca la muerte, que hace cesar el principio de individuación; y esta muerte tiene algo de «suicida», pues como dice el texto: «Cuando el cuerpo hubo sido dividido de esta manera, cada uno, sintiendo la pérdida de su mitad, iba hacia ella; y, abrazándose y enlazándose unos con otros con el deseo de fundirse, los hombres morían de hambre y de inanición, pues no querían hacer nada los unos sin los otros»[534]. Así, la muerte aparecía en un primer sentido como elemento correlativo de la aparición del sexo; el hombre sexuado, que sufre una situación cuyos términos no comprende —pues los actos de los dioses jamás son completamente inteligibles para nosotros[535]— y a la que no ve salida, se deja caer en la muerte que diluye todas las tensiones. Aquí, el andrógino perdido, y definitivamente perdido, relegado como reminiscencia de lo que fue la naturaleza humana, significa que la vida *hic et nunc*, enredada en una sexualidad aporética, no merece ser vivida. Es lo que expresa en otros términos el filósofo Soloviev cuando considera que el ser sexuado, trabado por la dicotomía de lo masculino y lo femenino, sufre a priori una mengua del ser, y se encuentra por tanto, a su pesar, en estado de connivencia con la muerte: «En general, la muerte es la desintegración de un ser, la ruina de los factores que lo componen. Ahora bien, la división de los sexos (que no puede abolir su unión exterior y transitoria en el acto de generación), esa división de los elementos masculino y femenino del ser humano, es ya, por sí misma, un estado de desintegración y un comienzo de muerte, y aquel que no quiere o no puede abandonar esa vía debe seguirla, por necesidad natural, hasta el extremo. El que lleva en sí mismo la raíz de la muerte también degustará inevitablemente su fruto»[536].

Pero la muerte aparece igualmente en otro sentido. El texto precisa un poco más adelante que cuando Zeus, «apiadado», realiza una intervención que deberá permitir la unión de las mitades separadas, al menos de forma provisional en el momento de la unión sexual, en realidad los dos amantes aspiran, sin saberlo claramente, a algo más que al goce de los cuerpos. Y sobre este «algo», la alegoría de Hefesto nos hace saber que lo que los dos amantes desean inconscientemente es fundirse entre sí, morir a su individualidad para morir, posteriormente, una muerte común. Así, cuando en el abrazo sexual se imita, aunque sea de manera caricaturesca, al andrógino primitivo, en cada protagonista se está moviendo *nuevamente* un deseo de muerte. En sentido estricto, el andrógino no puede ser reconstruido más que si cada «mitad» abandona definitivamente sus límites particulares. A partir de ese momento, el andrógino reencontrado no pertenecería ya, sin duda, al orden habitual de la vida; estaría en otro plano. El escultor Brancusi, en su obra titulada *El beso*, confunde a los amantes en una amalgama de piedra que anula las diferencias de los sexos al mismo tiempo que borra los signos externos de la vida: el andrógino surge aquí en la petrificación de un vago paralelepípedo mineral, en el que la fluidez de los fenómenos biológicos ya no tiene espacio[537].

Vemos que la aparición de la muerte, en la frontera de la sexualidad y el arquetipo andrógino que la subyace, se puede entender al menos en dos sentidos. La muerte es lo que consagra el fracaso del mito, pero es también aquello por lo que el mito se «realiza», llevando a los actores del drama más allá del tiempo. En el deseo de muerte habita pues esa ambigüedad que nada puede disipar con claridad.

Por eso parece que la fórmula paradójica de Georges Bataille: «Del erotismo es posible decir que es la aprobación de la vida hasta en la muerte»[538], tiene un alcance singularmente fuerte. La aprobación de la vida es esa apuesta, quizás absurda, que consiste en decir sí al eterno retorno de las figuras individuales de la vida, o, si se quiere, de las diferencias. Ahora bien, esta aprobación supone que se haya entrado en el juego de la reproducción, en otra palabras, la adhesión a la sexualidad; pues aunque en el nivel del plano cultural sea evidentemente posible disociar el hecho erótico del hecho reproductor, los dos permanecen íntimamente ligados en la trama del instinto. En otras palabras, la atracción erótica, que, como Schopenhauer pretendía, implica el retorno virtual de la vida, supone la unión de dos seres, la abolición —definitiva en los seres simples, provisional en los seres más complejos— de la figura individual. Si es cierto, como quiere Bataille pero también toda una línea del pensamiento occidental desde Anaximandro, que el hombre siente una honda nostalgia de la continuidad perdida[539], entonces, en la experiencia erótica, que sin embargo pone en juego las fuerzas más secretas de la vida, esa nostalgia se manifiesta libremente hasta el punto de que esa experiencia es también la de la disolución, que limita con el deseo de muerte. Por tanto, ¿quién se expresa aquí, Eros o Tánato? Ya hemos señalado hasta qué punto esa ambigüedad habita la teoría freudiana de los instintos, puesto que el dualismo que implica parece a veces tambalearse hacia el monismo único de una *regresión* general hacia la ausencia de tensiones[540]. Pero esta ambigüedad yace también en el horno del alquimista, donde la consunción es inseparable de la demiurgia filosófica: el andrógino florece aquí sobre las cenizas del Fénix.

En el análisis de Bataille la muerte no constituye solamente una especie de referencia abstracta que significa la disolución del principio de individuación. La muerte es el horizonte vivido de la experiencia erótica; es como su resorte secreto e incluso, a veces, constituye su término efectivo. Quizá sea así porque la experiencia erótica nos da, más que ninguna otra, la impresión, y sin duda la ilusión, de que podemos salir de nuestros límites, escapar de esta envoltura que nos aprisiona. El fantasma del aniquilamiento, la tendencia al sueño postcoital son aquí fenómenos sintomáticos. La unión sexual imita a la muerte, es como su propedéutica iniciática. Si por añadidura está complicada por los mecanismos de la pasión, entonces entrarán en juego procesos efectivamente destructores cuando la pasión sea contrariada: «La posesión del ser amado no significa la muerte, al contrario, pero la muerte está implicada en su búsqueda. Si el amante no puede poseer al ser amado, piensa a veces en matarlo: a menudo preferiría matarlo que perderlo. En otros casos, desea su propia muerte»[541]. Esta última constatación no es, por otra parte, original: todo lector occidental aficionado a la novela podría decir lo mismo; lo que es más interesante es el análisis que hace Bataille a la luz del concepto de transgresión. La transgresión es la violación de la prohibición cultural, violación que no suprime la prohibición y que por este hecho introduce un compromiso entre la atracción de la pulsión brutal y la necesidad calculada de contener el conjunto de pulsiones en el seno del cuerpo social[542].

Pero en otro sentido tal vez más profundo, y que escapa sin duda a la conciencia del sujeto que transgrede, la transgresión es una protesta contra el «principio de realidad» que ejerce su implacable coerción. En el caso particular de la fascinación erótica, el fantasma de fusión con el otro viene a desencadenarse contra el límite de su propia imposibilidad. «Lo que está en juego en esta furia es el sentimiento de una continuidad posible percibida en el ser amado. Le parece al amante que sólo el ser amado... puede realizar en este mundo lo que prohíben nuestros límites, la plena confusión de los dos seres, la continuidad de dos seres discontinuos. La pasión nos introduce así en el sufrimiento, puesto que, en el fondo, es la búsqueda de un imposible y, superficialmente, siempre la de un acuerdo dependiente de condiciones aleatorias.»[543] Nos encontramos aquí, como en transparencia, el carácter ambiguo de la muerte: ésta consagra un fracaso fundamental, una aporía; al mismo tiempo, a través de ella, se puede presentir que los mitos devienen posibles; o que los arquetipos, por ella, nos invaden.

Denis de Rougemont señala que la conciencia occidental está subyugada por el amor desdichado, aquel cuya dramaturgia desemboca ineluctablemente en la muerte. «Que la concordancia de amor y muerte sea lo que nos conmueve con más profundas resonancias es un hecho que establece a primera vista el éxito prodigioso de la novela. Hay otras razones, más ocultas, para ver ahí una definición de la conciencia occidental...»[544] Es más: Tristán, el héroe arquetípico, no va hacia la muerte según una actitud reactiva de despecho o determinada por las circunstancias: según Denis de Rougemont, la muerte es el objeto supremo, pero no dicho, de la pasión; o más exactamente, es el obstáculo supremo, por el que la pasión se consume y, quizás, se satisface. En efecto, el héroe persigue menos el amor de Isolda que la búsqueda del imposible andrógino. Hay en él una pasión de amar el amor que se alimenta de obstáculos y prohibiciones (de ahí las numerosas vicisitudes, marcadamente rocambolescas, que siembran el relato y van determinando la continuidad de la historia). El amor, cuyo objeto es finalmente él mismo, y no ya una persona, una especie de exigencia absoluta siempre rechazada al límite, no puede encontrar su satisfacción en el marco real de la condición humana, moldeada por una sexualidad equívoca y engastada en instituciones lenitivas. Hipostasiar el deseo amoroso en una figura definitiva es una ilusión que Tristán e Isolda acarician sin asumir; crean obstáculos (poco importa que esos obstáculos estén ligados aparentemente a circunstancias extrínsecas) a fin de diferir el plazo que disipará la ilusión. Y el obstáculo supremo, ya lo dijimos, es la muerte. Denis de Rougemont puede citar en apoyo de su tesis diversas afirmaciones de los poetas románticos[545].

Esta fascinación por la muerte, esta tensión abisal del deseo hacia su negación radical, esta imbricación de Eros con Tánato, no son sin duda parámetros específicos de la sola conciencia occidental. En repetidas ocasiones las mitologías más diversas atestiguan la existencia, en el inconsciente colectivo, de una correlación entre el sexo y la muerte. Un mito tahitiano sumamente significativo es referido por Jean Guiart[546]. Su héroe, Maui, quiere conquistar la inmortalidad sutilizándola en la diosa Mina; para lograrlo debe penetrar en el interior de su cuerpo por el sexo y salir por la boca, aprovechándose de su sueño. Sus amigos los pájaros le ven realizar su hazaña. «Los pájaros le vieron reptar en silencio entre los muslos y desaparecer. Pero cuando ya sólo faltaban los pies para dejar atrás la vulva divina, uno de los pájaros no pudo aguantar el lado gracioso del espectáculo. Su risa despertó a Mina, que cerró los muslos, aplastando a Maui, que murió. Y ése es el origen de la muerte de los humanos.»[547] De forma extraordinaria, aquí los hombres devienen mortales, es decir, son afectados por una catástrofe ontológica a consecuencia de una unión sexual indebida. Querer salir de los límites de la condición humana, y, lo que es más, por una cópula simbólica con la Diosa, acarrea un castigo infinito. Se encuentra también en el pasaje el tema de la vagina peligrosa.

Un mito análogo es el recogido por André-Marcel d'Ans entre los indios cashinahua[548]. Se dice que antaño los ancestros ignoraban el uso del sexo, aunque hombres y mujeres estuvieran sin embargo diferenciados en lo que a eso respecta. Un joven más curioso que los demás quiso curar la «herida» que observó en una muchacha. Acabó por encontrar la solución al enigma, lo que le valió un inmenso éxito ante la población femenina; ésta acabó por romperle el sexo y él pagó con su muerte su sensacional descubrimiento.

Ese mito parece indicar que el Ancestro, el antepasado de los tiempos primordiales donde todo iba mucho mejor[549], estaba dispensado de sexualidad. El descubrimiento de ésta procura sin duda un gozo capcioso, pero marca también el comienzo de innumerables dificultades[550] y el fin de la inocencia. Se diría, de una manera general, que el inconsciente colectivo ha tejido una red de relaciones en torno a la sexualidad, el tiempo y la muerte; todos esos parámetros son correlativos unos de otros. No es por azar que en la escatología cristiana, al final de los tiempos, las almas salvadas se vean provistas de un «cuerpo glorioso» que no presentará ya diferenciación sexual. Por eso también, al menos en una cierta tradición teosófica, cuando Adán es tentado por un modo animal de reproducción pierde su androginia primordial, descubre la vergüenza de su cuerpo y es arrojado, él y sus descendientes, al tiempo que corrompe y produce la muerte del cuerpo.

La teología proporciona aquí una clarificación de las relaciones que unen el deseo y la muerte. Ésta aparece primero como castigo a un deseo desenfrenado, a una caída en la animalidad; pero, a la inversa, la muerte deviene dialécticamente objeto de deseo, porque es también el umbral a partir del cual es posible una reintegración hacia el ser o en el ser.

Una iluminación completamente distinta se desprende de la corriente «metapsicológica» surgida de los trabajos de Freud. Nos detendremos aquí en particular en las tesis de Ferenczi. El deseo sexual, dice, es decididamente regresivo, y conviene ver en el proceso que lo actualiza un intento de superar el traumatismo del nacimiento, traumatismo analizado y diagnosticado sobre todo en los trabajos de Otto Rank. Por identificación fantasmática, la penetración coital permite un retorno a la situación intrauterina. Esta situación, si no es abiertamente letal, recuerda sin embargo las antesalas o los limbos de la vida. El feto no solamente está contenido en un medio líquido perfectamente protector, sino que además se sabe que, al menos durante los primeros meses de la gestación, la connotación sexual del embrión es indeterminada. De ahí la tesis de Ferenczi: «El coito no puede tener por objeto más que un intento del yo, primero titubeante, después cada vez más claramente orientado y por último parcialmente logrado, de volver al cuerpo materno, situación en que la ruptura, tan penosa para el ser vivo, entre el yo y el medio exterior no estaba todavía consumada»[551]. Lo que a priori nos impide calificar esta tesis de gratuita es que está apoyada en observaciones tomadas de diferentes sectores: psicopatología, biología, etología. Pero el esquema en torno al cual se articula, ¿no es de naturaleza arquetípica? ¿No preexiste a todo intento positivo de racionalización?

Estamos tentados de suponerlo cuando sabemos que Ferenczi se aventura todavía más lejos en el juego de las hipótesis. Al traumatismo ontogenético del nacimiento se superpone una fractura filogenética arcaica, una catástrofe fundamental de la especie: a saber, el paso de la existencia acuática a la existencia terrestre, consecutivo al desecamiento relativo de los océanos (¡el diluvio es, según el autor, un mito compensatorio!). El desarrollo de los órganos sexuales constituiría una tentativa biológica espontánea para poner al abrigo en un medio acuoso el desarrollo de las células fecundantes y fecundadas. A partir de ahí, el encuentro de los sexos no sería solamente un fantasmático retorno al cuerpo materno, sería también un regreso al océano vital primordial. Pero ese principio de vida es el lugar en que inicialmente son anuladas todas las tensiones, todas las diferencias, y Ferenczi no duda en asimilarlo a un medio isomorfo letal: «Por consiguiente, lo que se expresa en el orgasmo no es solamente la calma intrauterina y una existencia apacible asegurada por un medio más acogedor, sino también la calma misma que precedía a la aparición de la vida, es decir, la paz inerte de la existencia inorgánica»[552].

Esta extraordinaria epopeya metabiológica —o más bien infrabiológica— rima con profundas tendencias mitógenas. El mar es por excelencia un lugar de disolución y resolución de las contradicciones. Principio de vida, es también lo que expone a la muerte al ser aerobio, al individuo separado. Como dice G. Durand: «La mar[553] es la primordial y suprema devoradora, como el encaje ictiomorfo nos permitía presentir; el abismo feminizado y maternal que para numerosas culturas es el arquetipo del descenso y del retorno a las fuentes originales»[554]. Es no menos notable que el mar sea fundamentalmente el lugar de la aventura peligrosa y, correlativamente, el lugar de la aventura erótica. La *Odisea* de Homero nos lo indica de forma insistente. Por otra parte, el tema multiforme de la sirena está asociado a una simbólica tan rica como inquietante: por ella se manifiesta que el mar es aquello en lo que tienen lugar las bodas paradójicas de Eros y Tánato[555].

También para Ferenczi el mar es el medio prototípico donde se origina la vida, pero sigue siendo, paralelamente, el paradigma letal hacia el que tienden regresivamente las pulsiones eróticas. En él quedan abolidas las fronteras de la vida y de la muerte. Por eso, si se admite que la unión sexual obedece al principio de restauración andrógina, hay que considerar que el andrógino mantiene con Tánato relaciones no unívocas. Al tender a la abolición del deseo y al principio del nirvana, el andrógino nos arrastra fuera del tiempo y del ciclo biológico; consagra la «muerte» del ser sexuado, pero se afirma al mismo tiempo como evolución ontológica y estructura de plenitud; en este sentido es, por tanto, a imagen del Fénix o del Fuego mítico de que nos habla Bachelard, el «ultraviviente». Pero esto no es cierto más que en la lógica del mito. Llevada a su realidad existencial, la experiencia erótica se experimenta como un proceso en el que súbitamente falta el fundamento, en el que la promesa andrógina se hurta; entonces es de alguna manera por defecto como la muerte se perfila y deviene el horizonte del Eros. La vida se muestra aquí en su insignificancia, en la superchería que sin cesar desencanta los mitos al contacto con lo vivido y sin cesar resucita los mitos a fin de hacer lo vivido más o menos tolerable.

Así, la fascinación de la muerte que centellea detrás de toda meditación profunda del andrógino conjuga el enfrentamiento supremo de los contrarios: ser y no ser. Aquí el símbolo bisexual se amplía verdaderamente hacia una dimensión ontológica fundamental. El andrógino, la *coincidentia oppositorum*, el símbolo mediador por excelencia, es el lugar donde se intercambian las figuras equívocas de la vida y la muerte, del ser y la nada. Pues es cierto que la afirmación total del ser disuelve toda determinación particular y apela entonces a la idea de Nada, como señala por ejemplo el Maestro Eckart: «La nada es sin comienzo; porque Dios, para hacernos a su imagen, no podía hacernos de un tejido mejor que de nada... Así, el alma no puede tener un acceso más próximo a la naturaleza divina que como nada, pues ninguna otra cosa nos une más que la identidad de naturaleza»[556].

Y es cierto también –¡verdad insostenible!– que la lógica de Eros es apertura hacia Tánato, según la fórmula de Georges Bataille[557]. Por eso el tema de la muerte colectiva de los amantes ejerce una mórbida, pero inevitable atracción sobre el psiquismo humano. Representa, mucho mejor que las solas incertidumbres del amor, la tentativa suprema en que el hombre-y-la-mujer vienen a repudiar al andrógino mítico al precio de la apuesta más paradójica[558]. Cuando los místicos reclaman la gran noche del mundo y el retorno al abismo primordial de la Deidad, y cuando los teóricos del Eros nos lo muestran abriéndose —o cerrándose— sobre Tánato, unos y otros piensan sin duda en un lenguaje cuyos presupuestos teóricos, el clima afectivo-intelectual y el horizonte ideológico son radicalmente diferentes, pero, a nuestro parecer, no dejan de decir lo mismo: a saber, que el ser del hombre es como un «exceso», y que el deseo es como la traducción de esta excrecencia ontológica, por la cual, sin embargo, existe el lenguaje, en el que se dice la reminiscencia de una cesura incomprensible.

La palabra —sea la del mito o la de la literatura— viene a alojarse en este «espacio» paradójico donde el hombre aprende que no es por completo de este mundo, que entre su ser y el ser del mundo no hay realmente armonía preestablecida. La palabra —cuando no se diluye en palabrería y diversión— da testimonio de una carencia; es síntoma de una deficiencia que afecta perpetuamente al ser del hombre, de una inconsistencia de ser. La palabra es también huida hacia delante, intento siempre reiterado de colmar la escotadura existencial en una ósmosis imposible, puesto que el mundo y la palabra no son de igual naturaleza. ¿Quién pondría en duda que el mito, el mito en general, es un discurso triste? Y con él esta mitología, curiosamente abierta sobre ese mismo desfase, que llamamos «literatura»[559].

Pero si el mito del andrógino es por excelencia el *mito* de la unidad perdida, o, en otras palabras, el testimonio *no mítico* de la imposible armonía, entonces es en él, a través de las nostalgias ilusorias y los deseos aporéticos que nos atan a él, como surge la palabra. Como dice Jérôme Peignot en un texto cargado de sentido: «Así, nada como el concepto del Andrógino puede explicar por qué hablamos. Como si no fuera evidente que la palabra es el signo de una herida. De una herida o de una caída, consecutiva a la separación de ese otro nosotros sin el cual no somos en el pleno sentido de la palabra. Si apenas podemos imaginar el universo del Andrógino de otra manera que silencioso, es porque sentimos que el silencio mantiene al Andrógino en su perfección. El silencio dice lo esencial, lo articula. No hay palabra que valga un silencio sostenido por la intensidad de una existencia auténtica»[560].

Conclusión

El diccionario de símbolos de Jean Chevalier y Alain Gheerbrant muestra en la cubierta de su edición francesa un dibujo alquímico tomado de Basilio Valentín. Se ve en él al hermafrodita bicéfalo, aureolado con los siete planetas y encaramado sobre la espalda de un dragón alado que se vuelve escupiendo fuego. Así, el andrógino —o la piedra de los filósofos— triunfa sobre la Bestia; la Sabiduría pacificada se hace dueña del mal. Es notable que un dibujo así sirva de efigie a un diccionario de símbolos. Si, como piensa M. Eliade, el andrógino designa la *coincidentia oppositorum*, representa el ejemplar desmentido que la imaginería humana inflige a la vez a una realidad empíricamente desunida y a una lógica binaria de la que el espíritu humano, en un supremo ardid filosófico, querría hacernos creer que coinciden. La figura del andrógino nos obliga a apartarnos de la tentación monista, clave de bóveda del espíritu de sistema, y de la tentación dualista, respaldo fundamental de un maniqueísmo ético-cosmológico. El andrógino es el «Uno-en-dos», es la paradoja radical.

A la inversa, es reveladora y digna de ser tomada en consideración la sutil observación de Groddeck según la cual «todos los símbolos son más o menos bisexuales»[561].

Esto se puede entender en dos sentidos. En primer lugar el símbolo, constitutivamente, etimológicamente, remite a una mitad «simbólica» que representa su exacto complemento, su prolongación y la reconstrucción de su unidad. Desde este punto de vista, el funcionamiento simbólico no puede sino evocar la dinámica específica del ser mutilado tal como es escenificado en el relato de Aristófanes. En otras palabras, el símbolo, en tanto que congruencia de dos fragmentos de una misma entidad, encuentra su analogía inmediata en la pareja hombre/mujer; hasta tal punto parece cierto a primera vista que esos dos protagonistas están «hechos» el uno para el otro y que, desde la observación de la dualidad de los sexos, nos deslizamos fácilmente hacia una especie de visión finalista, de la que las ensoñaciones de la escatología andrógina podrían constituir una forma refinada. Pero, en otro sentido, el símbolo, tomado esta vez como prototipo de un significante cuya esencia sería una especie de perpetuo deslizamiento semántico, funciona como expresión privilegiada de ambivalencias. A partir de ahí, todo gran símbolo contiene significados contrarios[562], parejas opuestas, y especialmente la de lo femenino y lo masculino. Así se podría mostrar que los símbolos sobredeterminados, es decir, sin duda arquetípicos, como el Árbol, el Monstruo, la Serpiente, etc., polarizan sobre sí componentes bisexuales, sea como alternancia, sea como acumulación.

Parece pues que el Andrógino y el símbolo (en general) son, en última instancia, términos intercambiables. En otras palabras, el andrógino tiene básicamente una vocación simbólica, pero, también, el símbolo —todo símbolo—, subrepticiamente, se androginiza. Según el primer sentido que hemos dado al «símbolo», el hombre y la mujer aparecen como complementarios[563]; y según el segundo sentido, aparecen como opuestos. Esta ambigüedad pesa, al parecer, sobre toda representación andrógina e ilumina las muchas transformaciones que dan a ésta una polivalencia a veces desconcertante. En particular, da cuenta, al menos en cierta medida, del hecho de que a través del andrógino se traman las bodas paradójicas de Eros y Tánato. Pues allí donde los complementarios se reúnen, realizando las grandes fiestas de la simbiosis y la sicigia, las oposiciones se enfrentan en el seno de una lucha inmemorial de la que los mitos parecen entregarnos parcialmente el secreto. Así, en su impaciencia amorosa, Orfeo arroja a Eurídice al reino de los muertos; así, en la *Antígona* de Sófocles, el coro dirige un himno enigmático a Eros justo antes de que Antígona sea emparedada viva en el seno de la Tierra Madre.

Símbolo de sí mismo por tanto, y renaciendo como el Fénix de su prodigalidad semántica, el andrógino, en su aguda insistencia en existir en el discurso humano, parece atestiguar que el término «arquetipo», a pesar de las dificultades epistemológicas que implica, encuentra al menos en él su pertinencia y su razón de ser. Hemos visto hasta qué punto está unido íntimamente a las cosmogonías y las teologías primitivas. En el discurso mitológico, el mundo se origina en una androginia primordial, y esta ambivalencia concierne también a los dioses y a los antepasados. Pero esta tendencia, aunque a veces oculta, no desaparece cuando se elaboran las teologías y antropologías más refinadas; más aún, la androginia de los comienzos se ve proyectada a una androginia de los fines, donde el hombre sueña con encontrar lo que ha perdido, lo que cree haber perdido. Así, el andrógino es el alfa y la omega de la «historia» del mundo. Y cuando la exigencia de rigor científico viene a desencantar el contenido de los mitos, a mostrar el carácter precario y caduco de nuestras «explicaciones», el andrógino, movido por alguna instancia poderosa del inconsciente colectivo, se alberga en las construcciones de la literatura, en las producciones de las artes plásticas. Es más, vuelve a florecer en el mismo terreno que pretendía reducirlo, en el terreno de la desmitificación; en este sentido, su éxito en el seno de las teorías psicoanalíticas es el síntoma de su vivacidad. El hecho de que las metamorfosis del andrógino muestren a éste engarzado en una red de valores contradictorios (vida/muerte, perfección/aberración, asexualidad/supersexualidad, etc.) corrobora según nosotros la tesis junguiana de que el arquetipo no es aislable en una figura particular, sino que se manifiesta siempre como una *pluralidad* que emerge de *una* instancia dinámica inconsciente. Al mismo tiempo, las producciones arquetípicas son, al menos en sus fundamentos, atemporales; sufren, como máximo, la moda de la historia, y por eso las vemos resurgir periódicamente, adornadas con vestidos nuevos[564].

Se puede señalar, por otra parte, que nuestra contemporaneidad parece mostrar una sensibilidad reafirmada respecto del mito androgínico. Más allá de ciertos caprichos tumultuosos, tal vez una de las razones de este fenómeno se encuentre en lo que parece ser un reajuste filosófico del estatuto del mito en general. En efecto, mientras Nietzsche proclama «el crepúsculo de los ídolos» y denuncia la impostura de las baladronadas dialécticas a la cruda luz del gran mediodía de la desilusión, se dibuja una corriente de pensamiento paralela que toma al mito como objeto de reflexión y de análisis[565]. No pensamos sin embargo que esas dos corrientes estén en oposición una con otra, sino más bien que se articulan, grosso modo, en una misma *episteme*. Pues si es cierto que el pensamiento filosófico postnietzscheano nos invita a acorralar la ilusión allí donde se encuentre –incluso, llegado el caso, en la misma filosofía–, la filosofía del mito nos enseña, por vías sin embargo distintas, que los contenidos mitológicos no tienen nada que enseñarnos sobre el mundo y la situación objetiva del hombre en el mundo, pero que, en cambio, pueden enseñarnos mucho sobre la forma en que concebimos esa situación. En otras palabras, el mito es el reflejo de nuestra psique, representa la cartografía de nuestros deseos y, lo que viene a ser lo mismo, de nuestras angustias.

Como Narciso se mira en su imagen, así el hombre contemporáneo mira, estupefacto, su propio inconsciente hipostasiado en construcciones arcaicas que no cesan, paradójicamente, de renacer e interpelarle. Por eso nos parece justo decir que el mito ejerce nuevamente una verdadera fascinación sobre el pensamiento actual.

Cuando en un corpus mítico subyace un arquetipo tan lleno de sentido implícito como el del andrógino, y cuya afinidad con el simbolismo está marcada de forma tan excepcional, podemos pensar perfectamente que una sobrevaloración corre el riesgo de cristalizarse sobre él. Por eso hemos querido recordar que, a pesar de su polisemia constitutiva, el mito del andrógino es esencialmente, en su formulación, un mito sexual. Al abolir la sexualidad, haciendo de ésta una especie de «depresión ontológica», o, más rara vez, al pretender superarla para llegar a situaciones no conflictivas, testimonia en primer lugar una inquietud «arcaica» del hombre respecto de su condición sexual, inquietud que la filosofía ha tratado quizá de exorcizar con mucha frecuencia con el silencio, un silencio cargado de presupuestos inhibidores[566]. Lo que hace más aguda esta inquietud, y eventualmente la transforma en angustia, es que parece hurtarse a toda tentativa de elucidación[567]. Hay una conmoción específica, ligada al cruce existencial de la masculinidad con la feminidad, pero ¿qué se puede decir de esa conmoción que no sea de alguna manera ininteligible? El pensamiento del erotismo es el pensamiento de nuestros límites y del carácter insoportable de esos límites. Amedrenta a la razón, que ahí no se encuentra a sí misma y, por tanto, se esconde. Pero no se deja tampoco aprehender por una especie de intuición naturalista que pretende apoderarse del *eros* y darle un lugar en la gran «química» del mundo vivo.

Queda entonces el eterno retorno de nuestros mitos, que vienen como a dibujar respuestas y a sustituir los pesados silencios de nuestras inquietas fascinaciones. Así centellea el Andrógino, perfil onírico de nuestras reconciliaciones, promesa escatológica que consagra el fin de las angustias, de toda angustia. Pero ¿cómo ignorar que esta figura multiforme —que va del antepasado esférico al efebo de los pintores simbolistas pasando por el Rebis de los filósofos «químicos»— es un lugar privilegiado de cristalización de nuestras ilusiones? Nuestras tentativas institucionales, nuestras modas esotéricas, nuestras cirugías transexuales, no son sino imitaciones insignificantes del andrógino; y el amor mismo apenas nos da de él algo más que una «mueca», como dice J. Peignot[568].

Es decir, el andrógino representa una oculta pero poderosa protesta contra el «principio de realidad». En este sentido, la búsqueda del andrógino conduce ineluctablemente a un pensamiento de lo impensable, a una aparición de la muerte. Las líneas de fuerza que gravitan a su alrededor terminan siempre por bascular hacia lo absolutamente otro, hacia la marcha irreversible de lo indeterminado. Es necesario, o bien resignarse a vivir el amor humano según la prosa del mundo, o bien, aceptando el paradigma andrógino, correr entonces riesgos inauditos.

Eso es tal vez lo que quiere decir la inagotable leyenda de Edipo, en el episodio de la esfinge. El ser que se origina en la paridad duplicada, se continúa en la paridad simple y se desvanece en la imparidad, es sin duda el hombre, el que conquista la androginia como mezcla de par e impar. Pero esta conquista, esta «liberación», necesita un esfuerzo gnóstico fuera de lo común; y, sobre todo, supone «que se reconozca la necesidad de la muerte como condición del acabamiento y la superación de la sexualidad limitada. Este reconocimiento aparta, pues, resueltamente la figura de la esfinge, simulacro grotesco del hermafroditismo. Éste muere, como perecía en la ciudad antigua el infortunado personaje nacido por azar bajo el signo de la bisexualidad. El descifrador del enigma, promovido, a partir de ese momento, a la restauración de la plenitud andrógina, ve entonces que se abren para él las puertas de la ciudad y el matrimonio incestuoso, es decir, una suerte de reconstrucción sicígica con la Tierra Madre. Pero esto sin duda no es humanamente soportable y no pertenece ya al orden de la vida. Una vez más, Eros despliega, hacia Tánato, su destino milenario.

Notas

[1] M. E. Montaigne, *Essais*, III, V, Gallimard, París, pág. 825 [*Ensayos*, 3 vols., trad. de D. Picazo y A. Montojo, Cátedra, Madrid 1985-1987].

[2] A. Schopenhauer, *Métaphysique de l'amour*, U.G.E., París, pág. 40 [*Metafísica del amor; metafísica de la muerte*, trad. de M. Domínguez, Obelisco, Barcelona 1994].

[3] J. B. Pontalis lo apunta con sutileza: «Para comenzar, la injuria y el sarcasmo, después el cuidado en distinguir el buen grano de la cizaña, por último la aceptación, pero acompañada de una intención explícita de reforma (diremos como filósofos lo que Freud, aún apegado a un conjunto de viejos tópicos, quiso decir)», en *Après Freud*, Gallimard, París 1968, pág. 11.

[4] A. Schopenhauer, *op. cit.*, pág. 40.

[5] Platón, *El banquete*, 177b-c.

[6] La experiencia muestra que esa influencia actúa de forma marcada y duradera sobre el lector «ingenuo», que prefiere este episodio a cualquier otro.

[7] S. Freud, *Essais de psychanalyse*, Payot, París 1970, pág. 74.

[8] El mundo griego estuvo atento a esta «subversión», si nos atenemos por ejemplo a este pasaje de Sófocles: «Eros, luchador invencible, Eros / que nada respeta... / ...ningún inmortal puede escapar a ti, / ningún mortal, / que te albergue en su corazón, / conserva la razón» (*Antígona*, versos 780-789).

[9] Este punto de vista es el sostenido concretamente por Julius Evola, *Métaphysique du sexe*, Payot, París 1968, págs. 76-77 [*Metafísica del sexo*, trad. de F. Gutiérrez, J. J. de Olañeta, Palma de Mallorca 1997].

[10] El acceso a la contemplación de la belleza en sí es presentado en modo condicional: «Sueña pues, añade ella, qué felicidad sería para un hombre el poder contemplar lo bello, simple, puro, sin mezcla, etc.», *El banquete*, 211c.

[11] Esta cuestión es discutida, sin estar resuelta, en P. Frutiger, *Les mythes de Platon*, Alcan, París 1930. Su interés nos parece histórico, pero no fundamental: lo esencial es que Platón haya dejado surgir en su discurso el mito con toda su fuerza sugestiva.

[12] M. Eliade, *Mythes, rêves et mystères*, Gallimard, París 1967, pág. 216 [*Mitos, sueños y misterios*, trad. de M. de Alburquerque, Grupo Libro 88, Madrid 1991].

[13] Gaston Bachelard escribe por ejemplo: «Entre el concepto y la imagen, no hay síntesis. Tampoco filiación... Quien se entrega con toda su mente al concepto, con toda su alma a la imagen, sabe que los conceptos y las imágenes se desarrollan según dos líneas divergentes de la vida espiritual», *La poétique de la rêverie*, P.U.F., París 1965, pág. 45.

[14] G. Durand, *Les structures anthropologiques de l'imaginaire*, Bordas, París 1969, págs. 62-63 [*Las estructuras antropológicas de lo imaginario*, trad. de M. Armiño, Taurus, Madrid 1982].

[15] Analogía inquietante, hasta el punto de que León Hebreo ve en el mito platónico del andrógino un préstamo del libro del Génesis.

[16] Según una comentadora de Jung, Jolande Jacobi, el autor habría tomado esta palabra de Dionisio Areopagita y del *Corpus Hermeticum*; cf. J. Jacobi, *La psychologie de C. G. Jung*, Mont-Blanc, Ginebra 1964, pág. 72 [*La psicología de C. G. Jung*, trad. de J. M. Sacristán, Espasa-Calpe, Madrid 1947, [3]1976].

[17] C. G. Jung, *Types psychologiques*, Georg, Ginebra 1950, pág. 310 [*Tipos psicológicos*, trad. de A. Sánchez Pascual, Edhasa, Barcelona 1994].

[18] *Ibid.*, pág. 387.

[19] C. G. Jung, *Entretiens avec Richard Evans*, Payot, París 1970, pág. 32.

[20] *Ibid.*, pág. 37.

[21] C. G. Jung, *Contribution à la psychologie de l'archétype de l'enfant*, Payot, París 1968, pág. 107.

[22] En *Types psychologiques*, cit., pág. 387, Jung escribe: «Puedo suponer que se sabe lo que hay que entender por instinto. Sucede de otra forma con los arquetipos. Entiendo por este término lo que en otro tiempo llamé "imagen primordial", según una expresión tomada de Jacob Burckhardt».

[23] G. Durand, *op. cit.*, pág. 61.

[24] C. G. Jung, *Entretiens avec Richard Evans*, cit., pág. 32.

[25] C. G. Jung, *L'homme et ses symboles*, Pont-Royal, París 1964 [*El hombre y sus símbolos*, trad. de L. Escolar Bareño, Paidós, Barcelona [2]1997].

[26] Cf. C. G. Jung, *Contribution à la psychologie de l'archétype de l'enfant*, cit., pág. 112.

[27] Cf. C. G. Jung, *Entretiens avec Richard Evans*, cit., pág. 46.

[28] J. Jacobi, *op. cit.*, pág. 73.

[29] C. G. Jung, *Entretiens avec Richard Evans*, cit., pág. 37.

[30] Valdría la pena realizar aquí un inventario meticuloso, pero desbordaría el marco de esta Introducción y de este trabajo.

[31] C. Lévi-Strauss, *Anthropologie structurale*, Plon, París 1958, pág. 230 [*Antropología estructural*, trad. de E. Verón, Altaya, Barcelona 1994].

[32] C. G. Jung, citado por E. Rochedieu, en *C. G. Jung*, Seghers, pág. 44.

[33] Cf. I. Kant, *Crítica de la razón pura, Dialéctica transcendental*, libro II, cap. II [*Crítica de la razón pura*, 2 vols., trad. de J. del Perojo y J. Rovira Armengol, Folio, Barcelona 2000].

[34] R. Caillois, *L'homme et le sacré*, Gallimard, París 1961, Apéndice I, «Sexe et sacré».

[35] Referencia «biológica» aparte, se encuentra evidentemente un notable comienzo en la doctrina de Epicuro.

[36] Cf. L. Lévy-Bruhl, *La mentalité primitive*, P.U.F., París 1960, cap. II [*La mentalidad primitiva*, trad. de G. Weinberg, La Pléyade, Buenos Aires 1972].

[37] Cf. el punto de vista sintético de G. Gusdorf, *Mythe et métaphysique*, Flammarion, París 1953, págs. 46 y ss.

[38] Cf. G. Dumézil, «Préface», en M. Eliade, *Traité d'histoire des religions,* Payot, París 1974 [*Tratado de historia de las religiones*, trad. de A. Medinaveitia, Cristiandad, Madrid 1974].

[39] M. Eliade, *op. cit.*, pág. 46.

[40] *Ibid.*, pág. 353. La afirmación de Eliade es corroborada por la de Jung: «Un hecho que hay que observar: quizá la mayor parte de los dioses creadores del mundo sean bisexuales» (C. G. Jung, *Introduction à l'essence de la mythologie*, Payot, París 1968, pág. 134).
[41] M. Eliade, *Mythes, rêves et mystères*, cit., págs. 216 y ss.
[42] Cf. A. H. Krappe, *La genèse des mythes*, Payot, París 1952, págs. 254 y ss.
[43] Esta afirmación nos viene dictada por diversos trabajos etnográficos. Mencionemos a M. Griaule, *Dieu d'eau*, Du Chêne, París 1948 [*Dios de agua*, trad. de A. Gutiérrez, Alta Fulla, Barcelona 1987, ²2000]; M. Leenhardt, *Do Kamo*, Gallimard, París 1947 [*Do Kamo*, Paidós, Barcelona 1997]; J. Guiart, *Les religions de l'Océanie*, P.U.F., París 1962; A. M. D'Ans, *Le dit des vrais hommes*, U.G.E., París 1978; Ch. P. Mountford, *Rites et mythes des aborigènes australiens*, Payot, París 1953 [*Rostros bronceados y arenas rojas: mitos y ritos de los indígenas de Australia Central*, trad. de I. Rodrigo, Labor, Barcelona 1965]; B. Malinowski, *La sexualité et sa répression dans les sociétés primitives*, Payot, París 1969 [*Sexe i represió en les societats primitives*, trad. al catalán de J. Valverdú, Edic 62, Barcelona 1969], etc.
[44] Precisaremos estos datos en el cap. 4, «El cosmos andrógino».
[45] Cf. B. Malinowski, *op. cit.*, pág. 97.
[46] Cf. G. M. D'Ans, *op. cit.*, págs. 16-17.
[47] Cf. M. Griaule, *op. cit.*, págs. 23-24.
[48] Tomamos la información siguiente de F. Daumas, *La civilisation de l'Egypte pharaonique*, Arthaud, París 1969.
[49] *Ibid.*, pág. 316.
[50] *Ibid.*, pág. 290.
[51] Tomamos estos datos de J. Deshayes, *Les civilisations de l'Orient ancien*, Arthaud, París 1969.
[52] *Ibid.*, pág. 247.
[53] *Ibid.*, pág. 257.
[54] Cf. M. Eliade, *Traité d'histoire des religions*, cit., págs. 353-354.
[55] *Ibid.*, pág. 353.
[56] Cf. M. Granet, *La religion des Chinois*, P.U.F., París 1951, pág. 42.
[57] G. Dumézil, *Les dieux des Germains*, P.U.F., París 1959, pág. 120.
[58] *Ibid.*, pág. 122.
[59] Tema de los gemelos incestuosos, omnipresente en el repertorio mitológico.
[60] Citado por W. Lederer, *Gynophobia ou la peur des femmes*, Payot, París 1970, pág. 60.
[61] M. Delcourt le ha consagrado un libro: *Hermaphrodite*, P.U.F., París 1958 [*Hermafrodita*, trad. de J. de Albiñana, Seix Barral, Barcelona 1970].
[62] M. Delcourt, *op. cit.*, pág. 1.
[63] K. Kerényi y C. G. Jung, *Introduction à l'essence de la mythologie*, Payot, París 1968, pág. 83.
[64] M. Delcourt, *op. cit.*, pág. 86 (la cursiva es nuestra).
[65] K. Kerényi y C. G. Jung, *op. cit.*, pág. 99.
[66] Para las fuentes, véase M. Delcourt, *op. cit.*, págs. 43-44.
[67] G. Roheim, *La panique des dieux*, Payot, París 1974, pág. 233.
[68] M. Delcourt, *op. cit.*, págs. 30-31.

[69] *Ibid.*, págs. 39-41.
[70] K. Kerényi y C. G. Jung, *op. cit.*, págs. 101-102.
[71] M. Delcourt, *op. cit.*, pág. 46.
[72] J. Przyluski, *La Grande Déesse*, Payot, París 1950, pág. 34.
[73] Ch. P. Mountford, *op. cit.*
[74] Tal es el título de la tercera parte del libro de J. Przyluski, *op. cit.*
[75] J. Przyluski, *op. cit.*, pág. 140.
[76] En realidad, las cosas son más complejas. Las tríadas se mezclan con esa pareja, y en esas tríadas intervienen pares gemelos.
[77] J. Przyluski, *op. cit.*, pág. 176.
[78] M. Eliade, *Traité d'histoire des religions*, cit., pág. 110, nota.
[79] Cf., especialmente, M. Eliade, *ibid.*, cap. VII; *id.*, *Mythes, rêves et mystères*, cit., cap. VIII.
[80] M. Eliade, *ibid.*, pág. 193.
[81] M. Eliade, *Traité d'histoire des religions*, cit., pág. 225.
[82] M. Eliade, *Mythes, rêves et mystères*, cit., pág. 56.
[83] M. Eliade, *Traité d'histoire des religions*, cit., pág. 56.
[84] *Ibid.*, pág. 86.
[85] M. Delcourt, *op. cit.*, pág. 48.
[86] Cf. J. Przyluski, *op. cit.*, pág. 100.
[87] Génesis 1, 27. El paso del singular al plural es cuando menos desconcertante. Lo comentaremos al examinar la naturaleza del hombre original.
[88] *Dictionnaire de théologie catholique*, Letouzey et Ané, París 1923, vol. 4, 1.ª parte, pág. 949.
[89] Éxodo 2, 13-15.
[90] Convendría por tanto buscar una instancia represora. El problema, que pertenece a la historia de las religiones, sigue siendo misterioso, y no hemos encontrado en nuestras lecturas más que unos pocos elementos susceptibles de iluminarlo.
[91] *Zohar*, J. de Pauly (trad.), vol. 1, 13b [*El Zohar*, 5 vols., trad. de L. Dujovne, Sigal, Buenos Aires 1977-1978].
[92] El hombre, en tanto que ser genérico, procede pues de una mezcla cualitativa, igual que Eros es descrito por Diotima en *El banquete* de Platón como procedente de Poros y Penia.
[93] *Zohar*, vol. 1, 17a.
[94] Esta «intimidad» aparece bien subrayada en el fragmento siguiente: «En la esencia divina, no hay ni asociación ni número: todo en ella es Uno. La asociación que existe en la esencia divina es comparable a la que existe entre el macho y la hembra, que no son llamados más que uno, tal como está escrito: "Pues yo les he llamado uno"», *Zohar*, 22b.
[95] *Zohar*, vol. 1, 17a.
[96] Tomamos estas traducciones de G. G. Scholem, *La Kabbale et sa symbolique*, Payot, París 1966, pág. 79 [*La cábala y su simbolismo*, trad. de J. A. Pardo, Siglo veintiuno, México, 1978].
[97] W. Lederer, *op. cit.*, cit., pág. 167.
[98] G. Scholem, *op. cit.*, pág. 124 (el subrayado es nuestro).

[99] Cf. *Zohar*, 22b; veremos posteriormente las trágicas consecuencias de este diálogo.
[100] G. Scholem, *op. cit.*, pág. 185.
[101] Por supuesto, los kabalistas estuvieron marcados, históricamente, por los exegetas gnósticos, al menos hasta cierto punto. Pero estudiaremos la gnosis como consecuencia indirecta del pensamiento cristiano. Nuestro plan, aquí, se sitúa al margen de una cronología que no sería necesariamente clarificadora.
[102] Pseudo Denys l'Aréopagite, *Œuvres complètes*, Aubier, París 1943, págs. 183-184, 1048 A-B [Pseudo-Dionisio el Areopagita, *Obras completas*, trad. de T. H. Martín, B.A.C. Madrid 1990].
[103] Santo Tomás de Aquino, *Suma Teológica*, vol. I, cuestión 3, introducción.
[104] Maître Eckhart, *Sermons-Traités*, Gallimard, París 1942 [*Tratados y sermones*, trad. de I. M. de Brugger, Edhasa, Barcelona 1983].
[105] Citado por A. Malet, en *Personne et Amour dans la théologie trinitaire de saint Thomas d'Aquin*, Vrin, París 1956.
[106] Jung afirma categóricamente que el drama metafísico cristiano es esencialmente masculino. Cf. *Psychologie et alchimie*, Buchet-Chastel, París 1970, pág. 198 [*Psicología y alquimia*, trad. de A. Sabrido, Plaza & Janés, Esplugas de Llobregat (Barcelona) 1977].
[107] *Dictionnaire de théologie catholique*, cit., vol. 5, 1.ª parte, pág. 684.
[108] *Ibid.*, artículo «Trinité».
[109] J. Daniélou, *Dieu et nous*, Grasset, París 1956, pág. 174 [*Dios y nosotros*, trad. de F. Pérez, Taurus, Madrid ³1966].
[110] *Ibid.*, pág. 175.
[111] *Dictionnaire de théologie catholique*, cit., vol. 5, 1.ª parte, pág. 710.
[112] Marcos 13, 32; Mateo 24, 36.
[113] A. Malet, *op. cit.*, pág. 72.
[114] *Ibid.*, pág. 77.
[115] San Agustín, *Confesiones*, libro 13, cap. V.
[116] Esto es referido por M. Eliade, *Méphistophélès et l'Androgyne*, Gallimard, París 1962, pág. 128 [*Mefistófeles y el andrógino*, trad. de F. García-Prieto, Labor, Barcelona 1984].
[117] H. Dontenville, en *Histoire et géographie mythiques de la France*, Maisonneuve et Larose, París 1973, señala que «la filiación virginal de Jesús fue una primera concesión judeocristiana a la mentalidad pagana» (pág. 101).
[118] G. Durand, *Les structures anthropologiques de l'imaginaire*, cit., pág. 344.
[119] Cf. C. G. Jung, *Psychologie et alchimie*, cit., pág. 27.
[120] *Ibid.*, pág. 33.
[121] M. Delcourt, *op. cit.*, pág. 122.
[122] Citado por M. Delcourt, *op. cit.*, pág. 123.
[123] W. Lederer, *op. cit.*, pág. 158.
[124] H. Dontenville, *op. cit.*, pág. 102.
[125] Tomamos estos dos últimos datos de J. Huizinga, *Le déclin du Moyen Âge*, Payot, París 1967, cap. XII [*El otoño de la Edad Media*, trad. de J. Gaos, Altaya, Barcelona 1997].
[126] Cf. H. Leisegang, *La gnose*, Payot, París 1951, cap. III.
[127] *Ibid.*, pág. 72.

[128] E. de Faye, *Gnostique et gnosticisme*, Ernest Larousse, París 1913.
[129] *Ibid.*, pág. 358.
[130] Cf. R. M. Grant, *La gnose et les origines chrétiennes*, Seuil, París 1964.
[131] Cf. R. M. Grant, *op. cit.*, y H. Leisegang, *op. cit.*
[132] E. de Faye, *op. cit.*, pág. 375.
[133] San Ireneo, citado por F. M. M. Sagnard, *La gnose valentinienne et le témoignage de Saint Irénée*, Vrin, París 1947, pág. 299.
[134] *Ibid.*, pág. 301.
[135] Véase la Quinta parte.
[136] San Ireneo, citado por F. M. M. Sagnard, *op. cit.*, pág. 349.
[137] Emplearemos, según los comentarios citados, las dos ortografías en uso, Böhme y Boehme.
[138] Citado en G. Wehr, «Jakob Böhme», en *Les Cahiers de l'Hermétisme: Jacob Böhme*, Albin Michel, París 1977, pág. 68.
[139] Cf. A. Koyré, *La philosophie de Jacob Böhme*, Vrin, París 1929, pág. 473.
[140] E. Benz, en su obra titulada *Adam-Der Mythus vom Urmenschen*, ha establecido la influencia de Böhme sobre J. Pordage, E. Swedenborg, F. Œtinger, L. C. de Saint Martin, F. von Baader, G. Carus, V. Soloviev y N. Berdiaev.
[141] G. Wehr, *op. cit.*, pág. 69.
[142] V. Soloviev, *Le sens de l'amour*, Aubier, París 1946, págs. 107-108.
[143] *Ibid.*, pág. 109.
[144] Más exactamente, habría sin duda que prever para el arquetipo un devenir paleontológico. Pero, a escala histórica, se puede considerar «intemporal».
[145] Tomado del diario *Le Monde*, 4-5 de enero de 1976.
[146] Citado por M. Eliade, *Mythes, rêves et mystères*, cit., pág. 224.
[147] *Ibid.*, pág. 224.
[148] A. H. Krappe, *op. cit.*, cap. XV.
[149] M. Eliade, *Méphistophélès et l'Androgyne*, cit., págs. 104-105.
[150] *Ibid.*, pág. 103.
[151] M. Delcourt, *op. cit.*, cap. V.
[152] *Ibid.*, pág. 107.
[153] Proclo, *Comentario del Timeo*, 18c.
[154] M. Tournier, *Vendredi ou les limbes du Pacifique*, Gallimard, París 1967 [*Viernes o los limbos del Pacífico*, trad. de L. Ortiz, Alfaguara [6]1995].
[155] M. Delcourt, *op. cit.*, pág. 116.
[156] Cf. M. Eliade, *Mythes, rêves et mystères*, cit., pág. 215.
[157] V. Pâques, *L'Arbre cosmique dans la pensée populaire et dans la vie quotidienne du nord-ouest africain*, Institut d'Ethnologie, París 1964, págs. 47 y ss.
[158] *Ibid.*, pág. 67.
[159] Según un manuscrito citado por P. Gauguin, Pierre Bérès, 1951, pág. 32.
[160] *Corpus Hermeticum*, trad. de A.-J. Festugière, Les Belles-Lettres, París 1945-1954, vol. II, 20, 21 [*Corpus Hermeticum y Asclepio*, edición de Brian P. Copenhaver, trad. de J. Pórtulas y C. Serna, Siruela, Madrid 2000].

[161] El *Noûs*-Dios es designado explícitamente como masculino-y-femenino, vida y luz. *Corpus Hermeticum*, cit., vol. I, tratado I, 9.

[162] J. Evola, *Métaphysique du sexe*, cit., pág. 168.

[163] Es importante señalar que el *yang* y el *yin* son concebidos como realidades positivas. M. Granet escribe a este respecto: «El espacio está hecho de la oposición de *yin* y *yang;* el tiempo, de su alternancia. Esos principios reales, sexuados, enfrentados, alternantes, son la substancia misma del Todo, cuyo orden, por otra parte, expresan» (M. Granet, *La religion des Chinois*, cit., pág. 17).

[164] Platón, *Timeo*, 50b-d.

[165] S. Pétrement, *Le dualisme chez Platon et les gnostiques*, P.U.F., París 1947, pág. 16.

[166] *Ibid.*, pág. 16.

[167] Aristóteles, *De gen. anim.*, I, II, 716a.

[168] Aristóteles, *Phys.*, I, 9, 192a, 23.

[169] S. Pétrement, *op. cit.*, pág. 312, observa que el dualismo se aminora cuando entra en el marco de una lógica, pues tiende entonces subrepticiamente hacia el monismo de la Verdad: «El dualismo transcendental es anterior al dualismo de los principios contrarios... El dualismo de los principios contrarios es por lo tanto el dualismo en decadencia, aun cuando se exprese a veces en mitos de apariencia popular y primitiva».

[170] S. Pétrement, *op. cit.*, pág. 1, señala justamente desde otra perspectiva que el dualismo tiene mala reputación: «Entre los filósofos, este epíteto ["dualista"] es considerado una injuria, o al menos un reproche. Cuando lo aplican a una doctrina, hay que entender que ésta es, por decirlo así, irregular, inacabada, que no puede ser suficiente y que está destinada a ser superada. Desde su punto de vista, el objetivo de la filosofía es explicarlo todo por un solo principio, un solo concepto, un solo nombre».

[171] L. Paneth, *La symbolique des nombres dans l'inconscient*, Payot, París 1953, pág. 16.

[172] *Ibid.*, pág. 123.

[173] Gaston Bachelard no duda en escribir: «Desde el momento en que un ser en el mundo tiene una potencia, está próximo a especificarse, sea como potencia masculina, sea como potencia femenina. Toda potencia es sexuada. Puede incluso ser bisexual. Nunca será neutra; nunca, al menos, permanecerá mucho tiempo neutra. Cuando una trinidad cosmológica está retenida, hay que designarla como 1 + 2, como el caos del que surgen el Érebo y la Nyx». *La poétique de la rêverie*, cit., pág. 31.

[174] Recuperamos aquí una expresión cara a Mircea Eliade, que dedicó largas y sugerentes páginas al tema de la Edad de Oro. *In illo tempore*, «en aquel tiempo», designa el reino prodigioso y sagrado de los comienzos.

[175] Empédocles, fragmento 61.

[176] L. Lévy-Bruhl, *La mythologie primitive*, Alcan, París 1935, cap. II [*La mitología primitiva*, trad. de R. Pochtar, Península, Barcelona 1978].

[177] Cf. M. Eliade, *Traité d'histoire des religions*, cit., pág. 354.

[178] *Ibid.*

[179] La exposición de arte dogón de Châlon, Saône, en 1971, mostraba estatuillas que representaban a antepasados cuya morfología era claramente hermafrodita.

[180] M. Griaule, *Dieu d'eau*, cit., pág. 25.

[181] *Ibid.*, pág. 29.
[182] V. Pâques, *L'Arbre cosmique dans la pensée populaire et dans la vie quotidienne du nord-ouest africain*, cit.
[183] *Ibid.*, pág. 142.
[184] Cf. el artículo de C. Humblot en el diario *Le Monde*, 6-7 de marzo de 1977.
[185] Cf. J. Meunier y A. M. Savarin, *Le chant du Silbaco*, Denoël, París, pág. 99.
[186] M. Leenhardt, *Do Kamo*, cit., pág. 87.
[187] Citado por M. Eliade, *Traité d'histoire des religions*, cit., pág. 354.
[188] *Zohar*, 22g.
[189] G. Scholem, *op. cit.*, pág. 122.
[190] *Ibid*, pág. 136.
[191] *Zohar*, 55b.
[192] Cf. *Zohar*, 22b.
[193] G. Scholem, *op. cit.*, pág. 126.
[194] A. Koyré, *La philosophie de Jacob Böhme*, cit., pág. 228.
[195] Citado por S. Hutin, *Les disciples anglais de Jacob Böhme*, Denoël, París 1960, pág. 19.
[196] A. Bourignon, citada por S. Hutin, *op. cit.*, págs. 27-28.
[197] No es éste el parecer del *Dictionnaire de théologie catholique*. Esta obra cuestiona firmemente cualquier androginia atribuida a Adán.
[198] El comentador, E. Susini, recuerda que el texto bíblico emplea sin embargo el plural: *los* creó hombre y mujer.
[199] F. von Baader, citado por E. Susini, en *Franz von Baader et le romantisme mystique*, Vrin, París 1942, vol. II, pág. 336.
[200] Véase cap. 3 de la Tercera parte.
[201] Esto es cierto a priori de todo modelo teórico en una ciencia experimental. Pero lo es a fortiori en toda especulación referida a la noción de origen: esta última responde no a un saber, sino a una exigencia metafísica.
[202] R. Caillois, *Le mythe et l'homme*, Gallimard, París 1958, pág. 22 [*El mito y el hombre*, trad. de R. Baeza, Sur, Buenos Aires 1939].
[203] Hay que reconocer que el autor no ofrece justificaciones teóricas determinantes.
[204] Tomamos esta síntesis de M. Bonaparte, *La sexualité de la femme*, pág. 9 [*La sexualidad de la mujer*, trad. de J. Melendres, Península, Barcelona 1972, ⁵1978].
[205] G. Marañón, citado por A. Hesnard, *La sexologie*, Payot, París 1968, pág. 57.
[206] S. Freud, *Essais sur la théorie de la sexualité*, Gallimard, París 1962, pág. 129 [*Tres ensayos sobre teoría sexual*, trad. de L. López Ballesteros y R. Rey Ardid, Alianza, Madrid 1972].
[207] S. Freud, *Essais de psychanalyse*, cit., pág. 52.
[208] *Ibid.*, págs. 71-72.
[209] Ch. David, «La bisexualité psychique», en *Revue française de psychanalyse*, tomo XXXIX, septiembre-diciembre de 1975.
[210] S. Freud, citado por Ch. David, *op. cit.*, pág. 723.
[211] Ch. David, *op. cit.*, pág. 723 (el subrayado es nuestro).
[212] S. Freud, *Malaise dans la civilisation*, P.U.F., París 1971, pág. 58, n.° 1 [*El malestar en la cultura*, trad. de L. López Ballesteros, Biblioteca Nueva, Madrid, 1999].

[213] Ch. David, *op. cit.*, pág. 719.
[214] Este tema será desarrollado en la Quinta parte.
[215] Especialmente, según el inventario efectuado por Ch. David: A. Adler, en *Psychic hermaphroditism*; C. G. Jung, en *Dialectique du moi et de l'inconscient*; G. Groddeck, en *Le livre du çà*; S. Ferenczi, en *Masculin et féminin*; W. Stekel; etc.
[216] Sin embargo, no queremos decir con esto que la hipótesis de la bisexualidad sea un puro fantasma que no merezca ningún crédito epistemológico. Ch. David, en el artículo citado anteriormente, pág. 724, observa que «actualmente se está de acuerdo en reconocer que los nuevos descubrimientos de la biología y la psicología confirman y profundizan el concepto de la bisexualidad fundamental del ser humano», a pesar de los fenómenos un tanto dispares que ese concepto reúne en una común denominación.
[217] Cf. C. G. Jung, *Dialectique du moi et de l'inconscient*, Gallimard, París 1964, pág. 138 y, sobre todo, pág. 181 [*Las relaciones entre el yo y el inconsciente*, trad. de J. Balderrama, Paidós, Barcelona 1990].
[218] *Ibid.*, pág. 144 (esta afirmación es, evidentemente, reversible según el sexo).
[219] J. Jacobi escribe en *La psychologie de C. G. Jung*, cit., pág. 180: «La diversidad de formas bajo las que aparecen el *animus* y el *anima* es, por decirlo así, inagotable... El *anima* puede aparecer como dulce virgen lo mismo que como diosa, bruja, ángel, demonio, mendiga, prostituta, compañera, amazona, etc.».
[220] C. G. Jung, *Dialectique du moi et de l'inconscient*, cit., pág. 190.
[221] *Ibid.*, págs. 178-179.
[222] S. Freud, *Lettre à Fliess*, n.° 113.
[223] Citado por G. Scholem, *op. cit.*, pág. 182.
[224] Tomamos esta información de L. V. Thomas, *Les cahiers du double*, n.° 1, págs. 42-43, L'Athanor, 1977.
[225] Véase Cuarta parte, cap. 4.
[226] A. Leroi-Gourhan, *Le geste et la parole*, vol. I, cap. III, ha mostrado cómo la imagen artificial del antepasado permanece incrustada en la constitución de las teorías antropológicas: «A lo largo del siglo XIX y en la primera parte del XX, esta imagen no ha dejado de ser proyectada sobre los fósiles, a medida que se descubrían, en una búsqueda sistemática del contraste entre el hombre mono y el hombre sabio» (*Pithecanthropus* y *Homo sapiens*).
[227] Sería interesante seguir aquí la reflexión de G. Bachelard en «La phénoménologie du rond», en *La poétique de l'espace*, P.U.F., París 1957, cap. X [*La poética del espacio*, trad. de E. de Champourcin, F.C.E. de España, Madrid 1975].
[228] Parménides, fragmento 8.
[229] V. Goldschmidt recuerda en *La religion de Platon*, P.U.F., París 1949, el carácter divino de los astros (I, 2, d).
[230] G. Dumézil, *Les dieux des Germains*, cit., cap. I.
[231] Complexe, Bruselas 1975.
[232] W. Lederer, *op. cit.*, págs. 54-55.
[233] Gezà Roheim, *La panique des dieux*, cit., pág. 242.
[234] Este mito puede, en cierta medida, ponerse en paralelo con la leyenda griega de Cainis: ésta, amada por Poseidón, acepta entregarse a él, por lo cual se convertirá en un

hombre invulnerable; se convierte de hecho en el tirano Caineo, cuyos excesos serán castigados por Zeus.

[235] No nos ha parecido indispensable mantener aquí la distinción establecida por Marcel Mauss entre «rito mágico» y «rito religioso» en *Sociologie et Anthropologie*, P.U.F., París 1950, págs. 15-16. Mauss llama rito mágico a «todo rito que no forma parte de un culto organizado; rito privado, secreto, misterioso y que tiende como límite hacia el rito prohibido». Ahora bien, es probable que en la Antigüedad los principales rituales religiosos, ya multiformes por sí mismos, se acompañaran de elementos taumatúrgicos más o menos marginales. El límite entre ambos debía de ser bastante impreciso.

[236] A. M. Hocart, *Le mythe sorcier*, Payot, París 1973, pág. 29.

[237] M. Eliade, *Aspects du mythe*, Gallimard, París 1963, pág. 98 [*Aspectos del mito*, trad. de L. Gil Fernández, Paidós, Barcelona 2000].

[238] H. Jeanmaire, citado por M. Delcourt, *Hermaphrodite*, cit., pág. 12.

[239] Véase W. Lederer, *op. cit.*, cap. VI, «Dents assassines».

[240] En *La sexologie*, Payot, París 1968, pág. 174, el doctor Hesnard escribe: «El instinto femenino de defensa sexual existe siempre, a nuestro parecer, en la joven púber y virgen, aunque esté disimulado por el deseo de someter al varón mediante el sacrificio necesario y voluntario de la virginidad».

[241] B. Bettelheim, *Les blessures symboliques*, Gallimard, París 1971, cap. VII, «Les hommes-femmes» [*Heridas simbólicas*, trad. de P. Grieve, Barral, Barcelona 1974].

[242] Véase Cuarta parte, cap. 3.

[243] M. Eliade, *Méphistophélès et l'Androgyne*, cit., pág. 114.

[244] J. Przyluski, *op. cit.*, págs. 181-187.

[245] M. Delcourt, *op. cit.*, pág. 49.

[246] J. Przyluski, *op. cit.*, pág. 183.

[247] M. Delcourt, *op. cit.*, págs. 55-59.

[248] Referido por H. Leisegang, *La Gnose*, cit., pág. 9.

[249] E. de Faye, *Gnostiques et gnosticisme*, cit., parte V.

[250] F. M. M. Sagnard, *La gnose valentinienne et le témoignage de saint Irénée*, cit., pág. 552.

[251] Citado por J. Evola, *Métaphisique du sexe*, cit., pág. 93.

[252] A. Béguin, *L'âme romantique et le rêve*, Corti, París 1939, pág. 73 [*El alma romántica y el sueño*, trad. de M. Monteforte, F.C.E., Madrid 1978].

[253] M. Delcourt, *op. cit.*, pág. 35.

[254] Platón, *Filebo*, 25c.

[255] M. Granet, *La religion des Chinois*, cit., pág. 11.

[256] Según el *Dictionnaire des symboles*, Seghers, París 1973-1974, el arco iris marca muy frecuentemente el nexo de unión urano-telúrico. Es por tanto la mediación hermafrodita, emparentada por otra parte con la serpiente circular Uroboros.

[257] Marcel Granet, *op. cit.*, pág. 131.

[258] Cf. C. G. Jung, *Dialectique du moi et de l'inconscient*, cit., págs. 174-178.

[259] Cf. B. Bettelheim, *op. cit.*, pág. 133.

[260] Dominique Fernandez, en su novela *Porporino*, ofrece una sugerente descripción de esta práctica en la Italia del siglo XVIII.

[261] M. Delcourt, *op. cit.*, pág. 46 (la cursiva es nuestra).

[262] M. Eliade, *Le mythe de l'éternel retour*, Gallimard, París 1949, pág. 110 [*El mito del eterno retorno*, trad. de R. Anaya, Alianza, Madrid 1972].

[263] Roger Caillois, *L'homme et le sacré*, Gallimard, París 1961, cap. IV: «Le sacré de transgression».

[264] Es lo que indica en detalle M. Delcourt, *op. cit.*, págs. 76-79.

[265] Tomamos esta expresión de W. Lederer, *op. cit.*, pág. 113.

[266] Incluso para el teórico (de sexo masculino) la mujer es difícil de comprender, enigmática. En Marañón, en Freud, no faltan las afirmaciones que atestiguan esta oscuridad, real o parcialmente inventada. Cf. M. Bonaparte, *La sexualité de la femme*, cit., 1.ª parte, cap. II.

[267] G. Marañón, *Don Juan et le don juanisme*, Gallimard, París 1967, pág. 22 [*Don Juan*, Espasa-Calpe, Madrid 1940].

[268] D. de Rougemont, *L'amour et l'Occident*, U.G.E., París, libro IV, cap. XV [*El amor y Occidente*, trad. de A. Vicens, Kairós, Barcelona 1978].

[269] Citado por M. Delcourt, *op. cit.*, pág. 121.

[270] En la mitología islámica se encuentra también un pájaro prodigioso. Dios lo creó en las primeras edades del mundo, lo adornó con virtudes excepcionales y, al asignarle una compañera, llamó a la pareja, en singular, Anqâ. Este pájaro se convierte inmediatamente en símbolo de Dios y de la inmortalidad en Dios. Cf. *Dictionnaire des symboles*, *op. cit.*, artículo «Anqa».

[271] Citado por S. Hutin, *Les alchimistes*, Seuil, París 1959, págs. 162-163.

[272] *Ibid.*, pág. 168.

[273] *Ibid.*, pág. 170.

[274] C. G. Jung, *Psychologie et alchimie*, cit., págs. 377-379.

[275] Citado por C. G. Jung, *ibid.*, pág. 408.

[276] *Ibid.*, pág. 98.

[277] Cf. *Corpus Hermeticum*, «Poimandres», I, 9.

[278] M. Delcourt, *op. cit.*, pág. 125.

[279] Basile Valentin, *Les douze clefs de la philosophie*, Minuit, París 1956, pág. 155 [Hermano Basilio Valentín, *Las doce llaves de la filosofía*, Muñoz Moya y Montraveta, Barcelona 1986].

[280] G. Bachelard lo ha mostrado en *La formation de l'esprit scientifique*, Vrin, París 1965, cap. X.

[281] Basile Valentin, *op. cit.*, págs. 74-75.

[282] E. Canseliet, *Alchimie-Études diverses*, J.-J. Pauvert, París 1978, pág. 52.

[283] Cf. M. Eliade, *Forgerons et alchimistes*, Flammarion, París 1956, cap. XV [*Herreros y alquimistas*, trad. de E. T., Alianza, Madrid 1974].

[284] Cf. Otto Rank, *Don Juan et le double*, Payot, París 1968, pág. 103.

[285] S. Freud, *Essais de psychanalyse*, cit., pág. 7.

[286] En un texto decisivo, Kant subrayó perfectamente esa paradoja de una «felicidad» tan obsesiva como ilusoria. Cf. *Fondements de la métaphysique des mœurs*, Delagrave, París, págs. 131-132 [*Fundamentación de la metafísica de las costumbres*, trad. de M. García Morente, Mare Nostrum, Madrid 2000].

[287] Por ejemplo, M. Eliade, *Mythes, rêves et mystères*, cit., cap. IV.
[288] *Ibid.*, pág. 78. Por supuesto, tales visiones miríficas se encuentran en todas las culturas «primitivas» y no solamente en África.
[289] Tomamos esta información del *Dictionnaire de théologie catholique*, cit., artículo «Ange», págs. 1196-1198.
[290] *Zohar*, 1, 18b.
[291] A. Koyré, *La philosophie de Jacob Böhme*, cit., pág. 120.
[292] *Ibid.*, pág. 451.
[293] En su muy clarificadora obra, *Éros et Agapè*, Aubier, París 1952 [*Eros y Agape*, trad. de J. A. Bravo, Sagitario, Barcelona 1969], A. Nygren escribe: «Si Dios y el *agape* son radicalmente uno, no queda lugar, parece, para el *agape* del que Dios será objeto. Por otra parte, el amor, del que el prójimo es el objeto, no pertenece propiamente al cristiano, sino que es una emanación del *agape* de Dios» (1.ª parte, I, 3).
[294] En *El amor y Occidente*, cit., Denis de Rougement hace observaciones sugerentes (especialmente en el cap. III, «Pasión y misticismo»).
[295] H. Corbin, *En Islam iranien*, Gallimard, París 1971-1972, vol. II, pág. 296.
[296] *Ibid.*, pág. 298.
[297] Citado por H. Corbin, *ibid.*, vol. III, pág. 87.
[298] *Ibid.*, pág. 134.
[299] *Ibid.*, pág. 139.
[300] Es lo que demuestra Xavière Gauthier en *Surréalisme et sexualité*, Gallimard, París 1971, 2.ª parte, cap. I, y también R. Benayoun en *Érotique du surréalisme*, Pauvert, París 1965, cap. VII.
[301] R. Benayoun, *op. cit.*, pág. 178.
[302] A. Breton, *Arcane 17*, pág. 35.
[303] A. Breton, *L'amour fou*, Gallimard, París 1937, pág. 115.
[304] L. Aragon, *Le Roman inachevé*, Gallimard, París 1956, pág. 105.
[305] Las agresiones verbales contra la mujer no faltan en René Crevel. Pero son sobre todos los pintores Ernst, Labisse, Trouille o Magritte quienes transforman en ocasiones a los seres femeninos en inquietantes criaturas ninfomaníacas y animalizadas. Cf. X. Gauthier, *op. cit.*, 2.ª parte, cap. III.
[306] Citado en British Group of Sexological Research, *Histoire et anthologie de l'homosexualité*, Centre d'Études et de Documentation Pédagogiques, París 1970, pág. 286.
[307] Cf. las palabras de Dolmancé, en Sade, *La philosophie dans le boudoir*, Pauvert, París, pág. 113.
[308] M. Eliade, *Aspects du mythe*, cit., cap. IV.
[309] Por ejemplo, cf. C. Tresmontant, *Les idées maîtresses de la métaphysique chrétienne*, Seuil, París 1962, cap. III.
[310] Cf. Mateo 22, 30; Marcos 12, 25; Lucas 20, 35-36.
[311] A. Béguin, *op. cit.*, págs. 145-146.
[312] *Ibid.*
[313] A diferencia, por ejemplo, de lo que piensa Gichtel, discípulo de Böhme. En la comunidad mixta que había fundado y donde se ensalzaba el ideal andrógino, el ascetismo se-

xual era teóricamente obligado (cf. S. Hutin, *Les disciples anglais de Jacob Böhme*, cit., pág. 19).
[314] F. von Baader, citado por C. Beaune, *Les hermaphrodites*, J. C. Simoën, París 1978, pág. 87.
[315] Citado por C. Beaune, *ibid.*, pág. 87.
[316] K. Ritter, traducido y citado por D. Giroux, tesis doctoral, Dijon 1973, pág. 127.
[317] K. Ritter, *Lettre à K. von Hardenberg du 22-4-1807*, en D. Giroux, *op. cit.*, pág. 127.
[318] K. Ritter, *Lettre à Oersted du 16-8-1805*, en D. Giroux, *op. cit.*, pág. 77.
[319] K. Ritter, citado por R. Benayoun, *op. cit.*, pág. 182.
[320] F. Schlegel, *Lucinde*, Aubier, París 1971, pág. 207 [*Lucinde*, trad. de B. Raposo, Natán, Valencia 1987].
[321] *Ibid.*, pág. 65.
[322] *Ibid.*, pág. 66.
[323] J. Brun, *La nudité humaine*, Fayard, París 1973, pág. 118 [*La desnudez humana*, trad. de E. de Champourcin, E.M.S.A., Madrid 1977].
[324] K. Axelos, *Vers la pensée planétaire*, pág. 292, citado por J. Brun [*El pensamiento planetario*, trad. de S. Thénon y S. Lida, Monte Ávila, Caracas 1969].
[325] *Ibid.*
[326] G. Deleuze-F. Guattari, *L'Anti-Œdipe*, Minuit, París 1972, pág. 351 [*El anti-Edipo*, trad. de F. Monge, Paidós, Barcelona 1985].
[327] J. Rostand en *Les archives hospitalières*, citado en *Histoire et anthologie de l'homosexualité*, *op. cit.*, pág. 343.
[328] Citado por M. Delcourt, *op. cit.*, pág. 86.
[329] Este punto de vista es estudiado por G. R. Hocke, *Labyrinthe de l'art occidental*, Gonthier, París 1967, especialmente los caps. XXV-XXVIII.
[330] Así en Leonardo, Durero, etc.
[331] C. Beaune, *op. cit.*, pág. 78.
[332] Péladan, *De l'Androgyne*, textos citados en C. Beaune, *op. cit.*
[333] *Ibid.*
[334] *Ibid.*
[335] H. Balzac, *Seraphita*, vol. IX de *La comédie humaine*, Rencontre, Lausana 1969, pág. 164 [*Serafita*, trad. de N. Sánchez, Seix Barral, Barcelona 1977].
[336] *Ibid.*, págs. 209-210.
[337] *Ibid.*
[338] Hay ahí un problema de interpretación teórica: ¿cuáles son en realidad los límites del «optimismo» bachelardiano? La ensoñación diurna, dice el autor, «se tiñe de melancolía», pero es con una «melancolía flexible que da una continuidad a nuestro descanso», en *La poétique de la rêverie*, cit., pág. 54. Pero ¿nos convence?
[339] G. Bachelard, *La poétique de la rêverie*, cit., pág. 54.
[340] *Ibid.*, pág. 50.
[341] *Ibid.*, pág. 49.
[342] *Ibid.*, pág. 51.
[343] Dice Bachelard que «la androginia del soñador se proyectará como androginia del mundo», *ibid.*, pág. 68.

[344] *Ibid.*, pág. 69.

[345] «Expresamos nuestro asombro —dice Bachelard—, al ver a tantos lingüistas quitarse de encima el problema, diciendo que el masculino y el femenino de los nombres se deben al azar», *ibid.*, pág. 33.

[346] F. W. Schelling, *Introduction à la philosophie de la mythologie*, Aubier, París 1945, vol. I, pág. 62.

[347] G. Bachelard, *La poétique de la rêverie*, cit., pág. 26.

[348] Y en castellano; pero masculino en francés. *[N. de los T.]*

[349] G. Bachelard, *La poétique de la rêverie*, cit., pág. 28.

[350] Recogido por G. Sand y citado por G. Bachelard, *ibid.*, pág. 33. [*Flamboire* y *flambette*, aspectos, respectivamente, maléfico y seductor del fuego fatuo, no tienen equivalente en castellano. *(N. de los T.)*]

[351] P. Elouard, citado por C. David, «La bisexualité psychique», *Revue française de psychanalyse*, tomo XXXIX, cit., pág. 712.

[352] Sin embargo, se podría suponer que el neutro es la racionalización del androginato primitivo del lenguaje. Este género puede reservar sorpresas: por ejemplo, en la palabra alemana *das Mädchen*, «la joven».

[353] V. Woolf, citada por Monique Nathan, en *V. Woolf par elle-même*, Seuil, París 1956, págs. 88-89.

[354] J. Frazer, *Mythes sur l'origine du feu*, Payot, París 1969, págs. 6-7 [*Mitos sobre el origen del fuego*, trad. de A. Cardín, Alta Fulla, Barcelona 1986].

[355] C. Lévi-Strauss, «Philosophes, ne touchez pas aux mythes», en *Figaro littéraire*, 24 de septiembre de 1971.

[356] G. Bachelard, *La formation de l'esprit scientifique*, cit., págs. 38-40.

[357] Así, la *Revue Larousse des animaux familliers*, n.º 48, nos informa de que: «Entre los peces de acuario llamados "xifos" se producen a veces sorprendentes cambios de sexo, transformándose las hembras en machos». Y el texto añade: «La explicación generalmente admitida es que el número de cromosomas no es el único factor de determinación del sexo: si la cantidad de hormonas femeninas secretadas disminuye, las hormonas masculinas se hacen preponderantes».

[358] L. Lévy-Bruhl, *La mentalité primitive*, cit., cap. V, II.

[359] M. Delcourt, *op. cit.*, págs. 64-69.

[360] Plinio, *Historia natural*, VII, 16.

[361] *Ibid.*, XXXI, 12.

[362] Esto es lo que pone claramente de manifiesto Jean Brun en *Le retour de Dionysos*, Desclée, París 1969, especialmente en las págs. 126-140.

[363] Cf. C. Beaune, *op. cit.*, cap. IV.

[364] Citado por C. Beaune, *op. cit.*, pág. 58.

[365] *Ibid.*, pág. 61.

[366] *Ibid.*, pág. 62.

[367] *Ibid.*, pág. 63.

[368] *Ibid.*, pág. 72.

[369] Hay que aclarar que «feminismo» designa aquí la transformación —¡evidentemente

redhibitoria!– de un hombre cuyos caracteres sexuales secundarios evolucionan en sentido femenino.

[370] Cf. C. Beaune, *op. cit.*, pág. 72.

[371] *Ibid.*

[372] Citado por C. Beaune, *op. cit.*, pág. 71.

[373] En el Louvre, un hermafrodita célebre es regularmente mutilado por visitantes irascibles. Cf. British Group of Sexological Research, *Histoire et anthologie de l'homosexualité*, cit., pág. 363.

[374] Es lo que muestran A. H. Krappe, *La genèse des mythes*, cit., pág. 269, y M. Eliade, *Méphistophélès et l'Androgyne*, cit., págs. 103-104.

[375] Cf. W. Lederer, *op. cit.*, caps. IV-VI.

[376] Tendemos a pensar que existe una secreta continuidad –y esto, a pesar de la flagrante diferencia de perspectiva– entre la afirmación aristotélica: «Se ha definido con toda razón el bien como aquello a que se tiende en toda circunstancia», y la frase de Freud: «La teoría psicoanalítica admite sin reservas que la evolución de los procesos psíquicos está regida por el principio del placer».

[377] C. Lévi-Strauss, *Anthropologie structurale*, cit., pág. 238.

[378] M. Delcourt, *op. cit.*, pág. 30.

[379] G. Zwang, *Dictionnaire de sexologie*.

[380] M. Delcourt, *op. cit.*, pág. 31, nota.

[381] El libro de C. Beaune y G. Busquet muestra en su cubierta una estatua hindú con el seno izquierdo descubierto y provista de un pene desmesurado.

[382] Cf. S. Freud, «Das Medusenhaupte», en *Gesammelte Werke*, XVI.

[383] V. Pâques, *L'Arbre cosmique dans la pensée populaire et dans la vie quotidienne du nord-ouest africain*, cit., pág. 153.

[384] Sin embargo, se pueden observar curiosas «perversiones» angélicas. Por ejemplo, se dice en Génesis 6, 2 que los ángeles de Dios se unieron a las hijas de los hombres, lo que dio nacimiento a la raza de los gigantes. Y Clemente de Alejandría «nos presenta a los ángeles entregados a la voluptuosidad y revelando a las mujeres los secretos del futuro», en *Dictionnaire de théologie catholique*, cit., artículo «Anges», pág. 1196.

[385] Es fácil diagnosticar en la serpiente una dimensión hermafrodita. Pero, por otra parte, la serpiente es en la mitología una figura de tal manera sobredeterminada que parece poder prestarse a cualquier simbolismo.

[386] H. Dontenville, *Histoire et géographie mythiques de la France*, cit., pág. 54.

[387] El artículo «La peur de Satan», en *L'histoire*, n.° 6, ofrece una convincente iconografía.

[388] Leyenda recogida por Xavier Tartakover, *Bréviaire des échecs*, Stock, París 1936, pág. 278.

[389] W. Lederer, *op. cit.*, cap. XXII.

[390] Citado por W. Lederer, *ibid.*, pág. 183.

[391] G. Roheim, *La panique des dieux*, cit., pág. 243.

[392] J. Brun, *Le retour de Dionysos*, cit., pág. 126.

[393] G. R. Hocke, *Labyrinthe de l'art fantastique*, Gonthier, París 1967, caps. XXV-XXVIII.

[394] Es lo que sugieren G. R. Hocke, *op. cit.*, o M. Brion, *L'art fantastique*.
[395] Independientemente de toda teratología explícita, el tema pictórico de las lesbianas, a menudo alusivo en la pintura clásica, tiene un valor muy provocador cuando es tratado sin rodeos: Courbet no lo ignoraba cuando pintó *Las durmientes*, actualmente en el Petit Palais de París.
[396] Es lo que hace Gert Schriff, en el texto redactado para el catálogo de la exposición Füssli, París 1957.
[397] Véase R. Benayoun, *Érotique du surréalisme*, cit., pág. 180.
[398] *Ibid.*, pág. 95.
[399] Por ejemplo, en *Aberrations*, Olivier Perrin, cap. I.
[400] Véase René Passeron, *Histoire de la peinture surréaliste*, Livre de Poche, París 1968, pág. 176.
[401] Reproducido en R. Passeron, *ibid.*, pág. 157.
[402] Leibniz, *Monadología*, § 70.
[403] El término francés para «incongruencia» incluye también la idea de lo «socialmente inconveniente» o «indecente». *[N. de los T.]*
[404] Véase H. Bellmer, número especial de *Obliques*, pág. 155.
[405] *Ibid.*
[406] Veremos más adelante que ese punto de vista se aclara de manera evidente a la doble luz de la mitología y el psicoanálisis.
[407] Citado en *Obliques*, pág. 242. Otro dibujo podría recordar el carácter original del arquetipo: un cuerpo de mujer, también enteramente fálico, se inscribe en tres formas ovoides que evocan el huevo de la cosmogonía órfica (pág. 235).
[408] J. Peignot, en *Obliques*, pág. 235.
[409] J. Brun, en *Obliques*, pág. 12.
[410] B. Bettelheim, *Les blessures symboliques*, cit., pág. 32.
[411] *Ibid.*, pág. 35.
[412] *Ibid.*, pág. 21.
[413] J. T. Maertens ofrece una lista impresionante en la introducción de su libro *Le corps sexionné*, Aubier, París 1978.
[414] G. Roheim, *Héros phalliques et symboles maternels dans la mythologie australienne*, Gallimard, París 1970, págs. 219-220.
[415] M. Eliade, *Aspects du mythe*, cit., caps. II-III.
[416] Es lo que expresa a su manera la ocurrencia de Nietzsche: «Venerad la maternidad, el padre no es más que una casualidad».
[417] Es la opinión de Marie Bonaparte: «Me parece muy probable que un elemento de represión de la sexualidad femenina se mezcle con las instituciones más o menos inconscientes de la excisión», en *La sexualité de la femme*, cit., pág. 136.
[418] B. Bettelheim, *op. cit.*, pág. 179.
[419] J. T. Maertens, *op. cit.*, pág. 103.
[420] *Ibid.*, pág. 64.
[421] Cf. J. Peignot, *Les jeux de l'amour et du langage*, U.G.E., París 1974, págs. 22-23.
[422] C. Lévi-Strauss, *Les structures élémentaires de la parenté*, Mouton, París 1971, págs.

28-29 [*Las estructuras elementales del parentesco*, trad. de M. T. Cevasco, Paidós, Barcelona 1998].

[423] *Ibid.*, pág. 52.

[424] Véase especialmente *La poétique de l'espace*, cit., y muy particularmente el cap. IV, titulado «Le nid». «Descubrir un nido nos remite a nuestra infancia, a una infancia, a infancias que habríamos debido tener.» Y también: «El ser comienza por el bienestar» [frase que pierde parte de su sentido en la traducción: *L'être commence par le bien-être (N. de los T.)*].

[425] G. Groddeck, citado por J. Peignot, *op. cit.*, pág. 15.

[426] Traducida al francés con el título *C'est pitié qu'elle soit une putain*.

[427] J. Ford, *op. cit.*, págs. 9-12, acto I, escena I.

[428] Renée Saurel, que prologa el texto, subraya explícitamente que «al poner en boca de su personaje esta aspiración a formar un "todo", John Ford hace referencia a un pensamiento caro a Shakespeare y a la mayor parte de los isabelinos, el del andrógino, el de la unidad inicial», págs. 6-7.

[429] Tomamos esta información de O. Rank, *Don Juan et le double*, cit., pág. 9.

[430] Ch. Baudelaire, «L'invitation au voyage», *Les fleurs du mal*, LVI [*Las flores del mal*, diversas ediciones en castellano].

[431] Este tema es puesto de relieve por Marc Eideldinger, *Le platonisme de Baudelaire*, La Baconnière.

[432] Ch. Baudelaire, *Petits poèmes en prose*, XLVIII.

[433] J. Peignot, *op. cit.*, cap. I, ha llamado nuestra atención sobre este texto.

[434] Véase el cap. 5 de la Quinta parte.

[435] M. Delcourt, *op. cit.*, pág. 10.

[436] O. Rank, *op. cit.*, pág. 97.

[437] Esto ha sido señalado especialmente por A. H. Krappe, *op. cit.*, cap. XV.

[438] Señalado por O. Rank, *op. cit.*, pág. 90.

[439] L. V. Thomas, «Le double, la mort et l'ensevelissement en Afrique Noire traditionnelle», en *Les cahiers du double*, n.° 1, L'Athanor.

[440] *Ibid.*, pág. 41.

[441] Entre los dogones, los bambaras; *ibid.*, pág. 42.

[442] L. Lévy-Bruhl, *La mentalité primitive*, cit., cap. V, II.

[443] Cf. A. Gide, *Traité du Narcisse*, en *Œuvres complètes*, Gallimard, París 1958.

[444] *Ibid.*, pág. 4.

[445] *Ibid.*, pág. 11.

[446] O. Rank, *op. cit.*, pág. 81.

[447] M. Tournier, *Le vent Paraclet*, cap. V [*El viento paráclito*, trad. de E. Lasca, Alfaguara, Madrid 1994].

[448] M. Tournier, *Vendredi ou les limbes du Pacifique*, cit., págs. 10-12.

[449] *Ibid.*

[450] M. Tournier, entrevista en el diario *Le Monde*, 28 de marzo de 1975.

[451] Cf. M. Eliade, *Mythes, rêves et mystères*, cit., pág. 201.

[452] Platón, *El banquete*, 193b.

[453] M. Eliade toma explícitamente esta expresión de Nicolás de Cusa.
[454] M. Eliade, *Méphistophélès et l'Androgyne*, cit., pág. 152.
[455] G. Bachelard, *Psychanalyse du feu*, Gallimard, París 1949, pág. 34 [*Psicoanálisis del fuego*, trad. de R. G. Redondo, Alianza, Madrid 1966].
[456] Especialmente en *Más allá del bien y del mal*, libro I.
[457] Heráclito, fragmento 20.
[458] Especialmente en los fragmentos 17 y 26.
[459] Empédocles, fragmento 31.
[460] Anaxágoras, fragmento 4.
[461] Curiosamente, se lo ve manifestarse en la pluma de Sartre, en sus análisis sobre lo que podríamos llamar la «interminable dinámica del para-sí». Más de una fórmula de Sartre es, a este respecto, sugerente; por ejemplo: «Así, la nada es ese agujero del ser, esa caída del "en sí" hacia el "sí" por la que se constituye el "para sí"», *L'Être et le Néant*, Gallimard, París 1943, pág. 121 [*El ser y la nada*, trad. de J. Valmar, Altaya, Barcelona 1993].
[462] Nos hemos interesado por este texto gracias al análisis que de él hace J. Brun en *Les conquêtes de l'homme et la séparation ontologique*, P.U.F., París 1971, págs. 70-72.
[463] Véase, por ejemplo, L. Barnett, *Einstein et l'Univers*, Gallimard, París, cap. XIV.
[464] J. Brun, *Les conquêtes de l'homme et la séparation ontologique*, cit., pág. 71.
[465] La separación que grava nuestra existencia se despliega en efecto sobre varios planos: el tiempo, el espacio, lo otro, etc.
[466] A J. Evola le choca con razón en su introducción a la *Metafísica del sexo*.
[467] En *La théorie platonicienne de l'amour*, Alcan, París 1908, Robin procede por exclusión: «En cuanto a *El banquete*, limitaré mi análisis al estudio del discurso de Sócrates» (pág. 9). En la introducción del mismo texto, incluido en la edición de Les Belles-Lettres, intenta dar cuenta de la importancia del discurso de Aristófanes ¡arguyendo que Platón no quiso vengarse de manera mezquina de un personaje que detestaba!
[468] P. Boutang, *Commentaire du Banquet*, Hermann, París 1972, pág. 140.
[469] Hölderlin, *Hypérion*, Mercure de France, París 1965, pág. 78 [*Hiperión*, trad. de J. Munárriz, Hiperión, Madrid 1980].
[470] *Ibid.*, pág. 71.
[471] *Ibid.*, pág. 69.
[472] *Ibid.*, pág. 161.
[473] *Ibid.*, pág. 24.
[474] Novalis, *Journal*, citado por D. de Rougemont, *L'amour et l'Occident*, cit., pág. 185. En un novelista contemporáneo que prestaba gran atención a estos problemas, Cesare Pavese, se encuentra una idea semejante, expresada con notable fuerza: «¿Por qué el que está enamorado exige la duración, la continuidad de los esfuerzos? Porque la vida es sufrimiento, y el amor compartido, un anestésico» *(Journal)*. Es evidente que el efecto de este anestésico es solamente puntual, y que el «sueño» ahonda más la inanidad de ser.
[475] Hölderlin, *op. cit.*, pág. 76.
[476] Véase Hölderlin, *Œuvres complètes*, págs. 1027-1035.
[477] Génesis 3, 7.

[478] Génesis 3, 17.
[479] Génesis 3, 19.
[480] Escoto Erígena, *De Divisione naturae*.
[481] San Agustín, *Confesiones*, libro X, cap. XXX.
[482] A. Gide, *Œuvres complètes*, cit., pág. 6.
[483] Platón, *El banquete*, 192d.
[484] *Ibid.*, 205c.
[485] *Ibid.*, 211b.
[486] *Ibid.*, 192d.
[487] Denis de Rougemont, *op. cit.*, pág. 43.
[488] J. Rousset, *Le mythe de Don Juan*, A. Colin, París 1978, pág. 21.
[489] A. Schopenhauer, *Le monde comme volonté et comme représentation*, Burdeau, París 1888-1890, III, pág. 382 [*El mundo como voluntad y representación*, Planeta-Agostini, Barcelona 1996].
[490] Esa asimilación, teóricamente, no es evidente. J. Evola la rechaza en *Métaphisique du sexe*, cit., págs. 77-78.
[491] En G. W. F. Hegel, *Phénoménologie de l'esprit*, Aubier, París 1947, I, págs. 147-149, [*Fenomenología del espíritu*, trad. de W. Roces, F.C.E., Madrid 1966], se ve también que la vida produce y disuelve sus propias determinaciones. Pero ese proceso está totalmente subordinado a la dialéctica del Espíritu.
[492] A. Schopenhauer, *op. cit.*, III, pág. 133.
[493] A. Schopenhauer, *Métaphysique de l'amour*, U.G.E., París, pág. 41.
[494] *Ibid.*, pág. 48.
[495] Especialmente en los *Essais de psychanalyse*, cit., «Au-delà du principe du plaisir», 5-7.
[496] Escribe, por ejemplo: «Lo que la ciencia nos enseña con respecto al nacimiento de la sexualidad representa tan poco que este problema se puede comparar a las tinieblas a las que ninguna hipótesis ha logrado todavía atravesar con su rayo de luz» (pág. 72).
[497] S. Freud, *Essais de psychanalyse*, cit., págs. 72-74.
[498] Sin embargo, es necesario señalar hasta qué punto el autor es prudente en sus conclusiones; así: «Sin duda la teoría del carácter regresivo de los instintos descansa también en los materiales proporcionados por la observación y especialmente en los hechos que se relacionan con la tendencia a la repetición. Pero es posible que haya exagerado el valor y la importancia de esos materiales y esos hechos» (*ibid.*, pág. 75).
[499] *Ibid.*, pág. 53.
[500] Por ejemplo Alain, que escribe en *Éléments de philosophie*, libro V, cap. III, «De l'amour»: «El deseo carnal, tan vivo, tan pronto olvidado, tan fácil también de satisfacer, puede dar lugar a una especie de pasión, eso es evidente; pero esa pasión no es amor». Se puede señalar también que «los filósofos existenciales no sintieron la necesidad de preocuparse de la sexualidad. Heidegger en particular no hace la menor alusión a ello en su analítica-existencial, de manera que su *Dasein* parece como asexuado». Tomamos esta observación de J.-P. Sartre, *op. cit.*, pág. 451.
[501] S. Freud, *Métapsychologie*, Gallimard, París 1968, págs. 18-19.

[502] J.-P. Sartre, *op. cit.*, pág. 454.
[503] *Ibid.*
[504] Algo más adelante, Sartre muestra que, «sin embargo, el deseo mismo está abocado al fracaso», *ibid.*, pág. 466.
[505] A este respecto, parece que se puede tomar en consideración la llamativa obsesión de pintores y escultores, ya desde la Antigüedad, por representar a la mujer desnuda. Cf. K. Clark, *Le nu*.
[506] J. Evola, *op. cit.*, pág. 224.
[507] Véase el capítulo siguiente: «La guerra de los sexos».
[508] M. Blanchot, *L'espace littéraire*, Gallimard, París 1955, pág. 230 [*El espacio literario*, trad. de V. Palant y J. Jinkis, Paidós Ibérica, Barcelona 1992].
[509] Utilizamos esta expresión pensando en el trabajo que Marie Bonaparte ha dedicado a las leyendas del lago sin fondo («La légende des eaux sans fond», en *Revue française de psychanalyse*, n.° 14, 1950, págs. 164-173). Muestra la autora el doble carácter, angustioso y sexual, de la leyenda.
[510] G. W. F. Hegel, *La raison dans l'Histoire*, U.G.E., París 1965, pág. 77 [*La razón en la historia*, trad. de C. A. Gómez, Seminarios y Ediciones, Madrid 1972] (la cursiva es nuestra).
[511] G. W. F. Hegel, *Phénoménologie de l'esprit*, cit., I, pág. 152.
[512] *Ibid*, pág. 153.
[513] *Ibid.*, pág. 159.
[514] A. Kojève, *Introduction à la lecture de Hegel*, Gallimard, París 1947, pág. 13.
[515] Especialmente en B. Bettelheim, véase en Cuarta parte, cap. 3.
[516] W. Lederer, *op. cit.*, y P. Samuel, *Amazones, guerrières et gaillardes*, Complexe, Bruselas 1975, nos ofrecen a este respecto una documentación tan abundante como sugerente.
[517] W. Lederer, *op. cit.*, pág. 140.
[518] Platón, *El banquete*, 206c.
[519] Por ejemplo: Bernardo de Claraval califica a Eva de «animal cruel», citado por W. Lederer, *op. cit.*, pág. 150. Por otra parte, todo el capítulo 19 de esta obra abunda en indicaciones en este sentido.
[520] Citado por W. Lederer, *op. cit.*, pág. 192.
[521] Recordemos que la obra de J. Przyluski, *La Grande Déesse*, propone una síntesis de este problema.
[522] S. Ferenczi, *Masculin et féminin*, Payot, París, págs. 161-162.
[523] *Ibid.*
[524] En *El otoño de la Edad Media*, J. Huizinga ha explicitado notablemente este proceso.
[525] D. de Rougemont, *op. cit.*, pág. 205.
[526] R. Nelli, *L'érotique des troubadours*, Privat, Toulouse 1963, pág. 285.
[527] *Ibid.*, pág. 313.
[528] *Ibid.*, pág. 317.
[529] Molière, *Don Juan*, acto I, escena II.
[530] *Black Moon* de Louis Malle, *Calmos* de B. Blier, por no citar más que dos guiones muy «evidentes».

[531] Por ejemplo, A. Adler, en *La connaissance de l'homme*, Payot, París 1966, págs. 114-118 [*Conocimiento del hombre*, trad. de H. Bark, Espasa-Calpe, Madrid 1931, ³1957].

[532] Julius Evola lo afirma claramente: «La cuestión de la superioridad o inferioridad de un sexo con relación al otro está completamente desprovista de sentido...», *op. cit.*, pág. 231.

[533] Nietzsche, *Ecce Homo*.

[534] Platón, *El banquete*, 191b.

[535] Tal es también la esencia de lo trágico, como han mostrado J. M. Domenach, *Le retour au tragique*, cap. I, 1, y J. Beaufret, «Hölderlin et Sophocle», prefacio a Hölderlin, *Remarques sur Œdipe. Antigone*.

[536] V. Soloviev, *Le sens de l'amour*, cit., págs. 81-82.

[537] R. Benayoun, *Érotique du surréalisme*, cit., pág. 134. En este libro se presentan otras obras que evocan una androginización letal. Por ejemplo, las de Brauner o Leonora Carrington, pero también de pintores ajenos al grupo surrealista: Füssli, Munch.

[538] G. Bataille, *L'érotisme*, U.G.E., París, pág. 15 [*El erotismo*, trad. de A. Vicens, Tusquets, Barcelona 1979, 1997].

[539] Bataille lo dice de forma sugerente: «Somos seres discontinuos, individuos que mueren aisladamente en una aventura ininteligible, pero tenemos la nostalgia de la continuidad perdida. Soportamos mal la situación que nos fija en la individualidad del azar, en la individualidad perecedera que somos. Al mismo tiempo que tenemos el deseo angustioso de la duración de eso perecedero, tenemos la obsesión de una continuidad primera que nos une, de forma general, al ser», *ibid.*, pág. 20.

[540] Véase el cap. 2 de esta última parte.

[541] G. Bataille, *op. cit.*, pág. 25.

[542] G. Bataille, siguiendo a R. Caillois, señala que en las sociedades primitivas la transgresión está ritualizada y codificada.

[543] G. Bataille, *op. cit.*, pág. 25.

[544] D. de Rougemont, *op. cit.*, pág. 11.

[545] Por ejemplo, Novalis: «Es en la muerte donde el amor encuentra su dulzura; para el vivo, la muerte es una noche de bodas, un secreto de dulces misterios»; o Hoffman: «El espíritu despliega mil antenas vibrantes de deseo, teje su hilo alrededor de la que ha aparecido, y ella es para él... y no es nunca para él, pues la sed de su aspiración es para siempre insaciable».

[546] J. Guiart, *Les religions de l'Océanie*, cit., pág. 26.

[547] *Ibid.*, pág. 27.

[548] Este mito se narra en *Le dit des vrais hommes*, cit., pág. 175.

[549] Otro mito cashinahua indica que antaño los hombres ignoraban la vergüenza y la violencia.

[550] En francés antiguo, la palabra *besogne* [«tarea», «trabajo»] designa el acto sexual.

[551] S. Ferenczi, *Thalassa*, Payot, París, pág. 44.

[552] *Ibid.*, pág. 104.

[553] Término siempre femenino en francés. *[N. de los T.]*

[554] G. Durand, *Les structures anthropologiques de l'imaginaire*, cit., pág. 256.

⁵⁵⁵ Un cuadro de Böcklin titulado *El juego de las olas* muestra a blancas náyades retozando con curiosos personajes masculinos parcialmente zoomorfos. Pero el mar es negro, y en segundo plano surge un inquietante centauro. El efecto producido es desconcertante y suscita malestar.

⁵⁵⁶ Maître Eckhart, *Œuvres*, Gallimard, París 1942, pág. 148.

⁵⁵⁷ G. Groddeck afirma también, con una especie de brutalidad dogmática: «El coito es la muerte, la muerte por la mujer, una concepción que se encuentra a través de la historia desde hace milenios», *Le livre du çà*, Gallimard, París 1973, pág. 183.

⁵⁵⁸ Cuando H. von Kleist se da muerte con Henriette Vogel a orillas del Wannsee, actualiza sin duda el deseo más secreto de toda la *Sehnsucht* romántica. Correlativamente, es interesante señalar la fascinación de Kleist por los ríos; cf. E. Stahl, «Kleist et la symbole des rivières», en *Le romantisme allemand*, U.G.E., París.

⁵⁵⁹ Suscribimos gustosamente la afirmación de G. Bataille: «La literatura es lo esencial, o no es nada. El Mal, una forma aguda del Mal del que la literatura es expresión, tiene para nosotros, así lo creo, el valor soberano», en *La littérature et le mal*, Gallimard, París 1957, pág. 8 [*La literatura y el mal*, trad. de J. Vila Selma, Taurus, Madrid 1959, ⁴1981].

⁵⁶⁰ J. Peignot, *Les jeux de l'amour et du langage*, cit., pág. 22.

⁵⁶¹ G. Groddeck, *Le livre du çà*, cit., pág. 191.

⁵⁶² G. Bachelard lo muestra perfectamente, en particular en *El psicoanálisis del fuego*.

⁵⁶³ En ciertas culturas esta complementariedad está claramente atestiguada. Hemos visto el papel correspondiente al *yang* y el *yin* en el pensamiento extremo-oriental.

⁵⁶⁴ Así, en una novela reciente enteramente atravesada por el arquetipo andrógino, Dominique Fernandez escribe en su epílogo: «La nostalgia del Edén primordial donde todo está en todo y todo comunica con todo y lo masculino con lo femenino sin distinción de sexos ni de personas renace así de edad en edad, a través de otras costumbres inventadas por otras civilizaciones», *Porporino ou les mystères de Naples*, Grasset, París 1974, pág. 390.

⁵⁶⁵ Schelling, Frazer, Lévy-Bruhl, Eliade, Lévi-Strauss, Freud, Jung, etc., constituyen etapas importantes de esa corriente.

⁵⁶⁶ Groddeck observa con gracia que las palabras *Schlecht* (mal, malo) y *Geschlecht* (sexo) tienen para el oído alemán una resonancia semejante; véase G. Groddeck, *op. cit.*, pág. 112.

⁵⁶⁷ El seductor construido por S. Kierkegaard dice justamente a este respecto: «Detrás del amor debe de incubarse la noche profunda, llena de angustia, de la que nacen las flores eróticas. Es así como la *nymphea alba*, con su copa, reposa sobre la superficie de las aguas, mientras que la angustia se apodera del pensamiento que quiere sumergirse en las profundas tinieblas donde tiene su raíz»; véase S. Kierkegaard, *Le journal du séducteur*, Gallimard, París 1943, págs. 215-216 [*Diario de un seductor*, trad. de V. de Pedro, Espasa-Calpe, Madrid 1999].

⁵⁶⁸ J. Peignot, *Les jeux de l'amour et du langage*, cit., pág. 21.

Bibliografía

Esta bibliografía se ha establecido a partir de las obras utilizadas por el autor; se trata a veces de reediciones.

Adler, A., *La connaissance de l'homme*, Payot, París 1966 [*Conocimiento del hombre*, trad. de H. Bark, Espasa-Calpe, Madrid 1931, ³1957].
Aragon, L., *Le roman inachevé*, Gallimard, París 1956.
Augustin, Saint, *Confessions*, Garnier-Flammarion, París 1964 [San Agustín, *Confesiones*, trad. de V. M. Sánchez Ruiz, Apostolado de la Prensa, Madrid 1942, ⁴1964].
Bachelard, G., *La formation de l'esprit scientifique*, Vrin, París 1965.
–, *La poétique de la rêverie*, P.U.F., París 1965.
–, *La poétique de l'espace*, P.U.F., París 1957 [*La poética del espacio*, trad. de E. de Champourcin, F.C.E. de España, Madrid 1975].
–, *La psychanalyse du feu*, Gallimard, París 1949 [*Psicoanálisis del fuego*, trad. de R. G. Redondo, Alianza, Madrid 1966].
Balzac, H., *Seraphita*, vol. IX de *La comédie humaine*, Rencontre, Lausana 1969 [*Serafita*, trad. de N. Sánchez, Seix Barral, Barcelona 1977].
Basile Valentin, *Les douze clefs de la philosophie*, Minuit, París 1956 [Hermano Basilio Valentín, *Las doce llaves de la filosofía*, Muñoz Moya y Montraveta, Barcelona 1986].
Bataille, G., *La littérature et le mal*, Gallimard, París 1957 [*La literatura y el mal*, trad. de J. Vila Selma, Taurus, Madrid 1959, ⁴1981].
–, *L'érotisme*, U.G.E., París; 1.ª ed., Minuit, París 1957 [*El erotismo*, trad. de A. Vicens, Tusquets, Barcelona 1979, 1997].
Beaune, C. y G. Busquet, *Les hermaphrodites*, J. C. Simoën, París 1978.
Béguin, A., *L'âme romantique et le rêve*, Corti, París 1939 [*El alma romántica y el sueño*, trad. de M. Monteforte, F.C.E., Madrid 1978].
– **(ed.)**, *Le romantisme allemand*, U.G.E., París; 1.ª ed., Cahiers du Sud, París 1949.
Bellmer, H., (número especial sobre), revista *Obliques*.

Benayoun, R., *Érotique du surréalisme*, Pauvert, París 1965.
Bettelheim, B., *Les blessures symboliques*, Gallimard, París 1971 [*Heridas simbólicas*, trad. de P. Grieve, Barral, Barcelona 1974].
Bible, La Sainte, Desclée de Brouwer, París 1955 [*Biblia de Jerusalén*, Desclée, Bilbao 1975].
Blanchot, M., *L'espace littéraire*, Gallimard, París 1955 [*El espacio literario*, trad. de V. Palant y J. Jinkis, Paidós Ibérica, Barcelona 1992].
Bonaparte, M., *La sexualité de la femme*, P.U.F., París 1967 [*La sexualidad de la mujer*, trad. de J. Melendres, Península, Barcelona 1972, ^{5}1978].
Boutang, P., *Commentaire du Banquet*, Hermann, París 1972.
Breton, A., *L'amour fou*, Gallimard, París 1937.
British Group of Sexological Research, *Histoire et Anthologie de l'homosexualité*, Centre d'Études et de Documentation Pédagogiques, París 1970.
Brun, J., *Les conquêtes de l'homme et la séparation ontologique*, P.U.F., París 1961.
–, *La nudité humaine*, Fayard, París 1973 [*La desnudez humana*, trad. de E. de Champourcin, E.M.S.A., Madrid 1977].
–, *Le retour de Dionysos*, Desclée, París 1969.
Brunner, F., *Eckhart*, introducción seguida de traducción de textos, Seghers, París 1969.
Cahiers de l'hermétisme: Jacob Böhme, Albin Michel, París 1977.
Cahiers du double, n.º 1, L'Athanor, 1977.
Caillois, R., *L'homme et le sacré*, Gallimard, París 1961.
–, *Le mythe et l'homme*, Gallimard, París 1958 [*El mito y el hombre*, trad. de R. Baeza, Sur, Buenos Aires, 1939].
Canseliet, E., *Alchimie-Études diverses*, J.-J. Pauvert, París 1978.
Corbin, H., *En Islam iranien*, 4 vols., Gallimard, París 1971-1972.
Corpus Hermeticum, A.-J. Festugière (trad.), 4 vols., Les Belles-Lettres, París 1945-1954 [*Corpus Hermeticum y Asclepio*, edición de Brian P. Copenhaver, trad. de J. Pórtulas y C. Serna, Siruela, Madrid 2000].
D'Ans, A. M., *Le dit des vrais hommes*, U.G.E., París 1978.
Daniélou, J., *Dieu et nous*, Grasset, París 1956 [*Dios y nosotros*, trad. de F. Pérez, Taurus, Madrid ^{3}1966].
Daumas, F., *La civilisation de l'Égypte pharaonique*, Arthaud, París 1969.
David, Ch., «La bisexualité psychique», en *Revue française de psychanalyse*, tomo XXXIX, P.U.F., París septiembre-diciembre de 1975.

Delcourt, M., *Hermaphrodite*, P.U.F., París 1958 [*Hermafrodita*, trad. de J. de Albiñana, Seix Barral, Barcelona 1970].

Deleuze, G. y F. Guattari, *L'anti-Œdipe*, Minuit, París 1972 [*El anti-Edipo*, trad. de F. Monge, Paidós, Barcelona 1985].

Deshayes, J., *Les civilisations de l'Orient ancien*, Arthaud, París 1969.

Dictionnaire de théologie catholique, 30 vols., Letouzey et Ané, París 1923.

Dictionnaire des symboles, 4 vols., Seghers, París 1973-1974.

Dontenville, H., *Histoire et géographie mythiques de la France*, Maisonneuve et Larose, París 1973.

Dumézil, G., *Les dieux des Germains*, P.U.F., París 1959.

Durand, G., *Les structures anthropologiques de l'imaginarie*, Bordas, París 1969 [*Las estructuras antropológicas de lo imaginario*, trad. de M. Armiño, Taurus, Madrid 1982].

Eckhart, M., *Sermons-traités*, Gallimard, París 1942 [*Tratados y sermones*, trad. de I. M. de Brugger, Edhasa, Barcelona 1983; *El fruto de la nada y otros escritos*, trad. de A. Vega, Siruela, Madrid 1998].

Eliade, M., *Méphistophélès et l'Androgyne*, Gallimard, París 1962 [*Mefistófeles y el andrógino*, trad. de F. García-Prieto, Labor, Barcelona 1984].

–, *Mythes, rêves et mystères*, Gallimard, París 1967 [*Mitos, sueños y misterios*, trad. de M. de Alburquerque, Grupo Libro 88, Madrid 1991].

–, *Le mythe de l'éternel retour*, Gallimard, París 1949 [*El mito del eterno retorno*, trad. de R. Anaya, Alianza, Madrid 1972].

–, *Traité d'histoire des religions*, Payot, París 1974 [*Tratado de historia de las religiones*, trad. de A. Medinaveitia, Cristiandad, Madrid 1974].

–, *Aspects du mythe*, Gallimard, París 1963 [*Aspectos del mito*, trad. de L. Gil Fernández, Paidós Ibérica, Barcelona 2000].

–, *Forgerons et alchimistes*, Flammarion, París 1956 [*Herreros y alquimistas*, trad. de E. T., Alianza, Madrid 1974].

Evola, J., *Métaphisique du sexe*, Payot, París 1968 [*Metafísica del sexo*, trad. de F. Gutiérrez, J. J. de Olañeta, Palma de Mallorca 1997].

Faye, E. de, *Gnostiques et Gnosticisme*, E. Leroux, París 1913.

Ferenczi, S., *Thalassa*, seguido de *Masculin et féminin*, Payot, París.

Fernandez, D., *Porporino ou les mystères de Naples*, Grasset, París 1974.

Ficin, M., *De l'amour ou sur le Banquet de Platon*, Les Belles-Lettres, París 1956.

Frazer, J., *Mythes sur l'origine du feu*, Payot, París 1969 [*Mitos sobre el origen del fuego*, trad. de A. Cardín, Alta Fulla, Barcelona 1986].

Freud, S., *Essais sur la théorie de la sexualité*, Gallimard, París 1962 [*Tres ensayos sobre teoría sexual*, trad. de L. López Ballesteros y R. Rey Ardid, Alianza, Madrid 1972].
—, *Essais de psychanalyse*, Payot, París 1970 [véase *Obras completas*, 9 vols., trad. de L. López Ballesteros, Biblioteca Nueva, Madrid 1997].
—, *Malaise dans la civilisation*, P.U.F., París 1971 [*El malestar en la cultura*, trad. de L. López Ballesteros, Biblioteca Nueva, Madrid 1999].
—, *Métapsychologie*, Gallimard, París 1968 [véase *Obras completas*, cit.].
—, *Totem et tabou*, Payot, París 1970 [*Tótem y tabú*, trad. de L. López Ballesteros, Alianza, Madrid 1999].
Frutiger, P., *Les mythes de Platon*, Alcan, París 1930.
Gauthier, X., *Surréalisme et sexualité*, Gallimard, París 1971.
Gide, A., *Traité du Narcisse*, en *Œuvres complètes*, Gallimard, París 1958.
Goldschmidt, V., *La religion de Platon*, P.U.F., París 1949.
Grant, R. M., *La gnose et les origines chrétiennes*, Seuil, París 1964.
Granet, M., *La religion des Chinois*, P.U.F., París 1951.
Griaule, M., *Dieu d'eau*, Du Chêne, París 1948 [*Dios de agua*, trad. de A. Gutiérrez, Alta Fulla, Barcelona 1987, ²2000].
Groddeck, G., *Le livre du çà*, Gallimard, París 1973.
Guiart, J., *Les religions de l'Océanie*, P.U.F., París 1962.
Gusdorf, G., *Mythe et métaphysique*, Flammarion, París 1953.
Hegel, G. W. F., *Phénoménologie de l'esprit*, 2 vols., Aubier, París 1947 [*Fenomenología del espíritu*, trad. de W. Roces, F.C.E., Madrid 1966].
—, *La raison dans l'Histoire*, U.G.E., París 1965 [*La razón en la historia*, trad. de C. A. Gómez, Seminarios y Ediciones, Madrid 1972].
Hesnard, A., La *sexologie*, Payot, París 1959.
Hocart, A. M., *Le mythe sorcier*, Payot, París 1973.
Hocke, G. R., *Labyrinthe de l'art occidental*, Gonthier, París 1967 [*El mundo como laberinto*, trad. de J. Rey Aneiros, Guadarrama, Madrid 1961].
Hölderlin, *Hypérion*, Mercure de France, París 1965 [*Hiperión*, trad. de J. Munárriz, Hiperión, Madrid 1980].
—, *Œuvres complètes*, Gallimard, París 1967.
Huizinga, J., *Le déclin du Moyen Âge*, Payot, París 1967 [*El otoño de la Edad Media*, trad. de J. Gaos, Altaya, Barcelona 1997].
Hutin, S. (con M. Caron), *Les disciples anglais de Jacob Böhme*, Denoël, París 1960.
—, *Les alchimistes*, Seuil, París 1959.

Jacobi, J., *La psychologie de C. G. Jung*, Mont-Blanc, Ginebra 1964 [*La psicología de C. G. Jung*, trad. de J. M. Sacristán, Espasa-Calpe, Madrid 1947, ³1976].

Jung, C. G., *Contribution à la psychologie de l'archétype de l'enfant*, Payot, París 1968.

—, *Entretiens avec R. Evans*, Payot, París 1970.

—, *Types psychologiques*, Georg, Ginebra 1950 [*Tipos psicológicos*, trad. de A. Sánchez Pascual, Edhasa, Barcelona 1994].

—, *L'homme et ses symboles*, Pont-Royal, París 1964 [*El hombre y sus símbolos*, trad. de L. Escolar Bareño, Paidós, Barcelona ²1997].

—, *Psychologie et alchimie*, Buchet-Chastel, París 1970 [*Psicología y alquimia*, trad. de A. Sabrido, Plaza & Janés, Esplugas de Llobregat (Barcelona) 1977].

—, *Dialectique du moi et de l'inconscient*, Gallimard, París 1964 [*Las relaciones entre el yo y el inconsciente*, trad. de J. Balderrama, Paidós, Barcelona 1990].

Kant, I., *Critique de la raison pure*, P.U.F., París 1967 [*Crítica de la razón pura*, 2 vols., trad. de J. del Perojo y J. Rovira Armengol, Folio, Barcelona 2000].

—, *Fondements de la métaphysique des mœurs*, Delagrave, París [*Fundamentación de la metafísica de las costumbres*, trad. de M. García Morente, Mare Nostrum, Madrid 2000].

Kerényi, K. y C. G. Jung, *Introduction à l'essence de la mythologie*, Payot, París 1968.

Kierkegaard, S., *Le journal du séducteur*, Gallimard, París 1943 [*Diario de un seductor*, trad. de V. de Pedro, Espasa-Calpe, Madrid 1999].

Kojéve, A., *Introduction à la lecture de Hegel*, Gallimard, París 1947.

Koyré, A., *La philosophie de Jacob Böhme*, Vrin, París 1929.

Krappe, A. H., *La genèse des mythes*, Payot, París 1952.

L'Histoire (revista), n.° 6, «La peur de Satan».

Lederer, W., *Gynophobia ou la peur des femmes*, Payot, París 1970.

Leenhart, M., *Do Kamo*, Gallimard, París, 1947 [*Do Kamo*, Paidós, Barcelona 1997].

Leibniz, *La Monadologie*, Delagrave, París 1963 [*Monadología*, trad. de M. García Morente, Facultad de Filosofía, Universidad Complutense, Madrid 1994].

Leisegang, H., *La gnose*, Payot, París 1951.

Lévi-Strauss, C., *Anthropologie structurale*, Plon, París 1958 [*Antropología estructural*, trad. de E. Verón, Altaya, Barcelona 1994].

—, *Les structures élémentaires de la parenté*, Mouton, París 1971 [*Las estructuras elementales del parentesco*, trad. de M. T. Cevasco, Paidós, Barcelona 1998].

Lévy-Bruhl, L., *La mentalité primitive*, P.U.F., París 1960 [*La mentalidad primitiva*, trad. de G. Weinberg, La Pléyade, Buenos Aires 1972].

—, *La mythologie primitive*, Alcan, París 1935 [*La mitología primitiva*, trad. de R. Pochtar, Península, Barcelona 1978].

Maertens, J. H., *Le corps sexionné*, Aubier, París 1978.

Malet, A., *Personne et amour dans la théologie trinitaire de saint Thomas d'Aquin*, Vrin, París 1956.

Malinowski, B., *La sexualité et sa répression dans les sociétés primitives*, Payot, París 1969 [*Sexe i represió en les societats primitivas*, trad. al catalán de J. Valverdú, Edic 62, Barcelona 1969].

Marañón, G., *Don Juan et le don juanisme*, Gallimard, París 1967 [*Don Juan*, Espasa-Calpe, Madrid 1940].

Meunier, J. y **A. M. Savarin**, *Le chant du Silbaco*, Denoël, París.

Molière, *Don Juan*, Larousse, París 1971 [*Don Juan; El avaro*, trad. de M. Armiño, Espasa-Calpe, Madrid 1998].

Mountford, Ch. P., *Rites et mythes des aborigènes australiens*, Payot, París 1953 [*Rostros bronceados y arenas rojas: mitos y ritos de los indígenas de Australia Central*, trad. de I. Rodrigo, Labor, Barcelona 1965].

Nathan, M., *V. Woolf*, Seuil, París 1956.

Nelli, R., *L'érotique des troubadours*, Privat, Toulouse 1968.

Nietzsche, F., *Par-delà le Bien et le Mal*, U.G.E., París 1962 [*Mas allá del bien y del mal*, trad. de A. Sánchez Pascual, Folio, Barcelona 1999].

Nygren, A., *Éros et Agapè*, Aubier, París 1952 [*Eros y Agape*, trad. de J. A. Bravo, Sagitario, Barcelona 1969].

Paneth, L., *La symbolique des nombres dans l'inconscient*, Payot, París 1953.

Pâques, V., *L'Arbre cosmique dans la pensée populaire et dans la vie quotidienne du nord-ouest africain*, Institut d'Ethnologie, París 1964.

Passeron, R., *Histoire de la peinture surréaliste*, Livre de Poche, París 1968.

Peignot, J., *Les jeux de l'amour et du langage*, U.G.E., París 1974.

Péladan, *De l'androgyne*, París 1910 (citado por C. Beaume, en *Les hermaphrodites*).

Pétrement, S., *Le dualisme chez Platon et les gnostiques*, P.U.F., París 1947.
Platón, *Le Banquet*, Garnier, París 1919 [*El banquete*, en *Diálogos*, vol. III, trad. de C. García Gual, Gredos, Madrid 2000].
–, *Philèbe*, Les Belles-Lettres, París 1963 [*Filebo*, en *Diálogos*, vol. VI, trad. de M. A. Durán, Gredos, Madrid 2000].
–, *Timée*, Les Belles-Lettres, París 1949 [*Timeo*, en *Diálogos*, vol. VI, trad. de F. Lisi, Gredos, Madrid 2000].
Przyluski, J., *La Grande Déesse*, Payot, París 1950.
Pseudo Denys l'Aréopagite, *Œuvres Complètes*, Aubier, París 1943 [Dionisio Areopagita, *Obras completas*, trad. de T. H. Martín, B.A.C., Madrid 1990].
Rank, O., *Don Juan et le double*, Payot, París 1968.
–, *Le traumatisme de la naissance*, Payot, París 1973 [*El trauma del nacimiento*, trad. de N. M. Finetti, Paidós, Barcelona ³1991].
Ritter, K., *Choix de lettres* (tesis doctoral), Dijon 1973.
Rivière, J. y M. Klein, *L'amour et la haine*, Payot, París 1973.
Robin, L., *La théorie platonicienne de l'amour*, Alcan, París 1908.
–, *Introduction au Banquet*, Les Belles-Lettres, París 1929.
Rochedieu, E., *C. G. Jung*, Seghers, París 1970.
Roheim, G., *La panique des dieux*, Payot, París 1974.
–, *Héros phalliques et symboles maternels dans la mythologie australienne*, Gallimard, París 1970.
Rougemont, D. de, *L'amour et l'Occident*, U.G.E., París [*El amor y Occidente*, trad. de A. Vicens, Kairós, Barcelona 1978].
Rousset, J., *Le mythe de Don Juan*, A. Colin, París 1978.
Sagnard, F. M. M., *La gnose valentinienne et le témoignage de saint Irénée*, Vrin, París 1947.
Samuel, P., *Amazones, guerrières et gaillardes*, Complexe, Bruselas 1975.
Sartre, J.-P., *L'Être et le Néant*, Gallimard, París 1943 [*El ser y la nada*, trad. de J. Valmar, Altaya, Barcelona 1993].
Schelling, *Introduction à la philosophie de la mythologie*, 2 vols., Aubier, París 1945.
Schlegel, F., *Lucinde*, Aubier, París 1971 [*Lucinde*, trad. de B. Raposo, Natán, Valencia 1987].
Scholem, G. G., *La Kabbale et sa symbolique*, Payot, París 1966 [*La cábala y su simbolismo*, trad. de J. A. Pardo, Siglo veintiuno, México 1978].

Schopenhauer, *Métaphysique de l'amour,* U.G.E., París [*Metafísica del amor; metafísica de la muerte,* trad. de M. Domínguez, Obelisco, Barcelona 1994].

—, *Le monde comme volonté et comme représentation,* 3 vols., Burdeau, París 1888-1890 [*El mundo como voluntad y representación,* Planeta-Agostini, Barcelona 1996].

Soloviev, V., *Le sens de l'amour,* Aubier, París 1946.

Susini, E., *Franz von Baader et le romantisme mystique,* 2 vols., Vrin, París 1942.

Thomas d'Aquin (Saint), *Somme Théologique,* 3 vols., Desclée, París, Tournai, Roma 1958 [Santo Tomás de Aquino, *Suma de teología,* 4 vols., B.A.C., Madrid ²1997].

Tournier, M., *Vendredi ou les limbes du Pacifique,* Gallimard, París 1967 [*Viernes o los limbos del Pacífico,* trad. de L. Ortiz, Alfaguara, Madrid ⁶1995].

Tresmontant, C., *Les idées maîtresses de la métaphysique chrétienne,* Seuil, París 1962.

Voilquin, J., *Les penseurs grecs avant Socrate,* traducción, prefacio y notas, Garnier-Flammarion, París 1964.

Zohar, tomo 1, Maisonneuve et Larose, París 1970 [*El Zohar,* 5 vols., trad. de L. Dujovne, Sigal, Buenos Aires 1977-1978].

I.S.B.N.: 84-7844-544-7
Depósito legal: M. 12.250-2001
Impreso en Anzos, S. L.